COLLECTION MAILAND

ESTAMPES

DESSINS

ET

LIVRES

AVRIL 1881

COMMISSAIRES-PRISEURS

Mᵉ **MAURICE DELESTRE**
27, rue Drouot, 27

Mᵉ **BERTHELIN**
29, rue Lepeletier, 29

M. CLEMENT
Marchand d'Estampes de la Bibliothèque Nationale
3, rue des Saints-Pères, 3

CATALOGUE

DES

ESTAMPES

ANCIENNES ET MODERNES

DONT UNE TRÈS BELLE SÉRIE

DES ECOLES FRANÇAISE ET ANGLAISE DU XVIII° SIECLE

PORTRAITS

DESSINS

PAR MOREAU, FREUDEBERG, GREUZE, FRAGONARD,

H. ROBERT, ETC.

LIVRES SUR LES BEAUX-ARTS

Composant la Collection de feu M. MAILAND

Dont la vente aux enchères publiques aura lieu

HOTEL DES COMMISSAIRES-PRISEURS, RUE DROUOT, N° 5

SALLE N° 4

Du Lundi 4, au Mardi 19 Avril 1881

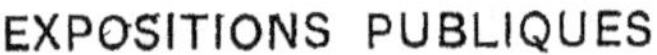

Par le ministère de M° **MAURICE DELESTRE**, Commissaire-Priseur,
27, rue Drouot, 27.

Et M° **BERTHELIN**, son confrère,
rue Le Peletier, 29.

Assistés de **M. CLEMENT**, Marchand d'Estampes de la Bibliothèque Nationale,
rue des Saints-Pères, 3.

EXPOSITIONS PUBLIQUES

Les Dimanches 3 et 10 Avril 1881

Et le Lundi 18, exposition des livres de 2 heures à 5 heures

CONDITIONS DE LA VENTE

Elle sera faite au comptant.

Les adjudicataires payeront *cinq pour cent* en sus des enchères.

L'Expert, chargé de la vente, se réserve la faculté de rassembler ou de diviser les lots.

Les attributions de l'amateur, pour les dessins, ont été conservées.

ORDRE DES VACATIONS

Lundi	**4 Avril.** — Numéros		1838 à	2082
Mardi	**5** — — —		2083 à	2338
Mercredi	**6** — — —		2339 à	2630
Jeudi	**7** — — —		2031 à	2876
Vendredi	**8** — — —		2877 à	3142
Samedi	**9** — — Dessins		1 à	156

Gravures et dessins en lots.

Lundi	**11** — — —		157 à	435
Mardi	**12** — — —		436 à	716
Mercredi	**13** — — —		717 à	997
Jeudi	**14** — — —		998 à	1280
Vendredi	**15** — — —		1281 à	1561
Samedi	**16** — — —		1562 à	1837
Mardi	**19** — — Les livres		3143 à	la fin.

Paris. — Typ. Pillet et Dumoulin, 5, rue des Grands-Augustins.

DÉSIGNATION

DESSINS

AUBRY

1 — Couseuse à la veillée (portrait de Marguerite Lecomte).
A la sépia, rehaussé de blanc.

BARBIERI (J. F.) dit LE GUERCHIN

2 — Retour de l'Enfant prodigue.
Beau dessin à la plume.

BAROCHE (F.)

3 — La Vierge et l'enfant Jésus adorés par trois anges.
Beau dessin à la plume et lavis de bistre, rehaussé de blanc.

BAUDOUIN (P. A.)

4 — Le Fruit de l'amour secret (première pensée).
Très beau dessin à la gouache. Haut. 36 cent.; larg. 29 cent.

BISCAINO (B.)

5 — Le Mariage de sainte Catherine.
Beau dessin à la sanguine.

BOILLY (L.)

6 — Études d'une jeune femme debout, jouant au billard.
Deux dessins.
Aux crayons noir et blanc, sur papier bleu.

7 — Études de têtes pour portraits. — Étude d'une femme
à mi-corps, occupée à la couture. Trois dessins.
Aux crayons noir et blanc. Deux sont sur papier bleu.

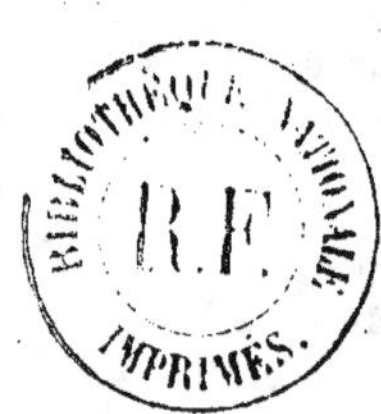

1

BOISEAU

8 — Portrait de femme en buste, de forme ronde.

A la mine de plomb, signé et daté 1763.

BOUCHARDON (Ed.)

9 — Labor omnia vincit, — Idem semper Honos. Batimens du Roi, 1742 et 1743. Deux dessins de forme ronde.

A la sanguine.

BOUCHER (F.)

10 — Moïse, sauvé des eaux, présenté à la fille de Pharaon.

Beau dessin au crayon noir.

11 — Vénus debout, la main posée sur un cœur percé de flèches et regardant deux colombes qui se becquetent.

Très beau dessin aux trois crayons, signé et daté 1754.

12 — Jeune femme étendant des draperies par terre.

Beau dessin aux trois crayons.

13 — Diane et ses nymphes, — La Leçon de flûte. Deux dessins.

Aux crayons noir et blanc, sur papier bleu.

CAMBIASI (L.)

14 — Saintes familles et autres compositions religieuses. Mars et Vénus et compositions mythologiques.

Onze dessins à la plume et lavis de bistre.

CARMONTELLE (L. C. de)

15 — Portrait d'une jeune femme, représentée à mi-corps, assise sur une chaise.

Aux trois crayons.

CARRACHE (Annibal)

16 — Le Massacre des Innocents.

Beau dessin à la plume et lavis de bistre, rehaussé de blanc.

CARTELLI (B.)

17 — Sujet de bataille.

A la plume et lavis de bistre.

COCHIN (C. N.)

18 — L'Éducation ; une petite fille debout, appuyée sur une table, reçoit des leçons de ses parents assis à ses côtés. Composition de quatre figures en pied.

Beau dessin à la sanguine et crayon noir.

COCHIN (C. N.)

19 — Portrait de Joseph *Parrocel*. Dessin de forme ronde.

A la mine de plomb, sur vélin.

CORTONE (P. DE)

20 — Moïse sauvé des eaux.

A la plume et sépia, rehaussé de blanc.

COURTOIS (JACQUES), dit LE BOURGUIGNON

21 — Cavaliers en marche.

Beau dessin à la plume, lavis de bistre. Collection Vallardi.

COYPEL (CH.)

22 — Femme nue couchée sur des draperies et dormant.

Aux trois crayons.

DELAFOSSE

23 — Tête d'un jeune homme.

Aux trois crayons.

DE LA RUE

24 — Sacrifice à Diane.

Très beau dessin à la plume, au lavis de bistre et d'encre de Chine, rehaussé de blanc.

25 — Hommages rendus à l'amour. Dessin en forme d'éventail.

A la plume et sépia, rehaussé de blanc.

26 — Bacchanale, — La chasse au lion.

Deux dessins à la plume et au lavis de bistre et sanguine.

27 — Jupiter et Calisto, — Bacchanale, — Nymphes ornant de fleurs le buste de Priape, — Une femelle de satyre et ses petits.

Quatre dessins à la plume et lavis de bistre.

28 — Bacchanales. Quatre dessins en forme de frises.

A la plume et au bistre.

29 — Jupiter et Léda, — La Famille de Bacchus, — Vénus et l'Amour, — Le Veau d'or, — Triomphe de Bacchus, etc. Sept dessins.

A la plume et au lavis.

DESRAIS

30 — *Le Zélle consacre ce monument à la santé.* Composition allégorique pour le rétablissement de Mme la comtesse d'Artois, 1782. Dessin de forme ronde.

A la plume et au bistre.

DOMINIQUIN (D. ZAMPIERI, dit le)

31 — Saint Jérome en prières.

A la sépia, rehaussé de blanc. Collection sir Joshua Reynolds.

DROLLING

32 — Portrait d'une jeune femme assise.

Au crayon noir et encre de Chine.

DROUAIS

33 — Jeune fille assise sur un fauteuil, les cheveux poudrés, avec fleurs.

Joli dessin de forme ronde. Au crayon noir et lavis d'aquarelle.

ÉCOLE FRANÇAISE DU XVIIIe SIÈCLE

34 — Vue des Champs-Élysées au commencement du XVIIIe siècle. Grand dessin en largeur.

Aux trois crayons.

35 — La Toilette de Vénus, — Vénus sur les eaux. Deux dessins, faisant pendant, de formes ovales.

Au lavis de bistre et d'encre de chine.

36 — Portrait de femme assise, faisant de la peinture.

Beau dessin aux trois crayons et pastel.

37 — Jeune mère faisànt lire son enfant, — Jeune femme dessinant, — Jeux et croquis d'enfants.

Cinq dessins à la plume et lavis de bistre.

38 — Sous ce numéro, il sera vendu, par lots, 40 dessins, croquis divers, portraits, études de mains, paysages, etc., par Boucher, Fragonard, de Troy, Vanloo, etc.

ÉCOLE FRANÇAISE DU XVIIe SIÈCLE

39 — Attila saisi d'effroi à l'apparition des apôtres saint Pierre et saint Paul. Grand dessin en hauteur.

Au crayon noir.

ÉCOLE DE FONTAINEBLEAU

40 — Deux femmes couchées, entourées d'amours qui leur apportent des fruits. Composition pour un plafond.

Beau dessin à la plume.

ÉCOLE HOLLANDAISE

41 — Jacob pleurant la mort de Joseph, — Moïse sauvé des eaux, — Diogène coupant les ailes de l'Amour, — Paysanne marchant un sac sur le dos, etc. Quatorze dessins.

Au bistre, encre de Chine, sanguine et crayon noir.

42 — Fête de satyres, — Vénus et les Amours, — Le Triomphe de Bacchus, etc. Quatre dessins.

Au crayon noir, à l'encre de Chine et mine de plomb.

ÉCOLE ITALIENNE

43 — Clélie traversant le Tibre.

Beau dessin à la sépia, rehaussé de blanc.

44 — La Flagellation.

Beau dessin en largeur, à la plume et lavis de bistre, doublé et restauré.

45 — Études de têtes d'enfants. Deux croquis sur une même feuille.

Aux crayons noir et blanc.

46 — Ornementation pour base d'une colonne.

A la plume.

47 — Arabesque en hauteur.

A la sépia, rehaussé de blanc.

48 — Sainte Catherine adorant la Vierge, — Un Apôtre, — Le Christ descendu de la croix, — Portrait d'une petite fille, — La Vierge et l'Enfant Jésus, — Jésus transporté au tombeau, etc. Douze dessins à la plume, au bistre et encre de Chine, par Lama, A. del Sarte, Guerchin, Lanfranc, etc.

49 — Saint François en extase, — La Nativité, — L'Assomption, — Sainte Famille, — La Descente de croix et autres sujets religieux. Dix-sept dessins à la plume et lavis de bistre, plusieurs sont rehaussés de blanc, par Allori, Ricci, Carrache, Zelotti, Alberti, Vanni, Farinati, Lanfranc, Baroche, Lutti, Palma, etc.

ÉCOLE ITALIENNE

50 — L'Immaculée-Conception, — La Vierge et l'Enfant Jésus, — Vénus debout, — L'Annonciation, — Plusieurs saints adorant la Vierge, etc. Quinze dessins par Conca, Lanfranc, Sciaminozzi, P. de Caravage, etc.

51 — Assomption et couronnement de la Vierge, — Repos en Égypte, sujets religieux divers, paysages, etc. Treize dessins à la plume et lavis de bistre, par Carrache, Roli, Palma le Jeune, Sirani, Baroche, Perino del Vaga, Tibaldi, Fontebasso, Guido Reni, P. Véronèse, etc.

52 — La Vierge sur un trône, entourée de saints, — croquis pour une Sainte-Famille, — Pierre et Jean guérissant les boiteux, — Femme nue debout, etc. Dix dessins à la plume, au bistre et sanguine, par Figino, Campagnola, Passaroti, P. de Cortone, etc.

53 — Le Martyre de saint Pierre, — La Sainte Vierge couronnée par Dieu le Père et par Jésus-Christ, — Jésus-Christ en croix, etc.

Sept dessins à la plume.

FARINATI (P.)

54 — Allégorie religieuse. Composition pour une peinture d'église.

Beau dessin à la plume et lavis de bistre.

55 — Mars, Vénus et l'Amour. Composition pour un plafond.

A la plume, lavé de bistre et rehaussé de blanc.

56 — Bacchanale. Dessin en forme de frise.

A la plume et lavis de bistre.

FRAGONARD (H.)

57 — Jeune mère assise dans un intérieur, avec trois enfants.

Beau dessin à la plume et sépia.

58 — Jeune fille assise dans un intérieur, vue de face et parlant à une perruche.

Beau dessin à la sanguine et lavis de sépia.

FRAGONARD (H.)

63 *bis* — Quatre-vingt-cinq dessins sur trente-cinq feuilles,
dessinés au crayon noir, d'après les bas-reliefs, statues,
vases de marbre et de bronze, fontaines, tombeaux, etc.,
des Palais du Vatican, Borghèse, Barberini, etc., et
Palais de Naples.

Ont été gravés à l'eau-forte ou à l'aquatinte, par Saint-Non, dans ses
deux volumes de Griffonnis, décrits dans le présent catalogue sous le
numéro 3330. Réunis en 1 vol. in-4, veau.

FRAGONARD (H.)

59 — Triomphe de Neptune.

> A la sépia, rehaussé de blanc.

60 — Amours avec guirlandes de fleurs. Composition pour un plafond.

> Au lavis d'encre de Chine et d'aquarelle.

61 — Croquis de têtes, sur une même feuille.

> A la sépia.

62 — Chariot attelé de bœufs, à l'entrée d'un arc de triomphe.

> A la sépia.

63 — Entrée d'un parc, — Le Coup de vent. Composition de sept figures en forme de frise. Deux dessins.

> A la sépia, rehaussés de blanc.

FREUDEBERG (S.)

64 — LA VISITE INATTENDUE (faisant partie de la première suite du Costume physique et moral au XVIII° siècle).

> Très beau dessin à la sépia, rehaussé de blanc, signé et daté 1771. A été gravé par Voyez l'aîné. Haut. 27 cent.; larg. 22 cent.

65 — LA SOIRÉE D'HIVER (fait partie de la même suite que le dessin précédent).

> Très beau dessin à la sépia, rehaussé de blanc. A été gravé par Ingouf. Haut. 27 cent.; larg. 22 cent.

GAULI (J. B.)

66 — Assemblée des Dieux, — Saint François en extase.

> Deux dessins, un à la plume et lavis d'encre de Chine, l'autre à la sanguine.

GILLOT (CL.)

67 — Le Menuet.

> A la sanguine.

68 — Croquis de costumes, sur deux feuilles.

> A la sanguine, contre-épreuve.

GIORGIONE

69 — La Sainte Famille.

> Beau dessin à la plume et lavis de bistre, rehaussé de blanc.

GOL (H. VAN)

70 — Bacchanale.

Au crayon noir.

GOLTZIUS (Ecole de)

71 — Diane découvrant la grossesse de Calisto.

Beau dessin à la plume, au lavis de bistre et sanguine. Collection P. Lely.

GREUZE (J. B.)

72 — Vieillard, assis dans un fauteuil, entouré de tous les membres de sa famille.

Beau dessin en largeur. A la plume et lavis de bistre et d'encre de chine.

73 — La Belle-Mère (première pensée).

Au lavis d'encre de Chine.

74 — La Diseuse de bonne aventure. Composition de deux figures.

Beau dessin à la plume et lavis d'encre de Chine, a été gravé.

75 — La Cruche cassée. Croquis pour la composition gravée.

Au lavis d'encre de chine.

76 — L'Innocence, — Femme nue assise, etc. Trois dessins.

A la sanguine et lavis d'encre de Chine.

77 — Une femme debout faisant un geste d'effroi ; devant elle, un jeune garçon lui faisant un signe de la main droite.

A la plume et lavis d'encre de Chine.

GRIMALDI (F.), dit LE BOLOGNESE

78 — Scène du déluge.

A la plume et lavis de bistre, rehaussé de blanc, sur papier bleu.

HUBERT-ROBERT

79 — Artistes dessinateurs assis sur des rochers (l'un représente Hubert Robert).

A l'aquarelle.

80 — Vue de la grotte de Versailles.

Beau dessin au lavis d'aquarelle, signé et daté 1779.

HUBERT-ROBERT

81 — Ruines romaines. Deux dessins en largeur.

A la sanguïne.

HUET (J. B.)

82 — Jeune femme debout, jouant de la mandoline, devant une autre jeune femme assise faisant un bouquet, — Jeune femme en toilette, se regardant dans une glace, soutenue à terre par une autre femme. Deux très jolis dessins faisant pendant.

A la plume et lavis d'encre de Chine, signés et datés 1783.

JORDAENS (J.)

83 — L'Adoration des bergers.

Beau dessin au bistre, rehaussé de blanc.

84 — Sujet de la Passion de Jésus-Christ.

Beau dessin aux trois crayons.

LA FAGE (R. DE)

85 — Triomphe de Bacchus, — Allégories et Bacchanales.

Cinq dessins à la plume.

LAFITTE

86 — Homme assis dessinant.

Au crayon noir, rehaussé de blanc, signé et daté 1787.

LAIRESSE (G. DE)

87 — Repos de chasse de Diane, — Adam et Ève.

Deux dessins à la plume et lavis d'encre de Chine.

LALLEMAND ?

88 — Vue d'un village, avec des moulins sur la gauche; le devant couvert par un étang, vers la droite, une barque avec cinq personnes.

Beau dessin au lavis d'encre de Chine.

LANCRET (N.)

89 — Croquis pour différentes compositions du maître. Trois dessins.

A la sanguine.

LARGILLIÈRE (N. DE)

90 — Louis XV enfant, debout au milieu des personnages de la cour.

Beau dessin au crayon noir, rehaussé de blanc, sur papier bleu.

91 — Croquis pour portraits. Deux dessins.

Au crayon noir, rehaussé de blanc.

92 — Portrait d'une jeune femme, à mi-corps, sous la figure de Diane.

Au crayon noir.

LE BARBIER

93 — Paysage; vers la gauche, une jeune paysanne tenant un enfant par la main, un panier sur la tête.

Au lavis d'encre de Chine, signé.

94 — Guerriers au repos. Deux dessins faisant pendant.

A la plume et lavis d'encre de Chine.

LELU (P.)

95 — Vue du mont Aventin, à Rome.

Beau dessin en largeur. A la plume et sépia.

LEMOINE

96 — La Toilette de Vénus, — Le Triomphe de Bacchus. Deux dessins faisant pendant.

Au crayon noir, rehaussé de blanc.

97 — Bacchus et une nymphe.

Aux crayons noir et blanc.

LÉPICIÉ

98 — Jeune paysanne debout, représentée jusqu'aux genoux.

Aux trois crayons.

LEPRINCE (X.)

99 — Portrait en pied d'une princesse allemande, tenant un petit chien sous son bras.

Au crayon noir et mine de plomb.

100 — Le Temps enlevant la Vérité. Dessin de forme ronde.

Aux crayons noir et blanc, sur papier bleu.

LEPRINCE (X.)

101 — Les Vendanges.

A la plume et lavis d'encre de Chine.

LE SUEUR (EUSTACHE)

101 *bis.* — Un saint en prières.

Au crayon noir, rehaussé de blanc.

LIGOZZO (J.)

102 — Les Apôtres et différents saints réunis. Composition pour une Assomption de la Vierge,

Dessin capital, au bistre, rehaussé d'or. Collection Th. Lawrence.

MALLET

103 — La Lecture. Élégante composition de trois figures.

A la gouache.

104 — Deux petites filles recevant l'aumône d'une famille réunie dans un intérieur. Composition de sept figures.

Gouache.

105 — Une mère donnant des conseils à son fils, — femme nue debout, — Tête de femme.

Trois dessins aux divers crayons.

MANTEGNA (ANDREA)

106 — Tête de gerrier

Beau dessin à la plume et sanguine.

MARATTE (C.)

107 — Portrait d'Augustin Carrache.

Beau dessin aux trois crayons.

MIGNARD (P.)

108 — Portrait du marquis de Beringhen, — Portrait d'un enfant royal décoré du cordon du Saint-Esprit.

Deux dessins au pastel.

MOITTE

109 — Bacchanales. Deux dessins en forme de frises.

A la plume et lavis d'encre de Chine.

MOLA (P. F.)

110 — Saint Jean prêchant dans le désert.

A la plume et lavis de bistre, sur papier bleu.

MOLA et VANNI (F.)

111 — Saint en prières, — Le Christ en croix, — Saint François adorant la Vierge, — paysages, etc.

Huit dessins à la plume et lavis de bistre.

MOREAU (J. M.)

112 — Jeune mère tenant son enfant sur ses genoux : (première pensée pour : *Les délices de la maternité*, faisant partie de la suite du Costume physique et moral).

Beau dessin aux trois crayons. Haut. 30 cent.; larg. 24 cent.

113 — Jeune mère avec ses deux enfants occupés à dessiner. (famille du duc de Chabot).

Au crayon noir et mine de plomb, dessiné chez le duc de Chabot en 1777. Collection Kaïmann. Haut. 30 cent.; larg. 21 cent.

NATOIRE (Ch.)

114 — Psyché, — La Justice, — Bacchanale, — Martyre de saint Étienne. — Vénus et l'Amour, — Hérodiade recevant la tête de saint Jean, — Sujets religieux pour plafonds, etc. Dix dessins aux divers crayons à la plume, lavis d'encre de chine, de bistre et d'aquarelle,

OUDRY (J. B.)

115 — Les jeux du Collin-Maillard et du pied-de-bœuf.

Beau dessin aux crayons noir et blanc, sur papier bleu.

PALMA

116 — La Vierge couronnée par deux anges et adorée par plusieurs saintes.

A la plume et lavis de sépia. ·

PALMERINI

117 — Portrait d'une dame vénitienne, assise et tenant un livre sur ses genoux.

A la plume.

PARMESAN (F. MAZZUOLI, dit le)

118 — Diogène assis faisant des démonstrations avec une baguette.

Beau dessin à la sanguine, rehaussé de blanc. Collection Th. Lawrence et Nilsbarck. A été gravé en clair-obscur, par Hugo da Carpi.

119 — Étude pour un saint, — une sibille et croquis.

Trois dessins à la plume.

120 — Les Apôtres debout, à l'entrée d'un temple.

Beau dessin à la plume, lavé de bistre. Collection Th. Lawrence et Nilsbarck.

PARROCEL (J. J.)

121 — Promenade dans un jardin public.

A la sanguine.

122 — Un champ de bataille. Grand dessin en forme de frise.

A la plume et lavis de bistre et d'encre de Chine.

123 — Un champ de bataille.

A la plume et lavis de bistre.

124 — Un chasseur, — Homme debout tenant une canne de la main gauche.

Deux dessins à la sanguine.

PENNI (Lucas)

125. — Le Jugement de Pâris.

A la plume et lavis de bistre, rehaussé de blanc.

PETERS

126 — Les couseuses, composition de trois figures.

A la plume et lavis de bistre.

PIERRE

127 — Jeune femme assise dans un jardin. Dessin de forme ronde.

Au crayon noir, rehaussé de blanc.

128 — Académies de femmes nues.

Deux dessins à la sanguine.

RIGAUD (H.)

129 — Portrait d'homme avec manteau et grande perruque.

Beau dessin à la sépia, rehaussé de blanc.

ROMAIN (JULES)

130 — Quos Ego. Dessin de forme ronde.

Au lavis de bistre, rehaussé de blanc.

ROSSO (LE, dit MAITRE ROUX)

131 — Compositions mythologiques.

Trois dessins à la plume, lavés de bistre.

ROTHENAMER

132 — Mars et Vénus, assis dans un paysage, servis par des amours.

A la plume et lavis de sépia.

SAINT-AUBIN (AUG. DE) ?

133 — La reine *Marie-Antoinette* tenant ses deux enfants par la main, suivie des dames et seigneurs de la cour, arrivent dans un jardin public.

Au crayon noir, en forme de frise.

134 — Promenade dans le jardin des Tuileries, sur le devant, des seigneurs orientaux.

Au crayon noir, en forme de frise.

SAINT-AUBIN (G. DE)

135 — La leçon de musique, composition de deux figures.

Très joli dessin au crayon noir, signé.

136 — Paysage avec figures, représentant la toilette de Vénus. — Ruines. Deux dessins.

Au crayon noir.

SCHALL

137 — Jeune dame assise dans un jardin, coiffée d'un grand chapeau.

Beau dessin au crayon noir et mine de plomb, rehaussé de blanc.

TESTA et PORDENONE

138 — La Toilette de Vénus. — Vieillard bénissant deux guerriers.

Deux beaux dessins à la plume et lavis de bistre et d'encre de Chine.

TIEPOLO

139 — L'Adoration des mages. — Saint François adorant la vierge, et compositions allégoriques pour plafonds.

Six dessins à la plume et lavis de bistre.

TOPFER (J. A.)

140 — Entrée d'une forêt.

A la plume et encre de Chine.

TRINQUESSE

141 — Portrait de femme en pied et assise. (On dit le portrait d'une maîtresse du prince Henri de Prusse.)

Beau dessin aux crayons noir et blanc.

TROOST

142 — Vieillard estropié, soutenu par un jeune homme.

Au crayon noir, sur papier bleu.

VAGA (Perino del)

143 — Sainte famille.

Au lavis de bistre, rehaussé de blanc.

VANLOO (Carle)

144 — Académies d'hommes.

Cinq dessins à la sanguine et aux crayons noir et blanc.

145 — Allégories et figures académiques.

Huit dessins aux divers crayons.

VERNET (J.)

146 — Croquis représentant les personnages des ports de France. trois dessins.

Au crayon noir.

WATTEAU (Antoine)

147 — Buste de femme appuyée sur un balcon et tenant un masque à la main.

Beau dessin aux trois crayons.

148 — Buste d'homme.

Etude aux trois crayons.

WATTEAU et LANCRET

149 — Costumes d'hommes et de femmes. — Études de têtes, de mains et croquis divers pour les compositions de ces deux maîtres, 25 dessins.

A la sanguine, pourront être divisés.

WILLE (P. A.)

150 — Intérieur d'un atelier, jeunes femmes et jeunes filles dessinant d'après un modèle.

Beau dessin au crayon noir et mine de plomb, signé.

XAVERY (F.)

151 — Paysage, avec un berger et une bergère gardant leur troupeau.

Au lavis d'encre de Chine, rehaussé de blanc.

ZUCARELLI (F.)

152 — Paysage avec figures sur le devant.

A la plume et lavis de bistre, rehaussé de blanc.

ZUCCARO (F.)

153 — Combat naval, à l'entrée d'un port. Dessin de forme ronde.

A la sépia, rehaussé de blanc.

154. — Martyre d'une sainte.

Beau dessin en largeur, à la plume et lavis de bistre.

155 — Figure allégorique, composition pour un plafond.

Beau dessin à la plume et lavis d'encre de Chine, rehaussé de blanc.

156 — Sous ce numéro, il sera vendu par lots, un portefeuille renfermant environ trois cents dessins, paysages, vues d'Italie par divers artistes.

ESTAMPES ANCIENNES ET MODERNES

AKERSLOOT (W.)

157 — Le reniement de Saint Pierre. d'après P. de Molyn.
Belle épreuve.

ALBERTI (Chérubin)

158 — L'Ange chassant Adam et Eve du Paradis terrestre
(B. 1). Épreuve avant la dédicace, — Adam et Eve assu-
jetis au travail (2), — Le sacrifice d'Abraham (4), — etc.,
17 pièces.
Très belles épreuves, plusieurs sont avant le privilège, ou avant la dédicace.

159 — Fuite en Égypte (B. 15), Sainte Catherine de Sienne,
en extase (B- 60). — Sainte Christine marchant sur les eaux
(B. 61), — Un Ange soutenant le corps mort de Jésus-Christ
(21). — La Renommée sonnant de la trompette (152). —
etc. 13 pièces.
Très belles épreuves.

160 — Saint Jérôme méditant sur un crucifix dans le désert,
d'après Michel-Ange (B., 54).
Très belle épreuve.

161 — Saint Jean-Baptiste debout (B., 67)., d'après Michel-
Ange.
Superbe épreuve avant la dédicace et avant le privilège et le nom du
graveur.

162 — Un homme debout, connu sous le nom du bon larron
(B., 69), — Plusieurs démons, parmi lesquels il y en a un
qui a un serpent autour du corps (B. 71). Deux épreuves,
dont une avant la lettre. — Études de figures nues de la
chapelle Sixtine etc. Cinq pièces d'après Michel-Ange.
Très belles épreuves.

163 — Les sujets mythologiques dans des formes rondes, d'a-
près Polydore de Caravage, suite de onze pièces, dont
nous n'avons que neuf. (B. 78-88).
Belles épreuves, une est double, avant le privilège.

ALBERTI (P. F.)

164 — L'Enlèvement des Sabines, frise composée de trois planches qui s'assemblent, d'après Polydore de Caravage. (B. 159).

Très belles épreuves.

165 — Un triomphe de deux empereurs romains, frise composée de deux pièces destinées à être jointes (B. 160).

Très belles épreuves.

166 — Academia D'pittori, grande pièce en largeur.

Très belle épreuve.

ALDEGRAVER (H.)

167 — Le mauvais riche se divertit à table. (B. 44).

Très belle épreuve.

168 — Tarquin et Lucrèce, 1539. (B. 63), — Tarquin et Lucrèce. 1553 (B. 64), — Thisbé, 1553 (102), — Apollon. (74), — Vénus, (79), cinq pièces.

Belles épreuves.

169 — Les danseurs de noce 1538. Suite de huit estampes dont nous n'avons que sept (B. 144. 151).

Belles épreuves.

170 — Les danseurs de noce, 1551. Suite de huit pièces. (B. 152. 159).

Belles épreuves.

171 — Les danseurs de noce, 1538. Suite de douze pièces dont nous n'avons que huit. (B. 161. 171).

Belles épreuves.

172 — *Knipperdolling* (Bernard), chef des anabaptistes de Munster (B., 183). — *Leyde* (Jean de) (B., 182). Deux portraits in-fol.

Très belles épreuves des copies par J. Muller, du 1er état, avant le nom de l'artiste.

ALDEGRAVER, PENCZ et BEHAM

173 — Histoire d'Amon et Thamar, — Histoire de Joseph, — Trajan, — Le Père sévère, — La parabole du mauvais riche, etc.. 19 pièces.

Belles épreuves.

ALMANACHS

174 — Le camp de Coudun près de Compiègne ou l'Art de la guerre enseigné par le Roy a Messeigneurs les Princes enfants de France. A Paris chez N. Langlois et chez A. Trouvain. Almanach pour l'an 1699.

Belle épreuve.

175 — L'heureuse naissance du prince des Asturies, fils de Philippe V, roy d'Espagne et de Marie-Louise Gabrielle de Savoye, né le 25 août 1707. A Paris, chez N. Langlois et chez J. Mariette. Almanach pour l'an 1708.

Très belle épreuve.

ANDERLONI (P.)

176 — Moïse défendant les filles de Jethro, d'après N. Poussin.

Belle épreuve. Marge.

ARDELL (J. M.)

177 — Le Temps coupant les ailes de l'Amour, d'après Van Dyck.

Superbe épreuve. Marge.

178 — La même estampe.

Très belle épreuve.

AUDOUIN (P.)

179 — Jupiter et Antiope, d'après Le Corrège.

Très belle épreuve, plus la même composition, gravure plus petite, avant toutes lettres. Deux pièces.

180 — Vénus blessée. d'après Raphaël,

Belle épreuve.

181 — Le Galant militaire, d'après Terburg.

Très belle épreuve avant la lettre.

AUDRAN (Gérard)

182 — Angles du plafond de la Farnesine, à Rome, d'après Raphael, suite de quatorze pièces, dont nous n'avons que treize (R. D. 105-118)

Très belles épreuves, plusieurs sont avant les numéros.

BAILLU (P. de)

183 — Le Christ en croix, à ses pieds un capucin et deux saintes femmes, d'après Van Dyck.

Belle épreuve.

BAROZIO (F.)

184 — L'Annonciation (B., 1).
Très belle épreuve.

185 — La Vierge assise (B.2). — Saint François stigmatisé
(B., 3). Deux pièces.
Belles épreuves.

186 — Saint François dans la chapelle (B. 4).
Très belle épreuve.

BARY (H.)

187 — Deux enfants sur des draperies, d'après Van Dyck.
Très belle épreuve.

BASSAN (J. DU PONT, dit le)

188 — Sujets religieux, Sujets historiques et de genre, gravés
d'après les compositions du Bassan et autres artistes italiens. 31 pièces par divers graveurs.
Belles épreuves.

BEATRIZET (N.)

189 — L'Annonciation, (R. D. 5). Épreuve du premier état :
l'auréole de la vierge est blanche, — Le prophète Jérémie
(R. D., 3). Deux épreuves. Trois pièces.

190 — La conversion de Saint Paul d'après Michel-Ange (R.
D., 29).
Très belle épreuve du 1er état.

191 — La chute de Phaéton, d'après Michel-Ange. (R. D. 31).
Très belle épreuve du 1er état.

192 — La Mort de Méléagre (R. D. 32).
Belle épreuve du 1er état, doublée.

193 — Bacchanale d'enfants, d'après Michel-Ange (R. D. 34).
Original et copie. Deux pièces.
Belles épreuves.

194 — Combat de la Raison contre les Passions, d'après Baccio Bandinelli (R. D. 36).
Bonne épreuve.

195 — Un sacrifice, d'après Michel-Ange. (R. D. 37).
Très belle épreuve du 1er état.

BEHAM (B)

196 — La Vierge à la fenêtre (B., 8).
Très belle épreuve. Rare.

197 — Le Hallebardier à cheval. (B. 49).
Belle épreuve.

198 — D'Eckh (Léonard), docteur en droit et conseiller du duc
de Bavière (B. 64).
Très belle épreuve du 2e état.

BEHAM (H. S.)

199 — Judith (B. 10)
Belle épreuve.

200 — Judith. (B. 11).
Belle épreuve.

201 — La Vierge assise, 1520 (B. 18), — Le Paysan à la
fourche, 1542, et son compagnon (B. 188-189), — La
Paysanne au marché (187), etc. Neuf pièces.

202 — Jésus-Christ et la Samaritaine (B., 24), — Le Bouffon
et les Baigneuses, 1541 (B. 214), 1er état. Deux pièces.
Belles épreuves.

203 — L'Enfant prodigue dissipe son bien (B. 32).
Superbe épreuve.

204 — Léda, 1548 (B. 112).
Très belle épreuve.

205 — La Mort surprenant la femme endormie, 1548 (B. 146).
Superbe épreuve.

206 — La Jeune femme accompagnée d'un bouffon, 1541
(B. 149), — La Mort se saisissant d'une femme nue et de-
bout, 1546 (B. 150). Deux pièces.
Belles épreuves.

207 — La Sentinelle auprès des tonneaux (B. 197).
Belle épreuve. Rare.

208 — Le Soldat amoureux, 1521 (B. 202).
Très belle épreuve.

209 — Les Trois femmes au bain, 1548 (B. 208).
Très belle épreuve.

BEHAM (H. S.)

210 — Vie de l'Enfant prodigue, — Le Porte-enseigne et le
Tambour, — Noces de village, etc. Treize pièces.
Bonnes épreuves.

BERGHEM (N.)

211 — La Vache qui s'abreuve (B. 1).
Bonne épreuve.

BERGHEM (N.), d'après

212 — Suite de quatre paysages, avec figures et animaux,
gravés par J. Visscher.
Très belles épreuves du 1er état, avec l'adresse de Nicolas Visscher.

213 — Suite de six paysages en largeur, ornés de figures et
animaux, gravés par J. Visscher.
Très belles épreuves, quatre sont avant les numéros au bas de la droite.

214 — Paysages ornés de figures et animaux, gravés par
D. Danckerts. Suite de six pièces.
Très belles épreuves, avec l'adresse de Danckerts qui plus tard, fut rem-
placée par celle de Cl. de Ionghe. Marges.

215 — La Bohémienne consultée, — L'Abreuvoir champêtre,
— Paysanne conduisant un troupeau, etc. Cinq pièces
gravées par Aveline, P. Laurent, Weisbrod, etc.
Très belles épreuves avant la lettre, ou à l'eau-forte.

216 — Paysages ornés de figures et d'animaux, formant une
partie de l'œuvre gravé de N. Berghem. Soixante-dix
pièces gravées par Aliamet, Le Bas, Aveline, Danckerts,
Laurent, Pelletier, Martenasie, etc. Belle réunion.
Très belles épreuves.

BERVIC (Ch. Cl.)

217 — L'Éducation d'Achille, d'après Regnault.
Belle épreuve.

BERRETTINI (Pierre), dit LE CORTONE

218 — Sacrifice de Polyxène, — L'Enlèvement des Sabines,
— Sacrifice offert à Diane par Xénophon, — Le Triomphe
de Bacchus, — Alexandre vainqueur de Darius, etc. Onze
pièces gravées par Aquila, Trière, Mellan, L. Visscher, etc.
Belles épreuves.

BETOU (ALEXANDRE)

219 — Morceaux d'après les grands tableaux de la salle de
bal, autrement dite la galerie de Henri II, du palais de
Fontainebleau (R. D., 1-15). Suite de quinze estampes
dont nous n'avons que treize.

Très belles épreuves avec marges.

BINCK (J.)

220 — Bethsabée au bain (B., 6), — Les Soldats jouant
(B., 74). Deux pièces.

Belles épreuves.

221 — Les Divinités de la Fable. Suite de vingt estampes
dont nous n'avons que dix-neuf (B., 26-45).

Anciennes épreuves.

BISCAINO (B.)

222 — Moïse sauvé du Nil (B., 2), — Suzanne (B., 4), —
La Crèche (B., 6), — La Nativité (B., 7), — L'Adoration
des rois (B., 9), — Sainte Famille (18), — La Viërge
allaitant l'enfant Jésus (B., 21), — Sainte Marguerite
(B., 36), — Sujet de Bacchanale (39), etc. Dix-sept pièces.

Belles épreuves.

BISI (FRA BONAVENTURA)

223 — La Sainte Famille, d'après Le Parmesan.

Très belle épreuve. Rare.

BLANCHARD et VALENTIN (d'après)

224 — La Charité, — Le Denier de César, — La Musique, —
Le Revers de fortune, — La chaste Suzanne, — Le Jugement de Salomon, etc. Douze pièces gravés par Bouil-
lard, Krieger, Cathelin, Baudet, de la Court, Daret, Garnier, etc.

BLERY (EUGÈNE)

25 — Paysages et plantes variées, gravées à l'eau-forte.
Vingt pièces en partie sur chine.

Belles épreuves.

BLOEMAERT (A.)

226 — La Vierge aux lunettes, d'après A. Carrache.

Très belle épreuve du 1er état, avant l'adresse de l'éditeur.

BLOEMAERT (C.)

227 — L'Adoration des bergers, d'après Raphaël, grand in-fol. en largeur.

Très belle épreuve.

BOLSWERT (S. A.)

228 — Le Couronnement d'épines, d'après Van Dyck.

Très belle épreuve.

229 — Le Christ mort, sur les genoux de la Vierge, à gauche, trois anges en adoration, d'après Van-Dyck.

Belle épreuve avec l'adresse de Gillis Hendricx.

230 — La Vierge assise, considérant l'enfant Jésus couché sur ses genoux, d'après Van Dyck.

Très belle épreuve.

231 — La Sainte Famille aux anges, d'après Van Dyck.

Belle épreuve avec l'adresse de Gillis Hendricx.

232 — Silène ivre, accompagné de satyres et de bacchantes, d'après Van Dyck.

Très belle épreuve du 1er état, avec l'adresse de N. Lauwers.

233 — La même estampe.

Très belle épreuve, avec l'adresse de C. Galle. Marge.

234 — Sainte Famille, où l'enfant Jésus est debout sur les genoux de la sainte Vierge, — L'Erection en croix. Deux pièces, d'après Van Dyck.

Belles épreuves.

235 — Pan jouant de la flûte en gardant son troupeau, d'après Jordaens.

Très belle épreuve du 1er état, avant l'adresse de Bloteling.

236 — Jupiter enfant, pleurant en montrant un pot à une femme qui trait une chèvre, d'après Jordaens.

Très belle épreuve du 1er état, avant l'adresse de Bloteling.

237 — Un Concert, d'après Jordaens.

Très belle épreuve.

BOLSWERT (S. A.)

238 — Le Reniement de saint Pierre, d'après G. Seghers.
Belle épreuve avec le *cum privilegio*.

BOLSWERT et PONTIUS

239 — Mercure et Argus, — Le Roi boit. Deux pièces, d'après
Jordaens.
Belles épreuves.

BONASONE (J.)

240 — Moïse ordonnant aux Hébreux de ramasser la manne
(B., 5), — La Vierge assise dans un paysage (B., 54), —
Circé changeant en animaux les compagnons d'Ulysse
(B., 86), etc. Quatre pièces, d'après le Parmesan.
Très belles épreuves.

241 — Judith chargeant sa suivante de la tête d'Holopherne
(B., 9), — Jésus-Christ rendant l'esprit sur l'arbre de la
croix (B., 43)., — La Vierge, assise au pied de la croix,
ayant sur ses genoux le corps mort de Jésus-Christ
(B., 53), — La sainte Vierge assise au pied de la croix
(B., 64), — Un Prophète et une sibylle (B., 78), etc. Six
pièces, d'après Michel-Ange. .
Belles épreuves.

242 — Les Bergers adorant l'enfant Jésus (B., 39), — La
Naissance de saint Jean-Baptiste (B., 76), — Le Lever du
soleil, représenté d'une manière poétique (B., 99), — Un
jeune héros descendu de son cheval (B., 100), — L'Amour
surpris dans les Champs-Élysées (B., 101), — Mercure
surprenant les filles d'Aglaure (B., 102). Six pièces.
Très belles épreuves.

243 — La Vierge assise dans le ciel, sur des nues, d'après le
Parmesan (B., 62).
Très belle épreuve.

244 — Saint Roch debout, d'après le Parmesan (B., 70).
Très belle épreuve.

245 — Saint Paul prêchant aux nouveaux Chrétiens (B., 72),
— Saint Marc assis et composant son évangile (75), — Clélie
traversant le Tibre, et ramenant à Rome ses compagnons

qui étaient prisonniers dans le camp de Porsenna (B., 83).
Quatre pièces, d'après Perino del Vaga.

Belles épreuves.

246 — Étude d'une figure nue d'un homme qui porte une
croix, d'après Michel-Ange (B., 79).

Superbe épreuve.

247 — Scipion blessé dans le combat donné près du Tésin
contre Annibal, d'après Polydore de Caravage (B., 81).

Superbe épreuve.

248 — Constantin remportant la victoire sur le tyran Maxence,
d'après Raphaël (B., 84).

Très belle épreuve du 1ᵉʳ état, avec le nom du graveur et la date 1544.

249 — Un jeune héros descendu de son cheval, tenant par
la main une femme nue (B., 100).

Superbe épreuve.

250 — Cupidon assis près de sa mère dans un char (B., 105),
— Calypso tâchant par ses caresses de retenir Ulysse
(B., 171), — Un Jeune homme combattant contre un
monstre marin (B., 178). Trois pièces.

Belles épreuves.

251 — Le Triomphe de l'Amour (B., 106).

Superbe épreuve.

252 — Hercule emmenant les troupeaux de Gérion (B., 110).

Très belle épreuve.

253 — La Déesse Flore assise dans un jardin au milieu de
plusieurs nymphes..., d'après J. Romain (B., 111).

Belle épreuve.

254 — Les Amours des dieux. Suite de vingt pièces y compris le titre (B., 146-164).

Belles épreuves, manque une pièce pour que la suite soit complète.

255 — Noé sortant de l'arche (B., 4), — Moïse frappant le
rocher, — Vénus coiffée et ajustée par les Grâces (B., 167).
Trois pièces, d'après Raphaël.

Belles épreuves.

BONASONE (J.)

256 — Quatre Nymphès assises avec des dieux marins autour
d'un rocher qui leur sert de table (B., 173), — Des hommes
et des femmes se baignant ensemble dans une grande
cuve (B., 177. Deux pièces.
Très belles épreuves.

BONNART (chez N.)

257 — Le Départ pour la chasse. In-fol. en largeur.
Belle épreuve.

BORCHT (R. Vander)

258 — Noces villageoises, — Fête flamande. Trois pièces.
Belles épreuves.

BOSSE (Abraham)

259 — L'Enfant prodigue. Suite de six pièces (G. D., 34-39).
Superbes épreuves avec l'adresse de Le Blond.

260 — La Parabole du mauvais riche et de Lazare. Suite de
trois pièces (G. D., 40-42).
Très belles épreuves avec l'adresse de Le Blond.

261 — Les Vierges folles et les Vierges sages. Suite de sept
pièces (G. D., 43-49).
Très belles épreuves avec l'adresse de Le Blond.

262 — Les OEuvres de miséricorde. Suite de sept pièces
(G. D., 50-56).
Très belles épreuves avec l'adresse de Le Blond.

263 — La Vue, — L'Odorat (G. D., 1076-1077). Deux pièces.
Très belles épreuves.

264 — Les Quatre éléments. Suite de quatre pièces (G. D.,
1090-1093).
Très belles épreuves.

265 — Le Prévôt des marchands, suivi des échevins de la
ville de Paris, vient complimenter le roi Louis XIII sur la
prise de La Rochelle (G. D., 1187).
Très belle épreuve.

BOSSE (Abraham)

266 — Estampes relatives à la naissance du dauphin
Louis XIII (G. D., 1203 et 1206). Deux pièces.

Belles épreuves.

267 — Les Noms, surnoms, qualitez, armes et blasons des
chevaliers et officiers de l'ordre du Saint-Esprit. Suite de
quatre pièces (G. D., 1207-1210).

Très belles épreuves avec l'adresse de Melchior Tavernier.

268 — Le Siège de La Motte (G. D., 1220).

Très belle épreuve avec marge.

269 — Cérémonie observée au contrat de mariage passé à
Fontainebleau, en présence de leurs Majestés, entre Wla-
dislas IV, roi de Pologne, et Louise-Marie de Gonzague,
princesse de Mantoue et de Nevers, le 25 septembre 1645
(G. D., 1223).

Très belle épreuve.

270 — Les Vœux du Roy et de la Reyne à la Vierge (G. D.,
1225).

Très belle épreuve.

271 — La Joye de la France (G. D., 1226).

Très belle épreuve.

272 — La Fortune de la France (G. D., 1227).

Très belle épreuve avec l'adresse de Le Blond.

273 — Les Forces de la France (G. D., 1228).

Très belle épreuve.

274 — Louis XIII à genoux devant un autel (G. D., 1240).

Belle épreuve.

275 — Louis XIII représenté sous la figure d'Hercule (G. D.,
1241).

Très belle épreuve avec l'adresse de Le Blond.

276 — Jacques Howel ou Owel, en pied (G. D., 1243).

Bonne épreuve.

277 — L'Infirmerie de l'hôpital de la Charité de Paris (G. D.,
1266).

Très belle épreuve.

BOSSE (Abraham)

278 — La Galerie du Palais G. D., 1267).

Très belle épreuve, avec marge.

279 — L'Hôtel de Bourgogne (G. D., 1268).

Très belle épreuve avec l'adresse de Le Blond.

280 — Le Jardin de la noblesse française. Suite de dix-huit planches (G. D., 1301-1318).

Très belles épreuves. Rares.

281 — La Noblesse française à l'église. Suite de treize pièces (G. D., 1319-1331).

Superbes épreuves avec marges. Très rare.

282 — Les Gardes françaises. Suite de neuf pièces (G. D., 1332-1340).

Très belles épreuves, en partie avec la bordure, plusieurs sont avant les numéros et l'adresse de F. L. D. Ciartes. Rares.

283 — Les Cris de Paris. Suite de douze pièces (G. D., 1341-1352).

Très belles épreuves, manque le numéro 2 de la suite.

284 — Le Courtisan suivant le dernier édit (G, D., 1353).

Très belle épreuve.

285 — Un Laquais debout serre dans une malle les vêtements de son maître (G. D., 1354).

Très belle épreuve. Marge.

286 — Le Courtisan suivant l'édict de l'année 1633 (G. D., 1355).

Belle épreuve, rognée.

287 — La Dame réformée (G. D., 1357).

Très belle épreuve.

288 — Une Jardinière n° 3, d'après Bellange (G. D., 1360).

Très belle épreuve.

289 — Une Dame assise près d'une table tient un livre à la main et paraît chanter (G. D., 1363).

Très belle épreuve. Marge.

290 — Une Bergère accompagnée d'un chien qui danse au son de la musette (G. D., 1365).

Très belle épreuve.

BOSSE (Abraham)

291 — Un Berger tient une houlette de la main gauche
(G. D., 1366).

>Très belle épreuve.

292 — Une Femme assise travaille à une tapisserie (1371).

>Très belle épreuve.

293 — Une Fille dansant sur un chemin et ayant à ses côtés
une quenouille (G. D., 1372).

>Très belle épreuve.

294 — Une Femme vêtue de noir est à genoux sur une
chaise... (G. D., 1373)

>Très belle épreuve.

295 — Le Mariage à la ville. Suite de six pièces (G. D., 1374-
1379).

>Très belles épreuves avec les adresses de Le Blond et Tavernier.

296 — Le Mariage à la campagne. Suite de trois pièces (G. D..
1380-1382).

>Très belles épreuves.

297 — La Femme qui bat son mari (G. D., 1384).

>Très belle épreuve avec l'adresse de Le Blond.

298 — Le Peintre, — Le Sculpteur, — Le Graveur et l'Imprimeur. Suite de quatre pièces (G. D., 1385-1388).

>Très belles épreuves.

299 — Le Maître et la Maîtresse d'école. Deux pièces G. D.,
1389-1390).

>Très belles épreuves avec l'adresse de Le Blond et J. D. Poilly.

300 — Les Métiers. Suite de sept pièces (G. D., 1391-1397).

>Très belles épreuves avec les adresses de Le Blond et Melchior Ta-
vernier.

301 — La Bénédiction de la table (G. D., 1398).

>Très belle épreuve.

302 — Les Femmes à table en l'absence de leurs maris (G. D.,
1399).

>Très belle épreuve, avec l'adresse de Le Blond.

BOSSE (Abraham)

303 — Le Bal (G. D., 1400).

> Très belle épreuve.

304 — Les Fumeurs, d'après de Saint-Igny (G. D., 1401). — Les Fumeurs, par Briot, d'après Saint-Igny (R. D., 160). Deux pièces.

> Belles épreuves.

305 — Réponse de la damoiselle à la lettre du capitaine extravagant (G. D., 1403).

> Belle épreuve, sans texte.

306 — Aux Buveurs très illustres et Hauts crieurs du Roi boit. Suite de 24 petits sujets gravés sur une planche (G. D., 1404).

> Belle épreuve. Très rare.

307 — Le Français et son laquais (G. D., 1406).

> Très belle épreuve.

308 — Un Français debout, l'épée à la main (G. D., 1407).

> Très belle épreuve.

309 — Une Femme debout montre du doigt une caisse dans laquelle elle va serrer une robe qui est à côté d'elle, gravé par Huret (G. D., 21).

> Belle épreuve.

310 — Un Peintre assis devant un chevalet est occupé à peindre l'Amour lançant une flèche (G. D., 18), gravé par M. Lasne.

> Belle épreuve.

311 — Facéties sur les soldats espagnols. Quatre pièces avec bordures, publiées chez Montcornet et f. L. D. Ciartes.

> Très belles épreuves.

BOTH (J.)

312 — Le Trajet (B., 7). — Les deux Vaches au bord de l'eau (8). 2 pièces.

> Très belles épreuves du 1er état, avant le nom de Both.

BOULANGER et **HAINZELMAN**

313 — Le Christ descendu de la croix. — Sainte famille : les
anges adorent l'enfant Jésus. — Sainte famille en Égypte.
Trois pièces, d'après S. Bourdon.

Très belles épreuves.

BOURDON (Sébastien)

314 — Les Œuvres de miséricorde. Suite de sept estampes
(R. D., 2-8).

Très belles épreuves du 1er état, avec l'adresse de l'auteur.

315 — L'Œuvre du maître, composé de 30 pièces gravées à
l'eau-forte (R. D., t. I, p. 133).

Très belles épreuves.

BOURDON (S.), d'après

316 — Saintes familles, Paysages, Portraits et sujets religieux
par divers graveurs, d'après les compositions de S. Bourdon. 22 pièces.

Belles épreuves, plusieurs sont avant la lettre.

BOYVIN (René)

317 — L'Ignorance vaincue, d'après maître Rous (R. D., 16).

Belle épreuve.

318 — La Nymphe de Fontainebleau, d'après maître Rous
(R. D., 18).

Très belle épreuve, doublée.

319 — Le Vieux Silène, d'après Luc Penni (R. D., 28).

Très belle épreuve.

320 — Vénus et l'Amour (R. D., 30. — Le Satyre et la nymphe (R. D., 70). — Danse de dryades (R. D., 74). Trois
pièces.

Belles épreuves.

321 — Les Trois Parques filant la vie des humains (B., 31).
— Diane au bain avec deux de ses nymphes (B., 68). —
Les Amours de Jupiter et d'Antiope (B., 71 et 72), etc.
Six pièces.

BREBIETTE

322 — 71 pièces de son œuvre, gravées à l'eau-forte : sujets
religieux et mythologiques, frises, etc.
Belles épreuves.

BRICIO (F.) et **VILLAMENA**

323 — La Vierge à l'écuelle. — Saint Jérôme. Deux pièces
gravées à l'eau-forte.
Très belles épreuves.

BROSAMER (H.)

324 — Bethsabée au bain (B., 3).
Très belle épreuve.

BRY (J. Th. de)

325 — La Fontaine de Jouvence, d'après H.-S. Beham.
Belle épreuve.

326 — Fête de village, d'après H.-S. Beham.
Belle épreuve.

327 — Marche de soldats, avec des prisonniers, d'après H.-S.
Beham.
Très belle épreuve.

328 — Le Triomphe de la mort, — Soldats faisant l'exercice,
au milieu un porte-drapeau. Deux pièces en forme de
frises.
Belles épreuves.

329 — La Danse des paysans. — La Danse des seigneurs.
Deux pièces en forme de frises.
Belles épreuves.

330 — Emblèmes et armoiries. 10 pièces.
Belles épreuves.

BUONAROTTI (Michel-Ange), d'après

321 — 150 pièces de l'œuvre gravé d'après ce maître, parmi
lesquelles : le Jugement dernier, par Ghisi, Bonasone,
L. Gautier, etc. ; seront vendues par lots.

CALLOT (Jacques)

332 — La Parabole de l'Enfant prodigue. Suite de onze pièces
(M., 53-63).
Très belles épreuves, du 2e état, avant les numéros. Grandes marges.

CALLOT (Jacques)

333 — Sainte famille, d'après André del Sarte (M., 66).

Très belle épreuve du 1er état.

334 — La Tentation de saint Antoine (E. M., 139).

Ancienne épreuve.

335 — Les Grandes misères de la guerre. Suite de dix-huit pièces (M., 564-581).

Très belles épreuves du 2e état, avant que les mots *Israël excudit* aient été enlevés.

336 — Le Parterre, ou Jardin de Nancy (M,, 621).

Belle épreuve.

337 — La Carrière, ou la rue Neuve de Nancy (M,, 621).

Très belle épreuve du 1er état, avant l'adresse d'Israël Silvestre.

338 — La Grande foire de Florence (M., 625).

Très belle épreuve du 1er état, avant l'adresse d'Israël Silvestre.

339 — Les Supplices (M., 665).

Très belle épreuve du 2e état, la tour du milieu vers la gauche, la petite statue de la Vierge, à l'angle d'une rue, au fond, à droite, sont très distinctes.

340 — La Chasse (M., 711).

Belle épreuve.

CAMASSEI (André)

341 — La Sainte vierge et saint Jean (B., 1).

Superbe épreuve. Rare.

CAMPANELLA (A.)

342 — Gravures gouachées, d'après les peintures d'Herculanum. Deux pièces.

CANTARINI (Simon, dit LE PESARESE)

343 — Repos en Égypte (B., 2). — Repos en Égypte (B., 3). Épreuve du premier état, avant le nom du Guide. — Repos en Égypte (B., 4 et 6). 4 pièces.

Très belles épreuves.

344 — Adam et Ève (B., 1).

Très belle épreuve.

CANTARINI (Simon, dit LE PESARESE)

345 — Saintes familles (B., 12 et 14). Deux pièces.
    Très belles épreuves.

346 — La Vierge avec l'Enfant Jésus (B., 17).
    Très belle épreuve du 1er état, avant le nom du maître.

347 — La Vierge couronnée (B., 21). — Saint Sébastien
(B., 24). Deux pièces.
    Belles épreuves.

348 — Le Grand saint Antoine de Padoue (B., 25).
    Superbe épreuve du 1er état.

349 — Saint Benoît délivrant un possédé, d'après Louis Carrache (B., 27). — L'Ange gardien (B., 28). — L'Enlèvement d'Europe (B., 30). — Mercure et Argus (B., 31). —
La Fortune (B., 34). Cinq pièces.
    Très belles épreuves.

CARAGLIO (J. J.)

350 — Le Martyre de saint Pierre et de saint Paul, d'après
le Parmesan (B., 8).
    Superbe épreuve.

351 — Deux pièces des travaux d'Hercule, d'après le Rosso
(B., 45 et 48).
    Belles épreuves avant l'adresse de Salamanca.

352 — L'Enlèvement des Sabines, d'après B. Bandinelli
(B., 63),
    Très belle épreuve.

353 — Pierre Arétin, d'après Titien (B. 64).
    Belle épreuve.

354 — Les Amours des dieux, d'après Perino del Vaga.
22 pièces.

355 — Ixion embrassant un nuage qui avait la forme de Junon,
d'après Perino del Vaga (B,, app. 1).
    Superbe épreuve. Collection de La Salle et Dreux.

CARPIONI (Jules)

356 — Jésus-Christ à la montagne des Oliviers (B., 2).
    Très belle épreuve du 1er état.

CARPIONI (Jules)

337 — La Vierge lisant (B., 5), première épreuve. — La Vierge au rosaire (B., 6). — L'hommage du petit saint Jean (B., 7). 4 pièces, dont une double.
Belles épreuves.

338 — Sainte Madeleine (B., 10). — Saint Antoine de Padoue (B., 11). — Saint Jérôme faisant pénitence (B.. 12). Trois pièces.
Belles épreuves.

359 — Les Quatre éléments (B., 15-18). — Danse d'enfans (B., 20), etc. 5 pièces,
Belles épreuves.

CARRACHE (Annibal)

360 — Suzanne surprise au bain par les deux vieillards (B., 1).
Très belle épreuve avant la lettre.

361 — La même estampe.
Très belle épreuve.

362 — Le Christ de Caprarole (B., 4).
Très belle épreuve. Collection Arozarena.

363 — La Vierge à l'hirondelle (B., 6). — La Vierge et l'Enfant Jésus. Deux pièces.

364 — Le Couronnement d'épines (B., 3). — La Vierge à l'écuelle (B., 9). — L'Adoration des bergers (B., 2, copie). — La Madeleine pénitente (B., 16). 4 pièces.
Belles épreuves.

365 — La Sainte famille (B., 11).
Très belle épreuve avant la retouche. Collection A rozarena.

366 — La même estampe.
Belle épreuve.

366 *bis*. — Jupiter et Antiope (B., 17).
Belle épreuve.

367 — Les Trois rois (B., 1 des pièces faussement attribuées).
Belle épreuve.

CARRACHE (Aug.)

368 — Le Crucifix, d'après Paul Véronèse (B.. 21).
  Très belle épreuve.

369 — Jésus-Christ et la Samaritaine (B. 26).
  Belle épreuve.

370 — La Sainte vierge (B., 39).
  Très belle épreuve.

371 — Sainte famille (B., 43).
  Superbe épreuve.

372 — La Tentation de saint Antoine, d'après le Tintoret (B., 63).
  Très belle épreuve.

373 — La Sainte famille avec sainte Catherine et saint Antoine, d'après Paul Véronèse (B., 96).
  Très belle épreuve.

374 — Le Mariage de sainte Catherine, d'après Paul Véronèse (B., 97).
  Très belle épreuve.

375 — Mariage de sainte Catherine, d'après Paul Véronèse (B. 98).
  Très belle épreuve.

376 — La Vierge protégeant deux confrères, d'après Paul Véronèse (B., 105).
  Très belle épreuve.

377 — Un Satyre regardant une femme endormie (B., 112).
  Très belle épreuve.

378 — Le Vieillard et la courtisane (B., 114), original et copie. Deux pièces.

379 — Pan dompté par l'Amour (B., 116).
  Très belle épreuve.

380 — Mercure et les Grâces. — Mars renvoyé par Minerve. Deux pièces, d'après Tintoret (B., 117-118).
  Très belles épreuves.

381 — L'Amour réciproque (B., 119).
  Très belle épreuve.

CARRACHE (Aug.)

382 — Les Petites pièces lascives. Suite de treize pièces dont nous n'avons que douze (B., 123-135).

Très belles épreuves, le n° 132 est une copie. Très rares.

383 — Le Sondeur (B., 136).

Belle épreuve. Rare.

CARRACHE (L.)

384 — La Vierge de l'an 1604 (B., 3).

Belle épreuve, la marge du bas coupée.

385 — La Vierge et saint Joseph (B,, 4).

Bélle épreuve.

386 — La Vierge lavant du linge (B., 5). — La Vierge de l'an 1592 (B., 1, copie). Deux pièces.

Belles épreuves.

CARRACHE (les), d'après

387 — Belle réunion d'estampes anciennes et modernes, composant une partie de l'œuvre gravé d'après les compositions des Carrache. 171 pièces.

Très belles épreuves.

CASA (Nicolo della)

388 — *Bandinelli* (Baccio), sculpteur italien (R. D., 2).

Belle épreuve.

CASTIGLIONE (B.)

389 — L'Œuvre du maître, composé de 43 pièces gravées à l'eau-forte ; sujets religieux et profanes, études de têtes, etc,

Très belles épreuves.

CAUKERCKEN (C.)

390 — La Charité, d'après van Dyck.

Belle épreuve.

CAVALLERIS (J. B. de)

391 — Le Massacre des innocents, d'après Bandinelli. —

Ganymède, d'après Michel-Ange ; trois épreuves d'états
différents. 4 pièces.

Belles épreuves.

CHAMBARS

392 — Saint Martin coupant son manteau pour le partager aux
pauvres, d'après van Dyck.

Très belle épreuve avant la lettre.

CHAPRON (N).

393 — Les Loges de Raphaël au Vatican : l'Alliance de Bacchus
et de Vénus, le Faune et sa femelle, etc. (R. D., t. 6,
p. 215). 120 pièces.

CHATEAU (excudit)

394 — Le Mariage de sainte Catherine, d'après le Corrège.

Très belle épreuve avant la lettre.

CLAIR-OBSCUR (Maîtres italiens, graveurs en). Bartsch, t. XII.

395 — L'Adoration des Mages, d'après le Parmesan, par N. de
Vicence (B., 2 du Nouveau-Testament).

Deux épreuves d'impressions différentes.

396 — L'Adoration des mages, d'après le Parmesan, par Nicolas de Vicence (B., 3, du Nouveau-Testament),

Très belle épreuve.

397 — La Présentation au temple, par un anonyme, d'après
J. Salviati (B., 6 du Nouveau-Testament).

Très belle épreuve du 1er état.

398 — Repos en Égypte, d'après Barrochi (B., 11 du Nouveau Testament).

Très belle épreuve.

399 — Jésus-Christ guérissant les lépreux, d'après le Parmesan, par Vicentini (B. 15 du Nouveau-Testament).

Très belle épreuve.

400 — Jésus-Christ à table chez Simon le Pharisien (B., 17 du
N. T.). La Descente de croix (B., 22 du N. T.). — Saint
Pierre et -aint Jean guérissant les malades, etc. Quatre
pièces d'après Raphaël.

Belles épreuves.

CLAIR-OBSCUR (Maîtres italiens, graveurs en). Bartsch, t. XII.

401 — Pilate, d'après Jean de Bologne (B., 19 du N T.), — Clélie, d'après Maturino (B. 5 de l'histoire profane), — L'Enlèvement d'une Sabine, d'après J. de Bologne. Trois pièces.

402 — La Sainte Vierge, d'après le Parmesan (B., 12 des sujets de vierges).

Belle épreuve.

403 — La Sainte Vierge entourée de différens saints et saintes, d'après le Parmesan, par N. de Vicence (B., 23 des sujets de vierges).

Très belle épreuve.

404 — La Vierge accompagnée de quelques saints, d'après le Parmesan, par un graveur anonyme (B., 24 des sujets de vierges).

Très belle épreuve du 1er état.

405 — La Vierge entourée de saints, d'après le Parmesan, par Ghandini (B., 25 des sujets de vierges).

Très belle épreuve.

406 — Le Martyre de saint Pierre et de saint Paul d'après le Parmesan (B., 28 des sujets de saints).

Superbe épreuve.

407 — La même estampe.

Très belle épreuve, d'une impression différente.

408 — Sibylles, d'après le Guide (B., 2, 3, 4 et 5 des sujets pieux), — L'Alliance de la paix et de l'abondance, d'après le Guide (B., 10 des allégories. 5 pièces.

Très belles épreuves.

409 — La Sibylle Tiburtine et Auguste, d'après le Parmesan, par Ant. de Trente (B., 7).

Très belle épreuve.

410 — Diogène, d'après le Parmesan, par H. de Carpi (B., 10 des sujets de l'histoire profane).

Superbe épreuve.

CLAIR-OBSCUR (Maîtres italiens, graveurs en). Bartsch, t. XII.

411 — Des nymphes au bain, d'après le Parmesan (B., 22 de la mythologie).

> Belle épreuve.

412 — Hercule étouffant le lion de Némée, d'après Raphaël. (B., 17 de la mythologie).

> Belle épreuve.

413 — Saint Jean-Baptiste dans le désert, — Les apôtres, — Vénus et l'Amour, etc. Six pièces d'après le Parmesan.

> Très belles épreuves.

CORT (C.)

414 — L'Annonciation. Composition animée d'un grand nombre de figures, d'après F. Zuccharo. Grand in-fol. en largeur, en deux planches.

> Superbe épreuve.

415 — L'Adoration des bergers, d'après Polydore de Caravage. In-fol. en largeur.

> Très belle épreuve.

416 — Le Repos en Egypte, d'après F. Barozio. In-fol.

> Belle épreuve.

417 — Jupiter et Léda, d'après Michel-Ange.

> Bonne épreuve.

418 — Diane découvrant la grossesse de Calisto, d'après Titien. In-fol.

> Très belle épreuve du 1er état, avant le nom de C. Cort.

419 — Salle d'étude de dessin, sculpture, peinture, etc, en hauteur.

> Très belle épreuve.

CORRÈGE (ANT. ALLEGRI, dit le)

420 — Compositions mythologiques, sujets religieux, portraits. 73 pièces gravées par Duchange, Sornique, Van Kessel Bœl, Surugue, Picart, Toschi, Dequevauviller, Tanjé, Beauvais, Fessard, Drevet, Ravenet, Guerin, Volpato, N. Edelinck, Rosaspina, etc.

> Très belles épreuves.

COURTOIS (GUILLAUME)

421 — La Peste ou l'ensevelissement des morts (R. D., 1).
Très rare épreuve d'un 1er état non décrit, avant toutes lettres.

422 — La Résurrection de Lazare, d'après le Tintoret (R.D., 3).
Très belle épreuve.

COURTOIS (J.)

423 — Scènes militaires (R. D., 1, 2 et 4), — Le Combat au pied de la tour (9), — Les Blessés secourus (10), — Combat de Chrétiens et de Turcs (12). Six pièces.
Belles épreuves.

COZZA (F.)

424 — Le Sommeil de l'enfant divin (B., 1).
Belle épreuve.

DALEN (C. VAN)

425 — Vénus et l'Amour, d'après Flinck.
Très belle épreuve, avec marge.

DAVID (J.), de Gênes

426 — Compositions tirées des Métamorphoses d'Ovide, sujets divers. Vingt-deux pièces gravées à l'eau-forte.
Très belles épreuves.

DAVID (H.)

427 — Les Deux Amoureux; costumes époque Louis XIII.
Belle épreuve.

DELAUNE (ÉTIENNE)

428 — Combats et triomphes. Suite de douze estampes dont nous n'avons que neuf (R. D., 281-292).
Belles épreuves.

DEMARNE et KLEIN

429 — Paysages, études d'animaux, chevaux harnachés, etc. Cinquante-trois pièces gravées à l'eau-forte.
Belles épreuves.

DESNOYERS (A. B.)

430 — La Vierge à la chaise, d'après Raphaël.
Très belle épreuve. Marge.

DESNOYERS (A. B.)

431 — La Vierge au Donataire, dite de Foligno, d'après Raphaël.

Très belle épreuve, avec le cachet à deux têtes aux bas de la gauche.

432 — La Vierge du Palais Tempi. — Sainte Catherine d'Alexandrie. Deux pièces d'après Raphaël.

Belles épreuves.

DIAMANTINI (J.)

423 — La Nativité (B., 2), Sainte Famille (3), — La République de Venise (10), La République de Venise (9), — Allégorie (13), — Hercule et Omphale (19), — Flore et une Déesse qui tient le Caducée (22), — La Nuit (24), — Saturne et Rhéa (26), — Didon (34), — etc. 13 pièces gravées à l'eau-forte.

Très belles épreuves.

DIETRICY (CHR. GUILL. ERNEST)

434 — Les Musiciens ambulants, — Le Charlatan, — Jésus guérissant les malades, — Le Baptême de l'Eunuque, — Saint Jacques prêchant dans un village, — La Fuite en Égypte, — Le Satyre chez le Paysan, — Paysages, scènes pastorales, etc. 19 pièces.

Belles épreuves.

DIETRICY et DUJARDIN

435 — Sujets religieux, — Paysages et animaux, 19 pièces gravées à l'eau-forte.

Belles épreuves.

DIVERS

436 — Très belle réunisn d'estampes d'après les maîtres Italiens suivants : Raphaël Sanzio, Lanfranc, Giminiani, Le Bassan. P. Véronèse, Titien, Michel-Ange, Tintoret, Dominiquin, A. Sacchi, Zuccaro, Baroche, J. Romain, C. Maratte, Cyrro ferri, Cortone, A. Carrache, Corrège etc. 148 pièces.

Très belles épreuves.

437 — Compositions religieuses et sujets. de genre, par divers graveurs d'après les maîtres Italiens suivants: Crespi,

Feti, Bonnati, Pietri, Mola, Procaccino, Cignani, Tiarini, Sirani, etc. 54 pièces.

Belles épreuves, beaucoup sont avant la lettre.

438 — Sujets religieux, historiques, mythologiques, portraits, par divers graveurs anciens et modernes, d'après les maîtres Italiens suivants : Bellino, del Piombo, Moroni, Zeloti, Bordone, Schidone, Pordenone, Schiavone, Squazella, Varotari, J. de Udine, Ricci, etc. 80 pièces.

Belles épreuves.

439 — Estampes par divers graveurs d'après Vanni, C. Dolci Biliverti, Bronzino, Allori, Gentileschi, G. Vasari, etc. cinquante-deux pièces.

Très belles épreuves, beaucoup sont avant la lettre.

440 — Compositions mythologiques, sujets religieux, historiques, d'après les maîtres Italiens suivants : Bozzolini, Salviati, Beccafumi, Dominiquin, Polayolo, Pacchierotti, Angelico da Fiesole, Ghirlandajo, Lippi, Boticelli, L. di Credi, etc., etc. 108 pièces par différents graveurs anciens et modernes.

Très belles épreuves, beaucoup sont avant la lettre.

441 — Sujets religieux Portraits d'histoire etc. d'après Mignard Jouvenet, Silvestre, Boulongne, etc. 23 pièces par divers graveurs.

442 — Compositions religieuses, mythologiques historiques, Paysages etc., par divers graveurs, d'après Champaigne, Loutherbourg, le Corrège, Zustris, Jordaens, Moro, Hondthorst, Seghers, etc. 28 pièces.

443 — L'Enfant prodigue, — Iris inquiète, — La Gaieté bacchique, — Le Peintre, — Le jeu de piquet, — La belle impatiente, — Un intérieur hollandais, etc. 16 pièces par différents graveurs, d'après Ochtevelt, Terburg, Weenix, Bega, Netscher, Verkolie, Gonzales Coques etc.

Très belles épreuves, plusieurs sont avant la lettre.

444 — Costumes et pièces sur les mœurs, par Hopfer, Montcornet, Le Blond, Dalen, Hollar, Brebiette, L. Gautier. David, etc. 64 pièces.

Très belles épreuves.

DOMINIQUIN (D. ZAMPIERI, dit LE)

445 — Belle réunion d'Estampes par différents graveurs anciens et modernes, formant une partie de l'œuvre gravé du maitre. 91 pièces.

Belles épreuves.

DORIGNY (NICOLAS)

446 — L'histoire de l'Amour et Psyché, d'après Raphaël, suite de douze pièces y compris le titre. in-fol. en largeur.

Très belles épreuves. Marges.

DOW (GÉRARD), d'après

447 — Jeune femme à sa fenêtre, — La cuisinière hollandaise, — La famille de Gérard Dow, — Portrait de Gérard Dow, — Le duelliste blessé, etc. 21 pièces gravées par Romanet, Verkolye, Pariset, Ingouf, De Frey, Forster, etc.

Belles épreuves, plusieurs sont avant la lettre.

DUPONT (M. HENRIQUEL)

448 — Une dame et sa fille, d'après Van Dyck, in-fol.

Très belle épreuve avant la lettre.

DURER (ALBERT)

449 — La Vierge allaitant l'enfant Jésus (B , 34).

Très belle épreuve.

450 — La Vierge assise au pied d'une muraille. (B., 40).

Très belle épreuve, signée au verso : *P. Mariette*, 1678. Collection Dreux.

451 — La Sainte famille au papillon (B. 44).

Très belle épreuve. Collection Bohm.

452 — L'effet de la Jalousie (B. 73).

Belle épreuve.

453 — Le groupe des quatre femmes nues. (B., 75).

Très belle épreuve, doublée.

454 — L'oisiveté. (B. 76).

Superbe épreuve.

455 — Le Paysan et sa femme. (B. 83)

Belle épreuve.

DURER (Albert)

456 — La dame à cheval (B. 82). — Les trois paysans (B. 86)
Deux pièces.
>Bonnes épreuves.

457 — L'Enseigne (B. 87).
>Très belle épreuve. Collection Dreux.

458 — L'Assemblée des gens de guerre, (B. 88.).
>Belle épreuve.

459 — Le Paysan du marché (B. 89).
>Très belle épreuve.

460 — Le Violent (B. 92).
>Très belle épreuve.

461 — Les offres d'amour (B. 93).
>Belle épreuve, manque de conservation.

462 — Albert de Mayence, vu de profil (B. 103). — Pirckheimer (Bilibald). (B., 106), — Phil. Melanchton (B. 105), trois pièces.

463 — Portrait de l'empereur *Maximilien* (B. 154 des gravures sur bois).
>Belle épreuve.

464 — *Varnbühler* (Ulrich). (B., 155 des gravures sur bois).
>Superbe épreuve, tirée en clair-obscur de trois couleurs. Rare.

DU SART (Corneille)

465 — La Ventouse, — Le Chirurgien de village, — Le Cordonnier renommé. — Le Violon assis, — La Fête de village. Six pièces.
>Belles épreuves.

DYCK (Daniel van den)

466 — La Sainte Vierge et l'enfant Jésus. Gravé à l'eau-forte.
>Très belle épreuve. Rare.

DYCK (Ant. van, d'après)

467 — Saintes Familles, sujets religieux, portraits, etc. 23 pièces gravées par Bolswert, Hauber, Wyngaerde, Vertue, Van Kessel, Rousselet, Bartolozzi, etc.
>Belles épreuves, plusieurs sont avant la lettre.

EARLOM (Richard)

468 — Vénus au bain, avec les amours, d'après Van Dyck.

Superbe épreuve avant la lettre.

469 — Le Sommeil de Bacchus, — Le Jugement de Pâris, Deux
pièces d'après L. Giordano.

Très belles épreuves.

ÉCOLE ITALIENNE

470 — Académie de B. Bandinelli, — Les Amours de Jupiter
et de Léda, — Adonis partant pour la chasse, — La Mort
de Méléagre, — Les Deux amants. Six pièces par Vénitien
Parmesan, Vico. — Sujets allégoriques, gravés par Alberti
d'après Caravage, en tout 18 pièces.

Belles épreuves.

471 — Estampes par Ghisi, Bonasone, le maître au Dé, etc.
22 pièces.

472 — La Mise au tombeau, — Le Songe de Michel-Ange, —
Mars et Vénus, — Tarquin et Lucrèce, — La Sainte Famille,
— L'Annonciation, etc. 11 pièces gravées par Caraglio,
Farinati, etc.

Belles épreuves.

ÉCOLE ALLEMANDE

473 — Sujets divers par Altdorfer, M. Treu, Penez, etc.
5 pièces.

Belles épreuves.

EDELINCK (G.)

474 — Saint Jérome, d'après Champaigne. (R. D., 22).

Belle épreuve.

475 — Le Combat des quatre cavaliers, d'après L. de Vinci
(R. D., 44).

Belle épreuve.

ERTINGER (F.)

476 — Sujet de l'histoire ancienne.

Très belle épreuve avant la lettre.

FAITHORNE (W.)

477 — La Ligue des langues, pièce curieuse.

Très belle épreuve.

FALCK (J.)

478 — La Maison de filles; soldats et courtisanes, d'après
J. Lys.

Superbe épreuve avant la lettre.

FALCK, MATHAM et VISSCHER

479 — L'Adoration des bergers, d'après Palma, — La Vierge
avec l'enfant Jésus, d'après Titien. — Sainte Famille,
d'après le Tintoret, etc. 4 pièces

Très belles épreuves, dont deux avant la lettre.

FALCONE (Ange)

480 — La Sainte Vierge et sainte Elisabeth (B., 7), — Bellone
(B., 12). Deux pièces.

Belles épreuves.

FELSING

481 — Le Transport de Jésus-Christ au tombeau, d'après
Raphaël.

Belle épreuve.

FERI (Ciro), d'après

482 — Le Frappement du rocher, — Saint François à genoux
recevant l'enfant Jésus des mains de la Vierge, — Saint
Antoine de Padoue, — Portrait du Pape Innocent XI, etc.
11 pièces gravées par Bloemaert, Aquila, de Lahaye,
G. Audran, etc.

Belles épreuves.

FIALETTI (d'Odoardo)

483 — Les Noces de Cana, d'après le Tintoret (B., 2)

Très belle épreuve.

FLORIS (F.)

484 — La Sainte Vierge et saint Joseph considérant l'enfant
Jésus couché dans une crèche.

Très belle épreuve. Collection Arozarena.

FOLO (G.)

485 — Le Mariage mystique de sainte Catherine, d'après le
Corrège.

Belle épreuve avant la lettre.

FONTAINEBLEAU (École de)

486 — **Barbière** (D. del). Assemblée d'hommes et de femmes,
assis séparément chacun près d'une table particulière,
d'après le Primatice (B., 6).

Très belle épreuve.

487 — La Gloire représentée par une femme ailée qui est élevée
sur un globe, d'après maître Roux (B., 7)

Très belle épreuve.

488 — Deux hommes écorchés, représentés debout et accompagnés de leurs squelettes, d'après le maître Roux. (B., 8.)

Très belle épreuve.

489 — **Daven** (L.). La Sainte Vierge assise, ayant auprès
d'elle l'enfant Jésus, d'après le Parmesan (B., 1).

Très belle épreuve.

490 — Sainte Madeleine portée au ciel par des anges. D'après
le Primatice (B., 4)

Très belle épreuve.

491 — Cléopâtre se donnant la mort en se faisant piquer par
un serpent, d'après le Primatice (B , 10).

Très belle épreuve.

492 — L'empereur Marc-Antoine offrant un sacrifice, d'après
le Primatice (B., 14).

Très belle épreuve.

493 — Le corps mort de Patrocle retiré du combat d'entre les Grecs et les Troyens, d'après J. Romain. (B., 15)

Belle épreuve.

494 — Europe aidée par des femmes de sa suite à orner de
couronnes de fleurs le taureau blanc dont Jupiter avait pris
la forme, d'après le Primatice (B., 29).

Belle épreuve.

FONTAINEBLEAU (École de)

495 — Daven (L.). Jupiter accompagné des autres divinités
qui portent chacune une branche des arbres qui leur sont
consacrés (B., 33).

Superbe épreuve. Marge.

496 — Diane se reposant des fatigues de la chasse, d'après le
Primatice (B., 39).

Belle épreuve.

497 — Jupiter changé en pluie d'or, visitant Danaé (B., 40)

Belle épreuve.

498 — Des hommes et des femmes occupés à cultiver un jardin,
d'après le Primatice (B., 43), — La même composition
gravée en contre-partie par un anonyme. Deux pièces.

Belles épreuves.

499 — Psyché puisant de l'eau dans la fontaine qui était gardée
par des dragons, d'après J. Romain (B., 46).

Belle épreuve.

500 — Adonis et ses chasseurs poursuivant un sanglier qui
traverse une rivière, d'après L. Penni (B., 47).

Belle épreuve.

501 — Diane et ses Nymphes poursuivant dans les barques un
cerf qui traverse une rivière (B., 49), la bordure est coupée,
— La même composition et en contre-partie, par un anonyme. Deux pièces.

502 — Mars et Vénus servis à table par l'Amour, les Grâces
et les Nymphes, d'après L. Penni (B., 52).

Très belle épreuve.

503 — Jupiter pressant les nues, pour en faire sortir la pluie
qui tombe sur la terre (B., 54).

Bonne épreuve.

504 — Hercule amoureux d'Omphale, se laissnat habiller en
femme pour lui plaire, d'après le Primatice (B., 55).

Bonne épreuve.

505 — Vulcain et les cyclopes occupés à forger des flèches
pour l'Amour, d'après Lucas Penni (B., 56).

Teès belle épreuve. Rare.

FONTAINEBLEAU (École de)

506 — **Daven** (L.). Une femme assise, vue de profil et tournée vers la droite, d'après Parmesan (B., 58).

> Belle épreuve.

507 — Un jeune homme buvant de l'eau, que lui présente une femme qui est debout à droite, d'après le Primatice (B., 91).

> Belle épreuve.

508 — Des hommes assemblés autour d'un chameau qu'ils chargent de bagages, d'après le Primatice (B., 63).

> Très belle épreuve.

509 — Plusieurs hommes occupés à la pêche, d'après le Primatice, (B., 65.)

> Très belle épreuve.

510 — Mars et Vénus assis sur un lit, pièce en hauteur de forme ovale, non décrite par Bartsch.

> Très belle épreuve. Rare.

511 — Les Amours de Jupiter et de Sémelé d'après le Primatice. Pièce non décrite par Bartsch, en largeur.

> Très belle épreuve. Très rare.

512 — **Fantuzzi** (Ant.) Une Sibille, d'après le Primatice (B.2.)

> Belle épreuve.

513 — Des Nymphes dans le bain, d'après le Parmesan (D.,14

> Belle épreuve.

514 — Alcathoë, Leucippé et Arsippé, filles de Minyas, appliquées au travail, et négligeant de célébrer la fête de Bacchus, d'après le Primatrice. (B., 16.)

> Belle épreuve, manque de conservation.

515 — Les Muses assemblées au pied du Parnasse, d'après maître Roux (B., 18).

> Très belle épreuve.

516 — Vénus entrant dans une cuve, dans laquelle Mars se se baigne. (B., 19).

> Très belle épreuve.

FONTAINEBLEAU (École de)

517 — **Fantuzzi** (Ant.). Méléagre faisant présent à Atalante de la hure du sanglier de Calydon, d'après le Pirmatice (B., 20).
> Bonne épreuve.

518 — Un grand nombre de gens malades et estropiés environnant un autel sur lequel un prêtre offre un sacrifice, d'après maître Roux. (B.,27).
> Belle épreuve.

519 — Un grand banquet célébré par des Romains dans une salle magnifique ornée de colonnes, d'après J. Romain (B.,28).
> Belle épreuve.

520 — Paysage montueux dans un montant d'ornements, où l'on voit à droite un satyre, à gauche une satyresse (B., 30).
> Très belle épreuve.

521 — Le Satyre et la nymphe, d'après Jules Romain, pièce non décrite, plus deux copies de la même estampe. Trois pièces.

522 — Composition mythologique dans un ovale, entouré de figures et d'ornements. In-fol. en largeur, non décrit.
> Belle épreuve.

523 — **Franco** (Batista). Diane se reposant avec les nymphes au retour de la chasse (B., 46).
> Belle épreuve.

524 — **Monogramme I θ V.** La Déesse Vénus dans un char conduit par deux cygnes, d'après J. Romain (B., 3).
> Très belle épreuve.

525 — **Anonymes** (graveurs). Dieu créant Ève, pendant le sommeil d'Adam, d'après L. Penni (B., 2).
> Bonne épreuve, manque de conservation.

526 — La Naissance de la sainte Vierge, d'après J. Romain (B., 5).
> Belle épreuve.

527 — La Naissance de la Vierge, d'après J. Romain (B.; 6).
> Très belle épreuve.

FONTAINEBLEAU (École de)

528 — **Anonymes** (Graveurs). Les Disciples déposant le corps de Jésus-Christ au pied de la croix, d'après L. Penni (B., 25).

> Très belle épreuve.

529 — Sainte Famille, d'après maître Roux (B., 32).

> Très belle épreuve.

530 — Cléopâtre se faisant piquer par des aspics, d'après L. Penni (B., 41).

> Très belle épreuve.

531 — Pâris enlevant Hélène, d'après L. Penni (B., 42).

> Très belle épreuve.

532 — Les Troyens introduisant dans leur ville le cheval de bois que l'on voit en partie à la gauche d'en bas, d'après L. Penni (B., 44).

> Très belle épreuve.

533 — Les Grecs se rendant maîtres du palais de Priam, d'après L. Penni (B., 44).

> Très belle épreuve.

534 — Une Femme à genoux retenant un guerrier qui veut tuer un jeune homme, d'après L. Penni (B., 46).

> Très belle épreuve.

535 — Marc Curtius se dévouant à sa patrie, en se précipitant dans un gouffre (B., 47).

> Très belle épreuve.

536 — Scipion se faisant apporter un pupitre rempli de papiers, pour y mettre le feu, d'après J. Romain (B., 48).

> Belle épreuve.

537 — Hector soutenant l'effort des Grecs, après avoir combattu contre Patrocle, d'après J. Romain (B., 50).

> Très belle épreuve.

538 — Mars faisant l'amour à Vénus qui est assise à son côté, d'après L. Penni (B., 52).

> Très belle épreuve.

539 — Jupiter et Sémélé, d'après le Primatice (B., 54).

> Belle épreuve.

FONTAINEBLEAU (École de)

40 — **Anonymes** (Graveurs). Vénus au bain servie par les nymphes de sa suite, d'après le Primatice (B., 60).

Très belle épreuve, un peu rognée.

541 — Vénus regardant Mars qui dort assis dans un lit, d'après le Primatice (B., 61).

Superbe épreuve.

542 — Hercule combattant de dessus les vaisseaux des Argonautes... (B., 65).

Belle épreuve.

543 — Pluton enlevant Proserpine dans les enfers (B., 66).

Très belle épreuve.

544 — Hercule amoureux d'Omphale, se laissant habiller en femme pour lui plaire, d'après le Primatice (B., 67).

Belle épreuve.

545 — Neptune produisant une belle fontaine et un cheval de guerre, en frappant de son trident contre la terre (B., 68).

Belle épreuve.

546 — Pâris adjugeant à Vénus le prix de la beauté, d'après L. Penni (B., 72).

Très belle épreuve.

547 — Actéon métamorphosé en cerf, d'après L. Penni (B., 73).

Belle épreuve.

548 — Proserpine confiant à Psyché la boîte remplie de beauté pour la porter à Vénus (B., 74).

Belle épreuve.

549 — Sujet de mythologie, d'après J. Romain (B., 76.)

Belle épreuve.

550 — Vénus pleurant la mort d'Adonis, d'après J. Romain. (B., 77).

Belle épreuve.

551 — Un jeune homme buvant de l'eau que lui donne une femme qui est debout à droite, d'après le Primatice (B., 81).

Belle épreuve.

FONTAINEBLEAU (École de)

552 — **Anonymes** (Graveurs), Les fiançailles d'un jeune Grec avec une jeune femme, d'après le Primatice (B., 84).

Belle épreuve, un peu rognée,

553 — Marche d'un bagage d'armée..., d'après J. Romain (B., 91.)

Belle épreuve.

554 — Des hommes assemblés autour d'un chameau qu'ils chargent de bagages, d'après le Primatice (B., 92).

Belle épreuve.

555 — Deux fils emportant sur le dos, l'un leur père, l'autre leur mère, de l'incendie d'une ville, d'après maître Roux (B., 93).

Belle épreuve, manque de conservation,

556 — Sujet de bataille entre des cavaliers et des guerriers à pied, d'après L. Penni (B., 96).

Très belle épreuve.

557 — Sujet de bataille, d'après J. Romain (B., 98).

Très belle épreuve.

558 — La même composition, gravée au burin par Bartholus.

Belle épreuve.

559 — Dessin d'un vase (B., 143, 2).

Belle épreuve.

560 — Escorte de prisonniers. In-fol., en largeur, pièce non décrite.

Belle épreuve.

561 — Le Combat des Centaures et des Lapithes, d'après le Rosso. Pièce de forme ronde, non décrite par Bartsch.

Belle épreuve, sans marge.

562 — Cimon et Péro, pièce en forme de frise, d'après maître Roux.

Très belle épreuve.

563 — Estampes d'après le Primatice, maître Roux, Lucas Penni, etc., par les graveurs Fantuzzi, L. Daven et maîtres anonymes de la même école, 16 pièces, en partie non décrites.

Très belles épreuves.

FONTAINEBLEAU (École de)

564 — Belle réunion d'estampes d'après les maîtres de l'école de Fontainebleau. 49 pièces.

Belles épreuves, mais manquant de conservation.

FORSTER (F.)

565 — La Vierge à la légende, d'après Raphaël.

Très belle épreuve avant la lettre, portant le numéro 108.

566 — Les trois Grâces. — Uranie. — Deux pièces d'après Raphaël.

Belles épreuves.

567 — La Maîtresse du Titien, d'après lui-même.

Très belle épreuve.

FORTIER et MASSARD

568 — Forêt vierge du Brésil, d'après le comte de Clarac. — Léonidas au passage des Thermopyles, d'après David. Deux pièces.

Rares épreuves avant la lettre, à l'état d'eau-forte, sur chine.

FRANCO (J. B.)

569 — Dix Pièces de l'œuvre de ce maître (B., 1, 2, 4, 7, 8, 27, 28, 29, 40, 77).

FREY (J. DE)

570 — Différentes Études de figures. Six pièces dont un titre, gravées à l'eau-forte.

Belles épreuves.

GALLE (C.)

571 — Jésus-Christ tombant sous le poids de sa croix, d'après Van Dyck.

Très belle épreuve.

GALESTRUZZI (J. B.)

572 — Apollon et Diane perçant de flèches les enfants de Niobé. Suite de cinq pièces, d'après Polydore de Caravage (B., 16-20).

Très belles épreuves.

GALESTRUZZI (J. B.)

573 — Différents sujets de l'histoire romaine, suite de six estampes numérotées, d'après Polydore de Caravage. (B., 3-8.)

Belles épreuves.

574 — Trophées d'armes et de vases, d'après Polydore de Caravage. 10 pièces. (B., 41-52.)

Belles épreuves.

GANIÈRES (J.)

575 — Les Joueurs, d'après Valentin. In-fol., en largeur.

Très belle épreuve.

576 — Les Joueurs, d'après Valentin. In-fol., en largeur.

Belle épreuve.

GOUASPRE-POUSSIN (G. DUGHET, dit) d'après

577 — Paysages gravés par Pinelli, Powell, Wood, Moucheron, Mason, Vivarès, Hackert, Browne, etc. 38 pièces.

GAUTIER (L.)

578 — Le Jugement dernier, d'après Michel-Ange.

Belle épreuve.

GELLÉE (Claude)

579 — La Fuite en Égypte (R. D., 4), — La Tempête (5), — La Danse au bord de l'eau (6), — Le Port de mer au Fanal (11), — Scène de brigands (12), — Berger et Bergère conversant (21). Six pièces.

Bonnes épreuves.

580 — L'Apparition (R. D., 2).

Très belle épreuve du 1er état, avec les angles aigus. Collections Esdaile et Arozarena.

581 — Le Passage du gué (R. D., 3).

Belle épreuve du 1er état.

582 — Le Troupeau à l'abreuvoir (R. D., 4).

Très belle épreuve du 1er état.

583 — Le Naufrage (R. D., 7).

Belle épreuve.

GELLÉE (Claude)

584 — Le Bouvier (R. D., 8).

Belle épreuve.

585 — Le Dessinateur (R. D., 9).

Très belle épreuve du 2ᵉ état. Collections Esdaile et Arozarena.

586 — La Danse sous les arbres (R. D., 10).

Très belle épreuve.

587 — Le Port de mer à la grosse tour (R. D., 13).

Belle épreuve.

588 — Le Pont de bois (R. D., 14).

Très belle épreuve.

589 — Le Soleil couchant (R. D., 15).

Belle épreuve dn 3ᵉ état.

590 — Mercure et Argus (R. D., 17).

Très belle épreuve dn 1ᵉʳ état, avant la retouche.

591 — Le Troupeau en marche par un temps orageux (R. D., 18).

Très belle épreuve du 2ᵉ état, avant le trait échappé qui coupe la branche d'arbre la plus rapprochée du bord droit de l'estampe.

591 *bis* — La même estampe.

Belle épreuve, avec le trait échappé.

592 — Le Chevrier (R. D., 19).

Très belle épreuve du 2ᵉ état, avant la retouche. Grandes marges. Collection Debois.

5 93 — Le Temps, Apollon et les Saisons (R. D., 20).

Très belle épreuve du 1ᵉʳ état.

594 — La même estampe.

Belle épreuve du 2ᵉ état.

595 — L'Enlèvement d'Europe (R. D., 22).

Belle épreuve du 2ᵉ état. Grandes marges.

596 — La Danse villageoise (R. D., 24).

Bonne épreuve. Rare.

597 — Le Pâtre et la bergère (R. D., 25).

Belle épreuve du 2ᵉ état. Collections Esdaile et Arozarena.

GELLÉE (CLAUDE)

598 — Les quatre Chèvres (R. D., 27).
> Très belle épreuve. Collections Esdaile et Arozarena.

GELLÉ (CLAUDE, dit LE LORRAIN), d'après

599 — Paysages d'après les dessins et peintures du maître, gravés par Earlom, Vivarès, Mason, Canot, Godefroy, Morel, Mathieu, Le Bas, etc. 38 pièces.
> Très belles épreuves.

GENOELS et CABEL

600 — Paysages. 45 pièces gravées à l'eau-forte.
> Très belles épreuves.

GHEYN (JACQUES DE)

601 — Une Bohémienne disant la bonne aventure à une jeune femme. N. d. Clerck excudit.
> Très belle épreuve.

602 — Une femme à sa toilette et se mirant.
> Très belle épreuve.

GHEYN, SADELER et GALLE

603 — Scènes de mœurs du xvie siècle. 12 pièces très curieuses pour les costumes.
> Très belles épreuves.

GHISI (ADAM)

604 — Bacchanale, d'après un bas-relief antique (B., 24).
> Très belle épreuve.

605 — Hercule étouffant le lion de Némée (B., 21). — Combat d'un lion et d'un cheval (B., 107). Deux pièces d'après J. Romain.
> Très belles épreuves.

606 — Apollon dans son char, précédé de l'Aurore, d'après J. Romain (B., 22).
> Très belle épreuve.

GHISI (J. B.)

606 *bis.* — David coupant la tête à Goliath, d'après J. Romain (B., 6).
> Très belle épreuve.

GHISI (J. B.)

607 — Les Amours de Mars et de Vénus (B., 13).

Superbe épreuve.

608 — Un Soldat emmenant une femme avec lui, d'après J. Romain (B., 14).

Très belle épreuve.

609 — Les Troyens repoussant les Grecs jusque dans leurs vaisseaux, où ils les combattent, d'après J. Romain (B., 20).

Très belle épreuve.

GHISI (Georges)

610 — Les Angles de la Chapelle Sixtine au Vatican, d'après Michel-Ange (B., 17-22).

Belles épreuves, une est double. Sept pièces.

611 — La Dispute sur le Saint-Sacrement, d'après Raphaël (B., 23).

Belle épreuve doublée.

612 — Saint Paul dans l'école d'Athènes, d'après Raphaël (B., 24).

Très belle épreuve.

613 — La Victoire représentée par une femme ailée tenant un globe, d'après J. Romain (B., 34).

Très belle épreuve. Marge.

614 — Vénus assise sur un lit près de Vulcain, d'après Perino del Vaga (B., 35).

Très belle épreuve.

615 — Vénus embrassant Adonis au retour de la chasse (B., 42).

Belle épreuve.

616 — Le Chasseur Orion portant sur ses épaules Diane, déesse des forêts, d'après L. Penni. Copie par Gaspar ab Avibus (B , 43).|

Belle épreuve.

GHISI (Georges)

617 — Cupidon couché sur un lit près de Psyché, couronnée comme lui par une des Heures qui est debout sur le lit à gauche de l'estampe, d'après J. Romain (B., 45).

Très belle épreuve.

618 — Les Plafonds ovales, peints en largeur par le Primatice ; suite de quatre estampes (B., 48-51). — Les Plafonds en hauteur, peints par le Primatice ; suite de quatre estampes (B., 36-39). Huit pièces.

Belles épreuves.

619 — Une Déesse couchée sur son char et regardant en bas, d'après le Primatice (B., 53).

Belle épreuve.

620 — Vénus assise dans la forge de Vulcain occupé à forger les traits de l'Amour, d'après Perino del Vaga (B., 54).

Très belle épreuve.

621 — Jupiter plaçant dans le ciel, parmi les autres constellations, la nymphe Calisto changée en ours, d'après le Primatice (B., 59).

Belle épreuve.

622 — Le Jugement de Pâris (B., 60).

Superbe épreuve.

623 — Une Prison où sont représentés des criminels enchaînés de diverses manières, d'après J. Romain (B., 66).

Belle épreuve.

624 — Des Esclaves, accompagnés de leurs femmes et de leurs enfants, conduits dans un triomphe par des soldats romains (B., 68), d'après J. Romain.

Belle épreuve.

625 — Un Jeune homme porté entre les bras de deux autres hommes et d'une femme (B., 1 des pièces douteuses),

Belle épreuve.

GHISI (Georges et Adam)

626 — Bacchus retournant en triomphe de la conquête des Indes (B·, 46). — Énée portant son père Anchise (B., 9).

— Un Faune jouant du chalumeau (B., 11). — Deux amours montés sur des dauphins (B., 13). Quatre pièces, d'après J. Romain.

Très belles épreuves.

627 — Un Satyre cherchant à éveiller, avec un cep de vigne, le père Silène endormi près d'une table (B., 55). — Cybèle remettant entre les mains de deux génies Memnon, fils de Titon et de l'Aurore (B., 57). — Le jeune Hercule attentif à ce qui lui est proposé par la Vertu et la Volupté (B., 26). Trois pièces, d'après J. Romain.

GHISI (DIANA)

628 — Jésus-Christ renvoyant la femme adultère après avoir confondu les Juifs qui la lui avaient amenée pour la juger, d'après J. Romain (B., 4).

Très belle épreuve du 1er état.

629 — La Vierge assise à terre caressant l'enfant Jésus, d'après Salviati (B., 13).

Très belle épreuve.

630 — La Naissance de saint Jean-Baptiste, d'après J. Romain (B.. 26).

Belle épreuve.

631 — Aspasie discourant à table avec Socrate et un autre philosophe qui paraissent étonnés de la force de son raisonnement, d'après J. Romain (B., 32).

Superbe épreuve.

632 — Le Corps mort de Patrocle retiré du combat d'entre les Grecs et les Troyens, d'après J. Romain (B., 35).

Très belle épreuve.

633 — Régulus enfermé par les Carthaginois dans un tonneau percé de clous, d'après J. Romain (B., 36).

Superbe épreuve. Marge.

634 — Latone mettant au monde Apollon et Diane dans l'île de Délos, d'après J. Romain (B., 39).

Superbe épreuve.

GHISI (Diana)

635 — L'appareil pour les noces de Psyché, grande estampe
en largeur, composée de 3 pièces, d'après Jules Romain
(B., 40).

Superbes épreuves de la même égalité de tirage, petites marges. Collection Arozarena.

636 — La même estampe.

Belle épreuve.

637 — Deux femmes marchant dans un chemin, chargées chacune d'un paquet, d'après J. Romain (B. 43).

Belle épreuve.

638 — Un Charlatan tenant des couleuvres et des serpents,
d'après J. Romain (B., 44).

Très belle épreuve du 1er état, avant l'adresse de *Pacificus*.

639 — Marche d'une compagnie de cavalerie romaine qui se
dirige vers la droite ; frise en trois planches, d'après
J. Romain (B., 45).

Belle épreuve, incomplète.

GLAUBER (J.)

640 — Suite de paysages animés de figures, gravés à l'eau-
forte. 40 pièces dont un titre.

Très belles épreuves, avec marges.

641 — Paysages gravés à l'eau-forte, animés de figures. Neuf
pièces.

Très belles épreuves.

GOLE (J.)

642 — Le Concert. Jolie pièce gravée à la manière noire.

Très belle épreuve.

GOLTZIUS (H.)

643 — Trois militaires hollandais. Suite de trois pièces (B.,
95-97).

Belles épreuves.

644 — Un Capitaine d'infanterie marchant avec une hallebarde
à la main (B., 126).

Très belle épreuve, signée au verso : P. Mariette 1668.

GOLTZIUS (H.)

645 — Un Homme de guerre, vu par le dos (B., 127).
Belle épreuve.

646 — *Dannemarc* (Frédéric II, roi de) (B., 165).
Belle épreuve.

647 — *D'Egmont* (Françoise) (B., 168).
Belle épreuve.

648 — *Galle* (Philippe). graveur, à Anvers (B., 170)
Belle épreuve, rognée.

649 — *Nicquet* (B., 177).
Très belle épreuve.

650 — *Orange* (Guillaume de Nassau, prince d') (B., 178). — *Bourbon-Montpensier* (Charlotte de) (B., 179).
Belles épreuves du 1er état, avant l'adresse d'Hondius.

651 — *Plantin* (Christophe) imprimeur, à Anvers (B., 181).
Belle épreuve.

652 — *Zurenus* (Jean) (B., 189).
Belle épreuve, avant l'écusson, mais rognée.

653 — *Decker* (Catherine), belle-mère de Goltzius (B., 210).
Très belle épreuve.

654 — *La Faille* (Cornélia Capellen, Mme de) (B., 213).
Superbe épreuve.

655 — Un Officier de guerre (B., 215).
Très belle épreuve.

656 — Officier de guerre (B., 216). — Officier de guerre portant un drapeau (B., 217), etc. 4 pièces.
Belles épreuves.

657 — Un porte-drapeau, gravé par P. Maes (B., 218).
Très belle épreuve.

658 — Les Habillements des officiers et soldats d'un régiment d'infanterie des Pays-Bas. Suite de douze estampes dont nous n'avons que neuf (B., t. III, p. 120. I-12).
Belles épreuves, gravées par J. de Gheyn.

GOLTZIUS (H.), d'après

659 — Les Saisons, — les Sens. Pièces sur les mœurs, etc.,
gravées par Saenredam, J. Goltzius, etc. 15 pièces.
> Très belles épreuves.

GOLTZIUS (École de)

660 — Les Sens, — les Mois de l'année, — les Saisons, etc.
23 pièces gravées par Iode, C. Galle, Sadeler, etc.
> Très belles épreuves.

GREENWOOD (J.)

661 — Intérieur hollandais; composition de deux figures,
d'après Mieris.
> Belle épreuve avant la lettre.

GRIMALDI (J. F.)

662 — Paysages (B., 5-40-41-55, etc.). 6 pièces.
> Belles épreuves.

GUERCHIN (F. BARBIERI, dit le), d'après

663 — Estampes par divers graveurs anciens et modernes;
fac-simile de dessins, d'après les compositions du maître, etc.
79 pièces; plusieurs sont avant la lettre.
> Belles épreuves,

GUERIN (Ch.)

664 — L'Amour désarmé, d'après le Corrège.
> Belle épreuve.

HOLLAR (W.)

665 — La Sainte famille, d'après Perino del Vaga.
> Très belle épreuve. Rare.

666 — Les Saisons. Quatre pièces tirées de différentes suites.
> Belles épreuves.

667 — Les Quatre-Saisons, représentées par des figures de
femmes à mi-corps (610-613).
> Superbes épreuves.

668 — Ornatus muliebris Anglicanus or the Severall habits of
english woman, from the contry woman (1778-1803). Suite
de 26 pièces.
> Très belles épreuves. Manque le titre.

HOLLAR (W.)

669 — Suite des costumes féminins des principales nations de
l'Europe (1804-1907). 65 pièces et un titre.
>Très belles épreuves.

670 — Cinq manchons sur une même planche.
>Belle épreuve.

671 — Portraits de femmes en bustes, de formes rondes, gravés par Hollar, de 1642 à 1648. 25 pièces.
>Très belles épreuves. Rares.

672 — Portraits de femmes en bustes, de formes carrées,
gravés à la même époque. 25 pièces.
>Très belles épreuves.

673 — Sous ce numéro, il sera vendu par lots : 109 pièces de
l'œuvre du maître, portraits, costumes, paysages, etc.
>Très belles épreuves.

HOOGHE (R. DE)

674 — Figures à la mode, inventez et gravez par Romyn de
Hooge et mis en lumière par N. Vischer. — Caprices
inventés par R. de Hooge. Neuf pièces.
>Belles épreuves.

675 — Costumes, Suite de six pièces.
>Très belles épreuves avant la lettre et avant les numéros.

JODE (PIERRE DE)

676 — Saint Martin de Tours délivrant un possédé, d'après
J. Jordaens.
>Très belle épreuve.

677 — Saint Augustin en extase, d'après van Dyck.
>Belle épreuve avant l'adresse de Bon enfant.

678 — Renaud et Armide, d'après van Dyck.
>Belle épreuve.

ISAAC (JASPAR), excudit

679 — Les Joueurs de cartes, d'après Cornélis de Vos.
>Belle épreuve.

JOUVENET (JEAN), d'après

680 — Résurrection du fils de la veuve de Naïm, — la Présentation au Temple, — Descente de croix, — L'Adoration des Mages, — l'Érection en croix, — Latone, — Jésus guérissant un paralytique, etc. Pièces gravées par Picart Du Boscq, Desplaces, Loir, Duchange, etc.

Très belles épreuves, dont une avant la lettre et avant beaucoup de travaux.

KAERIUS (Excudebat)

681 — Le Bénédicite. Grande pièce in-fol. en largeur.

Très belle épreuve.

KITENSTEIN (C.)

682 — Hommes et femmes assis à une table chargée de mets, d'après D. Hals ; in-fol. en largeur.

Très belle épreuve.

683 — Le Banquet ; in-fol. en largeur.

Très belle épreuve.

684 — Le Flamand, — l'Anglais, — le Français, — l'Allemand, — l'Italien, — l'Espagnol. Suite de six pièces, d'après D. Hals.

Très belles épreuves.

KOLBE (C. W.), et KOCH (J. A.)

685 — Paysages et animaux. 54 pièces gravées à l'eau-forte.

Belles épreuves.

LA FAGE (RAYMOND DE)

686 — Recueil des meilleurs dessins de Raymond de La Fage, gravés par cinq des plus habiles graveurs et mis en lumière par les soins de Vander-Bruggen. 48 pièces.

LA FOSSE (C.), d'après

687 — Acis et Galathée, — Préparatifs pour la chasse, — l'Enlèvement de Proserpine, — Actéon changé eu cerf. 6 pièces gravées par Sornique, Lempereur, Moitte, Michault et Jeaurat.

Belles épreuves.

LANFRANC, CESARI, GIORDANO
et M. A. DE CARAVAGE

688 — Compositions mythologiques. Portraits, sujets religieux, etc., gravés d'après les peintures de ces maîtres.
62 pièces ; plusieurs sont avant la lettre.

Belles épreuves.

LASNE (M.)

689 — L'Enfant prodigue, — Jeune femme chantant, — le
Joueur de guitare, — l'Hôtelier. Cinq pièces.

Très belles épreuves.

LE BLOND, excudit

690 — L'Automne. Grande pièce en hauteur.

Très belle épreuve.

LE BRUN (Ch.)

991 — Les Quatre heures du jour (R. D., 467).

Belles épreuves.

LE BRUN (Ch.), d'après

692 — Sainte famille, — Batailles d'Alexandre, — Départ du
Roy pour la guerre de Hollande, etc. 16 pièces gravées
par S. Le Clerc, Rousselet, B. Picart, Desplaces, Tardieu, etc.

Belles épreuves.

LE CLERC (Sébastien)

693 — Tapisseries du roi Louis XIV, d'après Ch. Lebrun. Six
pièces in-fol. en largeur.

Belles épreuves.

694 — Reddition de Marsal; in-fol. en largeur.

Très belle épreuve avant la lettre.

695 — Plantation d'un Mai dans la cour des Gobelins.

Superbe épreuve.

696 — Vingt-sept pièces de son œuvre; costumes et sujets
divers.

Belles épreuves.

LE NAIN et LA HYRE

697 — Compositions par divers graveurs, d'après ces deux maîtres. 17 pièces; plusieurs sont gravées à l'eau-forte, par La Hyre.

Belles épreuves.

LEPAUTRE (J.)

698 — La Pompeuse et magnifique représentation du sacre et couronnement du Roy en 1654, représentée en trois feuilles in-fol. en hauteur.

Belles épreuves.

LEROUX

699 — Léda, d'après Léonard de Vinci.

Belle épreuve.

LEYDE (L. DE)

700 — La Femme de Putiphar accusant Joseph (B., 21).

Belle épreuve.

701 — Salomon adorant les idoles (B., 30). — Esther devant Assuérus (B., 31). Deux pièces.

702 — La Resurrection de Lazare (B., 42).

Très belle épreuve. Collection Weber et Arozarena.

703 — Saint Georges (B., 121).

Belle épreuve. Collection Arozarena.

704 — Le moine Sergius tué par Mahomet (B., 126).

Belle épreuve.

705 — La Promenade (B., 144). — Un homme et une femme assis dans une campagne (B., 148, copie). Deux pièces.

LITHOGRAPHIES

706 — Lithographies par et d'après les artistes suivants: Gros, Guérin, Géricault, Girodet, Scheffer, Ingres, Carle Vernet, Hersent, A. Fragonard, etc. 184 pièces; pourront être divisées.

Très belles épreuves.

LOIR (NICOLAS)

707 — Vingt pièces de l'œuvre de N. Loir, gravées à l'eau-

forte (R. D. T., 3; P. 184); plus neuf pièces, sujets de vierges, gravées d'après le même maître, par A. Loir, en tout 29 pièces.

Belles épreuves.

LOLI (Laurent)

708 — La Vierge, l'enfant Jésus et saint Jean (B., 5).—Sainte Famille, d'après J. A. Sirani (B., 6). — La Récompense de l'étude, d'après J. A. Sirani (B., 30). Quatre pièces, dont une double.

Très belles épreuves.

LONDONIO (F.)

709 — L'OEuvre du maître, composé de 63 pièces gravées à l'eau-forte.

Très belles épreuves.

LONGHI (G.)

710 — La Madonna del Lago, d'après L. de Vinci. — Le Repos en Égypte, d'après Procaccino. Deux pièces.

Belles épreuves.

711 — La Madeleine couchée dans le désert, d'après le Corrège.

Très belle ép euve.

LORICHON

712 — La Vierge du palais Pitti. Deux épreuves, dont une avant toutes lettres, à l'état d'eau-forte.

MAITRE ANONYME ALLEMAND DU XVIe SIÈCLE

713 — Lucrèce. Elle est debout, tenant un poignard de la main droite et de l'autre s'arrache les cheveux. Haut. 81 mill., larg. 45 mill.

Très belle épreuve. Collection Arozarena.

714 — Une femme nue assise sur un banc à droite de l'estampe et dirigée vers la gauche.

Belle épreuve. Collection Arozarena.

ANONYME ITALIEN DU XVIe SIÈCLE

715 — Jésus-Christ attaché à la croix entre les deux larrons. In-fol. en largeur.

Très belle épreuve, doub e.

MAITRE AU MONOGRAMME B. B.

716 — Le Satyre et la Nymphe (B., t. XV, p. 541, n° 1).

Très belle épreuve. Rare.

MAITRE AU MONOGRAMME F. B. (B. t. XVI, p. 19.)

717 — La Vertu victorieuse du vice (17). — Une femme étendant le bras droit vers un autel (18). — Un philosophe assis (19). — Une femme considérant une sphère (20), Quatre pièces.

Belles épreuves.

MAITRE AU MONOGRAMME H. E.

718 — Le Parnasse profané (B., 4, t. 15, p. 463).

Très belle épreuve.

MAITRE AU MONOGRAMME P. V. L.

719 — Le Maître de la vigne de l'Évangile (B., t. VIII, p. 25, n° 1).

Belle épreuve.

MAITRE AU NOM DE JÉSUS-CHRIST

720 — Scipion accordant le pardon à des prisonniers, d'après J. Romain (B., 3).

Belle épreuve, mais rognée.

721 — Diane au bain (B., 5).

Belle épreuve.

MAITRE AU DÉ

722 — L'Assomption (B., 7, copie par un anonyme). — La Vierge couronnée (B., 8). Deux pièces d'après Raphaël.

Très belles épreuves.

723 — La Vierge couronnée par Jésus-Christ, d'après Raphaël (B., 9).

Superbe épreuve. Collection Gervaise.

724 — Saint-Sébastien (B., 14).

Superbe épreuve, signée au verso : P. Mariette 1665.

725 — Cybèle sur son char (B., 18). — L'Histoire d'Apollon et de Daphné, suite de quatre pièces (B., 19, 22). Cinq pièces d'après J. Romain.

Très belles épreuves, une est double du 1er état, avant les retouches. 6 pièces.

MAITRE AU DÉ

726 — Jupiter amoureux de Ganymède, d'après Raphaël
(B., 25).

Belle épreuve.

727 — Sacrifice à Priape, d'après Raphaël (B., 27).

Superbe épreuve.

728 — Les Noces de Psyché, d'après Raphaël (B., 38).

Belle épreuve, doublée et restaurée.

729 — La Fable de Psyché, écrite par Apulée, d'après Raphaël, suite de 32 estampes (B., 39-70).

Belles épreuves avant l'adresse de Salamanca, manque le n° 16.

730 — Six pièces doubles de la suite précédente.

Belles épreuves, avant l'adresse.

731 — Sujet isolé de l'histoire de Psyché, d'après Raphaël
(B., 71).

Belle épreuve, manque de fraîcheur.

732 — Énée sauvant Anchise, d'après Raphaël (B., 72).

Très belle épreuve.

733 — La Victoire de Scipion sur Syphax. — Le Triomphe de
Scipion (B., 73 et 74). Deux pièces faisant pendant.

Très belles épreuves de premier tirage avant les inscriptions, dans le
bas de la gravure.

734 — Combat naval, d'après Jules Romain (B., 78).

Très belle épreuve.

735 — Cinq hommes combattant contre des bêtes féroces,
d'après Jules Romain (B., 79).

Très belle épreuve.

MAITRES ANONYMES DE L'ÉCOLE DE
MARC-ANTOINE

736 — Abigaïl apportant des présents à David (B., t. XV,
p. 12, n° 8).

Belle épreuve.

737 — La Naissance de la sainte Vierge, d'après B. Bandinelli
(B., tom. XV, p. 13, n° 1).

Belle épreuve.

MAITRES ANONYMES DE L'ÉCOLE DE
MARC-ANTOINE

738 — La Sybille, d'après Raphaël (B., 6, tom. XV, p. 27).
Très belle épreuve. Collection Arozarena et Debois.

739 — Les Horaces et les Curiaces, d'après J. Romain (B., 2).
Très belle épreuve.

740 — Diane et ses nymphes au bain (B., 10).
Belle épreuve.

741 — Jupiter accompagné de l'Amour et de quelques déesses (B., 11).
Très belle épreuve.

742 — La Mort des enfants de Niobé (B., 13, t. XV, p. 42).
Très belle épreuve.

743 — Jupiter foudroyant les géants (B., 16, t. XV, p. 45).
Très belle épreuve.

744 — Le Guerrier et la femme endormie (B., 10, t. XV, p. 53).
Très belle épreuve.

745 — Pièce allégorique sur l'Amour, d'après B. Bandinelli
Très belle épreuve.

746 — Figure d'homme assis, le pied posé sur un petit banc, près d'une croisée ouverte (portrait de Michel-Ange, d'après lui-même).
Belle épreuve.

747 — Saint-Georges combattant le dragon. — Sainte Famille et différents saints. — Sainte Famille. — Danaé et Persée, etc., etc. 10 pièces.
Belles épreuves.

MANTEGNA (ANDREA)

748 — Les Éléphants portant des torches (B., 12). — Bacchanale au Silène (B., 20). — Le Triomphe, gravé par Raimondi d'après Mantegna. 3 pièces.

MARATTI (C.)

749 — La Nativité de la sainte Vierge (B., 1). — L'Annonciation (B., 2). — La Visitation(B., 3). — Jésus adoré par les anges (B., 4). — L'Adoration des mages (B., 5). — La sainte Vierge et la Madeleine (B., 6). — Jésus-Christ et la Samaritaine (B., 7). — L'Assomption de la sainte Vierge (B., 8). — La sainte Vierge et le petit saint Jean (B., 9). — Le Mariage de sainte Catherine (B., 10). — La sainte Vierge et saint Luc (B., 3 des p. f. A.). 12 pièces.

Très belles épreuves.

750 — Saint André, d'après D. Ciampelli (B. 11).

Très belle épreuve d'un premier état, non décrit, avant toutes lettres.

751 — Saint Charles Borromée (B. 12).

Très belle épreuve.

MARATTI (Ch.), d'après

752 — OEuvre gravé d'après les compositions du maître; sujets religieux, mythologiques et historiques gravés par Procacinus, J. Audran, Audenaerd, Frezza, Frey, B. Picart, Desplaces, Dorigny, Ferroni, Aquila, Vallet, Winstanley, etc, 87 pièces.

Belles épreuves.

MAROT (D.)

753 — Foire de la Haye, avec les bourgeois sous les armes saluant leurs altesses royales monseigneur le prince et madame la princesse d'Orange. Grand in-fol en largeur.

Belle épreuve. doublée. •

MASSARD (J. B.)

754 — La Vierge donnant le sein à l'enfant Jésus, (La plus belle des mères), d'après Van Dyck.

Superbe épreuve avant toutes lettres.

MATHAM (J.)

755 — Andromède attaché sur le rocher, d'après H. Goltzius. (B. 162).

Superbe épreuve.

756 — Costumes d'une jeune fille et d'un jeune garçon; époque Louis XIII. 2 pièces.

Belles épreuves.

MATTIOLI (E.)

757 — Allégorie. Composition de cinq figures à mi-corps, d'après le Titien.

Très belle épreuve d'une estampe non décrite par Bartsch.

MELLAN (Claude)

758 — La Sainte Face. In-fol.

Belle épreuve, avec marges.

759 — L'Œuvre gravé du maître, composé de 54 pièces, sujets religieux, allégoriques, historiques, etc.

Très belles épreuves, quelques pièces sont avant la lettre et une est non terminée.

MELDOLLA (A.)

760 — Le Petit Moïse sauvé du Nil (B., 2).

Très belle épreuve.

761 — L'Enfant Jésus dans le berceau entouré de saints (62), — La Vierge accompagnée de saints (60), — Le Jugement de Paris (80), — Mercure (71), — femme qui écrit (87), etc. Six pièces.

Très belles épreuves.

MERCATI (J. B.)

762 — Sainte Bibiane refusant de sacrifier aux divinités païennes, d'après Pietre de Cortone (B., 5).

Très belle épreuve.

METZU (G.), d'après

763 — La Hollandaise à son clavecin, — Le déjeuné de la Hollandaise, — Le médecin aux urines etc. cinq pièces gravées par Henriquez, Greenwod, L'Evesque, A. M. L. A. Boizot.

Très belles épreuves, dont trois avant la lettre.

764 — La Musicienne hollandaise, — L'automne, — La Hollandaise studieuse, — Le chasseur content, — La double tentation, etc. 18 pièces gravées par Lasinio, Menil, Delvaux, Pelletier, Avril, Audouin, Burnett, etc.

765 — La Peleuse de pommes, — La Ribotteuse hollandaise. Deux pièces faisant pendants, gravées par J. Daullé.

Très belles épreuves, avec marge.

MIERIS (d'après)

766 — La Jardinière, — L'œuf cassé. — Le Lever hollandais,
— Le Déjeuné hollandais — Le Buveur trop grave, etc·
21 pièces gravées par Halbou, Basan, M.M. Igonnet, Moitte·
Belles épreuves.

MILLET (F.), dit FRANCISQUE

767 — Son œuvre gravé à l'eau-forte, décrit par Bartsch. (T. 5
P. 329). 30 pièces.
Belles épreuves.

MOLA (P. Fr.)

768 — La Sainte Vierge (B. 3), — La Sainte Famille en fuite en
Egypte (B. 4), — Le martyre de saint André (B. 5). Trois
pièces.
Belles épreuves.

MONTCORNET et SAUVÉ

769 — Chasses au cerf. Deux pièces de formes rondes, pour
écrans.
Très belles épreuves. Rares.

MORACE (E.)

770 — La Vierge au berceau, d'après Raphaël.
Très belle épreuve avant toutes lettres.

MOREELSE (P.), d'après

771 — Diane découvrant la grossesse de Calisto, — Actéon
changé en cerf, — Jacob bénissant Isaac, etc. Six pièces
gravées par Sadeler, Saenredam, Swanenburg, etc.
Belles épreuves.

MORGHEN (R.)

772 — La Vierge et l'enfant Jésus à qui saint Jean présente
un oiseau, d'après Raphaël.
Belle épreuve.

773 — *Parce somnum Rumpere*, d'après Titien.
Belle épreuve.

774 — Loth et ses filles, d'après le Guerchin.
Belle épreuve avant la lettre.

MORGHEN (R.)

775 — La Jurisprudence, d'après Raphaël.
  Belle épreuve.

776 — La Charité, d'après le Corrège.
  Belle épreuve.

777 — Angélique et Médor, d'après Th. Matteini.
  Belle épreuve.

778 — Raphaël Sanzio, — La Fornarina. Deux portraits faisant
  pendant, d'après Raphaël.
  Belles épreuves.

MORIN (J.)

779 — La Sainte Vierge (R. D. 19), — Saint Pierre (R. D. 27).
  Groupes de deux anges (R. D. 37-38), quatre pièces d'après
  Champaigne.
  Belles épreuves.

NATALIS (M.)

780 — Sainte Famille avec des anges, d'après S. Bourdon.
  Très belle épreuve avant la lettre.

'781 — Sainte Famille dans un paysage, un ange adore l'enfant
  Jésus, un autre le couronne, — La Vierge, l'enfant Jésus et
  saint Jean. Deux pièces d'après S. Bourdon.
  Très belles épreuves avant la lettre.

NEEFS (J.)

782 — Jésus-Christ devant Pilate, d'après Jordaens.
  Trè belle épreuve avec l'adresse de Martin Vanden-Enden

NELLI (Nicolo) excudit.

783 — La Visitation, d'après André del Sarte.
  Belle épreuve.

784 — Vénus et l'Amour d'après Titien, in-fol. en largeur.
  Belle épreuve.

NETSCHER, SCHALKEN, VAN DER WERFF, etc. (d'après

785 — Portraits et scènes de la vie hollandaise, gravés d'après)
  ces divers maîtres, par le Bas, Cœlmans, Mougeot, Audouin,

Boizot, Bause, Mme Lingée, Geyser, Basan, Dequevauvilliers, Vibert, Henriquez, etc. 39 pièces.

Belles épreuves, plusieurs sont avant la lettre.

ORNEMENTS

786 — Compositions pour décorations d'appartements, trophées, cartouches, grilles, arabesques, etc. par Le Paultre, Blondel, Oppenor, Ranson, Delafosse, etc. 8 pièces.

OSTADE et STEEN, (d'après)

787 — Intérieurs et tabagies flamandes et hollandaises, d'après ces deux maîtres. 21 pièces gravées par Baquoy, Heudelott, Walker, J. de Mare, Claessens, Levillain, Avril, etc.

Belles épreuves, plusieurs sont avant la lettre.

PALMA (J.)

788 — Portraits, sujets religieux, sujets de genre, gravés d'après ses compositions, par Franco, Vorsterman, Van Kessel ,Brebiette, Popels, Perini, Sadeler, Kilian, Picart, Prenner,etc. 48 pièces.

Belles épreuves.

PANINI (J. P.), d'après

789 — Ruines romaines, avec figures. Deux pièces gravées par Watelet.

Très belles épreuves avant la lettre, une est à l'état d'eau-forte.

PARMESAN (F. MAZZUOLI, dit le)

790 — Judith (B., 1). — La Nativité (3), — La Sainte Vierge (4). Trois pièces.

Belles épreuves.

791 — La Sépulture de Jésus-Christ (B.,5), — La même composition, gravée en contre-partie par le Guide. Deux pièces.

Très belles épreuves.

792 — La Résurrection (B. 6).

Belle épreuve.

793 — Saint Jacques majeur (8), — Sainte Thaïs, (10), — Le Berger debout (12). — Le Jeune homme et les deux vieillards (B. 13, original et copie), — l'Astrologie (15). Cinq pièces.

Belles épreuves.

PARMESAN (F. MAZZUOLI, dit le)

794 — Les deux amans (B., 14).

Superbe épreuve.

PARMESAN, (d'après)

795 — Saintes Familles, — Diogène, — Saint Jérôme, — Joseph et la femme de Putiphar, — Vulcain, douze pièces par divers graveurs à l'eau-forte et au burin.

Belles épreuves.

796 — Sujets religieux et mythologiques. Douze pièces gravées par Caraglio, Meldola, Falcone, etc.

Très belles épreuves.

797 — Sous ce numéro il sera vendu par lots quatre-vingt-cinq pièces gravées d'après ce maître, fac-similés de dessins, etc.

PASSE (CRISPIN DE)

798 — Les Eléments. Suite de quatre pièces, d'après Martin de Vos.

Très belles épreuves.

799 — Les Muses. Suite de neuf pièces de formes rondes.

Très belles épreuves.

800 — Les mois de l'année, d'après Martin de Vos. Suite de douze pièces de formes rondes.

Très belles épreuves.

801 — Les Sens. Quatre pièces en largeur.

Très belles épreuves.

802 — Les Ages de la vie. Suite de dix pièces de formes rondes.

Très belles épreuves.

803 — Vie de l'Enfant prodigue. Suite de quatre pièces d'après Martin de Vos.

Très belles épreuves.

804 — Sujets de la vie de l'Enfant prodigue. — Les Sens, etc. Six pièces.

Très belles épreuves.

PASSE (Crispin de)

805 — Sujets divers. Mœurs et costumes du xvie siècle. onze
pièces.

Belles épreuves.

PASSE (Crispin de), BOULENGER, etc.

806 — La Vieillesse, — L'Enfant prodigue dissipant son bien.
— La Force, — La Justice, etc. Cinq pièces.

Très belles épreuves avant la lettre.

PASSE (W.)

807 — Deux amants assis dans un jardin, d'après C. de Passe.

Très belle épreuve. Rare.

PATEL (d'après)

808 — Paysages. Trois pièces gravées par Vivarès.

Belles épreuves.

PENCZ (Georges)

809 — Joseph et la femme de Putiphar (B., 12) — Didon (85), —
Lucrèce, par Brosamer. (B. 9). quatre pièces dont une double.

Belles épreuves.

810 — La prise de Carthage. 1539, d'après J. Romain. (B. 86.)

Belle épreuve, manque de conservation.

811 — La femme à la harpe. 1544 (B. 96).

Superbe épreuve.

PERFETTI (Ant.)

812 — La Nativité de la Vierge, d'après André del Sarte.

Très belle épreuve avant la lettre, grandes marges.

PERRIER (F.)

813 — Sainte Famille (R. D. 2), — La fuite en Egypte (5), 1er
état, — Le martyre de saint Jean-Baptiste (8). Trois pièces.

Belles épreuves.

814 — Les Angles de la farnesine. Suite de dix estampes, d'a
près Raphaël (R. D.; 21-30).

Très belles épreuves. Marges.

PICART (Bernard)

815 — Le Jeu du pied-de -bœuf. — Le Jeu de l'ombre. Deux pièces faisant pendant.

Très belles épreuves. Rares.

816 — *A l'ombre des bosquets dans un beau jour d'été...* in- fol. en largeur.

Très belle épreuve. Rare.

817 — Renaud et Armide, — Le triomphe de la peinture — Le massacre des Innocents, — etc. six pièces.

Belles épreuves.

818 — Les Sens. Suite de cinq pièces en largeur.

Superbes épreuves, avec marges. Rares.

PIGEOT et LACOUR

819 — Le Ménage hollandais, d'après G. Dowo.

Deux épreuves, dont une avant toutes lettres, à l'état d'eau-forte.

PITAU (Nicolas)

820 — Sainte Famille. d'après Raphaël.

Très belle épreuve du 1er état, avant les draperies.

PIETRO DEL PO

821 — L'Annonciation, — Fuite en Egypte, — Repos en Egypte — Le Baptême de Jésus-Christ, — Jésus-Christ descendu de la Croix, — Jésus-Christ apparaissant à la Magdeleine sous la figure d'un Jardinier, — Achille reconnu par Ulysse à la cour de Lycomède. Deux compositions différentes. etc. Onze pièces.

Belles épreuves.

POILLY (F. de)

822 — La Vierge au berceau, d'après Raphaël.

Très belle épreuve avant les deux lignes de dédicace à Jean-Antoine de Mesmes, et avec ses armes, qui plus tard ont été changées.

823 — La Vierge au voile, d'après Raphaël.

Belle épreuve.

824 — Sainte Famille, d'après Simon François.

Très belle épreuve avant la lettre, Rare.

POILLY (N.)

825 — Saintes Familles, d'après Mignard. Trois pièces.

Belles épreuves.

PORPORATI (N.)

826 — Le Bain de Léda, d'après le Corrège.

Superbe épreuve avant toutes lettres et avec les armes, les noms des artistes sont tracés à la pointe. Marges.

827 — La même estampe.

Belle épreuve.

828 — Vénus qui caresse l'Amour. D'après P. Battoni.

Très belle épreuve.

PONTIUS (Paul)

829 — La Sainté Vierge soutenant l'enfant Jésus, debout sur une table, d'après A. Van Dyck.

Très belle épreuve du 1er état, avant le mot *regis* après *Cum privilegio*.

830 — Jésus-Christ descendu de la croix, soutenu par la Vierge. La Magdeleine baise la main de Notre-Seigneur, d'après Van Dyck.

Très belle épreuve.

831 — Saint Herman Joseph aux pieds de la Vierge, d'après Van Dyck.

Très belle épreuve avant l'adresse de Boneufant.

832 — Sainte Rosalie couronnée par l'Enfant Jésus, d'après Van Dyck.

Très belle épreuve.

833 — La Vierge, l'enfant Jésus et sainte Anne, d'après G. Seghers.

Superbe et très rare épreuve avant toutes lettres, non entièrement terminée.

834 — La même estampe.

Très belle épreuve avant les adresses.

POUSSIN (Nicolas)

835 — Jeu d'enfants (R. D. t. 6. P. 203).

Belle épreuve.

POUSSIN (Œuvre de Nicolas)

836 — **Audran** (G.) La femme adultère, (R. D., 14). — L'in-
crédulité de saint Thomas (15). — Saint Jean baptisant les
Pharisiens. (31). L'Empire de Flore (38). — Narcisse métamorphosé en fleur (39). — Renaud et Armide (41.) etc.
Sept pièces.
> Belles épreuves.

837 — Sainte Françoise implorant la Justice divine (R. D. 28).
> Deux épreuves, dont une avant la lettre. Très belles épreuves.

838 — Le Temps et la vérité (R. D· 46),
> Très belle épreuve avant la draperie sur la nudité de la Vérité.

839 —Pyrrhus sauvé (R. D., 54).
> Blle épreuve.

BARTOLOZZI (F.)

840 — Sainte Famille ; des amours apportent des fleurs à l'enfant Jésus.
> Très belle épreuve avant la lettre.

841 — **Baudet** (Et.) Moïse frappant le rocher, — L'adoration
du veau d'or, — Sainte Famille ; vers la droite sont six enfants, dont un répand des fleurs aux pieds de la sainte
Vierge, etc. quatre pièces.
> Belles épreuves.

842 — Les grands paysages. Suite de huit estampes.
> Très belles épreuves.

843 — **Beauvais, Chauveau, Rousselet**, etc., Rebecca
venant puiser de l'eau à la fontaine y rencontre le serviteur
d'Abraham, — Moïse tiré des eaux, — Jésus-Christ descendu
de la Croix, — Repos en Egypte, — Triomphe de Bacchus
et d'Ariane, — Daphnè changée en laurier, etc. Sept
pièces.
> Belles épreuves.

844 — **Chasteau** (G.) Les Israélites recueillant la manne dans
le désert, — Le Jugement de Salomon, — Jésus guérissant
deux aveugles, — Armide transportant Renaud chez elle
pendant son sommeil, — Mort de Germanicus, etc. Six pièces, dont une avant la lettre.
> Belles épreuves.

POUSSIN (Œuvre de Nicolas)

845 — **Édelinck** (G.) L'Annonciation (R. D. 3).
Belle épreuve.

846 — **Laugier**. L'Assomption de la Vierge.
Très belle épreuve avant la lettre.

847 — **Morghen** (R.). Repos en Egypte. — Les Temps faisant
danser les Saisons. Deux pièces faisant pendants.
Belles épreuves.

848 — **Natalis** (M.). Sainte Famille. In-fol en largeur.
Belle épreuve, avec marges.

849 — **Pesne** (J.) La Vierge, l'enfant Jésus et le petit saint
Jean (R. D., 8), — Sainte Famille (9), — Le Baptême de
Jésus-Christ (10), — L'Assomption (11), avec l'adresse de
le Blond, — Le Ravissement de saint Paul. (12). Deux
épreuves. — La Charité romaine (13.) Sept pièces.
Belles épreuves.

850 — L'Adoration des bergers (R. D., 15), 2e état, — La grande
Sainte Famille servie par les anges (16) 2e état, — La Samaritaine (17), 2e état, — Le Christ mort étendu près du
sépulcre (18), 2e état. 4 pièces.
Très belles épreuves.

851 — La Mort de Saphire (R. D., 19) 1er état. — Le Testament
d'Eudamidas (29), 1er et 2e états, trois pièces.
Belles épreuves.

852 — Le triomphe de Galathée (R. D., 30).
Très belle épreuve du 1er état, avant la draperie sur la nudité de Galathée, plus une épreuve du 2e état. Deux pièces.

853 — Les Travaux d'Hercule, suite de 19 estampes non chiffrées (R. D., 31 à 49).
Belles épreuves, avec marges.

854 — Les travaux d'Hercule, seconde partie gravée par A
Gelée et publiées par L. Gatteaux. Vingt pièces.

855 — **Pesne** (J.) et **J. Audran**. Les Saisons. — Suite
de quatre paysages ornés de sujets tirés de l'Écriture sainte
(R. D. 27 et 28, pour les deux pièces gravées par Pesne).
Belles épreuves.

POUSSIN (Œuvre de Nicolas)

856 — **Peyron** (J. F.). Romulus et Rémus. — Pastorale.
Deux pièces.

Très belles épreuves.

857 — **Poilly** (F. et J. B. de). Sainte Famille où sainte Elisabeth, présente saint Jean à la Vierge, — Sainte Famille,
Saint Jean présente à l'Enfant Jésus. une banderole où est
écrit : *Agnus qui tollis*, — Sainte famille, Saint Jean présente une pomme à l'enfant Jésus, trois pièces.

Belles épreuves.

858 — **Stella** (Cl.). Moïse exposé sur les eaux, — l'Adoration
des Rois, — Saint Pierre et saint Jean guérissant un boiteux
à la porte du temple, — Sainte Famille, quatre petits enfants présentent des fleurs. Quatre pièces.

Belles épreuves.

859 — Le Frappement du rocher.

Très belle épreuve, avant la retouche.

860 — La Passion de Jésus-Christ. Suite de quatorze pièces.

Belles épreuves.

861 — Sainte Famille assise sur des degrés : Saint Jean présente une pomme à l'Enfant Jésus,

Superbe épreuve avant la lettre. Marge.

POUSSIN (N.), d'après

862 — Sous ce numéro il sera vendu par lots, 154 pièces de
l'œuvre du maître, par différents graveurs anciens et
modernes.

RAIMONDI (Marc-Antoine)

863 — La Nativité, d'après J. Romain. (B., 7).

Très belle épreuve. Rare.

864 — La Manne, d'après Raphaël, par A. Vénitien (B., 8).

Très belle épreuve, signée au verso : P. Mariette, 1670. Manque de
fraîcheur.

865 — Le Massacre des Innocents, d'après Raphaël (B., 18).

Très belle épreuve, manque de conservation.

RAIMONDI (Marc-Antoine)

866 — La même estampe.

> Belle épreuve, mais doublée.

867 — Le Massacre des Innocents, d'après Raphaël. (B., 20)..

> Très belle épreuve, doublée.

868 -- La même estampe.

> Belle épreuve.

869 — Le Massacre des Innocents, par Marc de Ravenne, d'après Bandinelli (B., 21, copie a). Deux épreuves.

870 — Jésus-Christ à table chez le Simon Pharisien (B.,23). — La Cène (B., 26). Deux pièces d'après Raphaël.

> Bonnes épreuves.

871 — Le Portement de croix, d'après Raphaël, par A. Vénitien. (B., 28).

> Très belle épreuve. Collection Arozarena.

872 — La Descente de Croix (B., 32), — Saint Paul prêchant à Athènes (B. 44) Le Parnasse (B., 247. copie A). quatre pièces dont une double, d'après Raphaël.

> Bonnes épreuves.

873 — Les trois saintes femmes allant visiter le Saint-Sépulcre d'après Michel-Ange (B. 33).

> Belle épreuve.

874 — La Vierge à la longue cuisse, d'après Raphaël (B., 57).

> Belle épreuve.

875 — Le Martyre de Saint Laurent, d'après B. Bandinelli, (B., 104).

> Belle épreuve, tachée.

876 — Les cinq Saints, d'après Raphaël (B, 113).

> Belle épreuve.

877 — Le Martyre de Sainte Félicité, d'après Raphaël (B., 117).

> Belle épreuve.

878 — Lucrèce, d'après Raphaël (B., 192).

> Ancienne épreuve avant la retouche.

RAIMONDI (Marc-Antoine)

879 — Cléopâtre, par A. Vénitien, d'après Bandinelli (B. 193).
Belle épreuve.

880 — Iphigénie, par A. Vénitien, d'après Bandinelli (B., 194).
Belle épreuve.

881 — L'Empereur rencontrant le guerrier, d'après Raphael.
(B., 196).
Superbe épreuve, la marge rajoutée.

882 — Tarquin et Lucrèce, d'après Raphaël, par Augustin
Vénitien (B., 208).
Belle épreuve.

883 — La même composition, gravée par Eneas Vico. (B., 15).
Superbe épreuve du 1er état, avant que le groupe des deux ohiens ai
été effacé. Marge.

884 — Le Jugement de Pâris, par Marc de Ravenne, d'après
Raphaël (B., 246).
Superbe épreuve.

885 — Hercule au berceau, par A. Vénitien, d'après J. Romain. (B., 315).
Superbe épreuve.

886 — Junon, Cérès et Psyché, d'après Raphaël, par Marc de
Ravenne. (B., 327.)
Superbe épreuve. Collection Arozarena.

887 — Les Amours de Jupiter et de Sémélé, par Marc de Ravenne. (B., 338).
Très belle épreuve.

888 — Cupidon et les trois Grâces, d'après un dessin exécuté
par Raphaël, au Palais Ghisi. (B. 344).
Très belle épreuve. Collection Arozarena.

889 — Hercule et Anthée, d'après Raphael (B., 346).
Très belle épreuve, manquant de conservation.

890 — Le Songe de Raphaël (B, 359).
Belle épreuve. Collection Debois.

891 — La Peste, d'après Raphaël (B., 417).
Très belle épreuve.

RAIMONDI (Marc-Antoine)

892 — L'Académie de B. Bandinelli, par A. Vénitien, d'après Bandinelli. (B., 418).

Bonne épreuve.

893 — La femme en méditation, d'après le Parmesan (B. 443).

Belle épreuve. Collection]Debois.

894 — La femme pensive, d'après le Parmesan (B., 460) copie B.

Belle épreuve. Rare.

895 — Les Grimpeurs, d'après Michel-Ange (B., 487).

Deux épreuves, dont une très belle, mais manquant de conservation.

896 — Le Groupe tiré de l'école d'Athènes. d'après Raphaël, par A. Vénitien. (B. 492).

Très belle épreuve, manque de conservation.

897 — Pierre Arétin, célèbre poète d'après Le Titien (B., 513).

Ancienne épreuve, avec marge.

898 — Le Triomphe de Galathée. — Le Quos Ego. — Cléopâtre. — La Poésie, — La Philosophie, — Vénus et l'Amour. — Apollon, — Le Christ descendu de la Croix, — La Vierge de Lorette etc. etc. vingt-cinq pièces d'après Raphaël, par Marc-Antoine et autres graveurs de son école.

RAVENNE (Marc de) ?

899 — La Salutation angélique, d'après un dessin de Raphaël. Pièce non décrite par Bartsch ; en largeur.

Superbe épreuve. Très rare.

REMBRANDT (Paul Van Rhyn)

900 — Rembrandt appuyé. (B. et Cl., 21. — Ch. Bl., 234).

Très belle épreuve.

901 — Abraham et Isaac. (B. 34, — Cl., 39. — Ch. Bl., 5).

Très belle épreuve.

902 — Le Triomphe de Mardochée (B., 40. — Cl., 44. — Ch. Bl., 12)

Belle épreuve.

903 — Saint Jérôme, (B., 105. — Cl., 108. — Ch. Bl., 76.)

Très belle épreuve.

REMBRANDT (Paul Van Rhyn)

904 — La Jeunesse surprise par la Mort. (B., 109. — Cl. 111. — Ch. Bl., 79).

Superbe épreuve. Rare.

905 — La fortune contraire. (B., 111. — Cl. 113. — Ch. Bl., 81.)

Très belle épreuve avant l'inscription au verso.

906 — La Médée, ou le Mariage de Jason et de Créuse. (B., 112. — Cl. 114. — Ch. Bl., 82).

Belle épreuve.

907 — La faiseuse de Koucks. (B., 124. — Cl., 126. — Ch. Bl., 93.)

Très belle épreuve.

908 — Le dessinateur d'après le modèle. (B., 192, — Cl., 189 Ch. Bl., 157).

Très belle épreuve.

909 — Figures académiques d'hommes. (B., 194. — Cl., 191. — Ch., Bl., 159.)

Belle épreuve.

910 — Les Baigneurs. (B., 195. — Cl. 192. — Ch. Bl., 117. — Académie d'un homme assis à terre. (B., 196. — Cl., 193. — Ch. Bl. 160). Deux pièces.

Belles épreuves.

911 — Femme nue assise sur une butte. (B., 198. — Cl., 195. — Ch. Bl. 162.)

Très belle épreuve, remargée.

912 — Vénus (ou Diane) au bain, (B., 201. — Cl., 198. — Ch. Bl., 165).

Très belle épreuve.

913 — Femme nue dormant, (Danaé et Jupiter). (B., 204. — Cl., 201. — Ch. Bl., 168).

Très belle épreuve.

914 — Homme sous une treille. (B., 257. — Cl., 255. — Ch. Bl., 255.)

Très belle épreuve.

REMBRANDT (Paul Van Rhyn)

915 — Homme avec chaîne et croix. (B., 261. — Cl., 258. — Ch. Bl., 257).

Superbe épreuve du 2e état, avec le col de la chemisette et avant la retouche dans les parties ombrées.

916 — La même estampe.

Très belle épreuve du 3e état, avec de légères retouches dans les yeux, sous le nez et dans la bouche, avant le prolongement des travaux jusqu'au haut de la planche.

917 — Homme à barbe courte et bonnet fourré. (B., 263. — Cl., 260. — Ch. Bl. 267).

Belle épreuve.

918 — Jean-Antonides Van der *Linden*. (B., 264. — Cl., 261. — Ch. Bl., 181.)

Très belle épreuve.

919 — Vieillard à barbe carrée. (B., 265. — Cl., 262. — Ch. Bl., 271.)

Très belle épreuve.

920 — *Silvius* (Janus), ministre d'Amsterdam. (B., 266. — Cl., 263. — Ch. Bl., 186).

Superbe épreuve.

921 — Renier *Ansloo*. (B., 271. Cl., 268. — Ch. Bl., 170.)

Très belle épreuve, tirée sur papier du Japon.

922 — Clément de *Jonghe*. (B., 272. — Cl., 269. — Ch. B., 180).

Belle épreuve.

923 — Abraham *frans*. (B., 273. — Cl., 270. — Ch. Bl., 176.)

Belle épreuve.

924 — Jean *Lutma*, orfèvre (B., 276. — Cl. 273. — Ch. Bl., 182).

Superbe épreuve, rognée d'une ligne dans le haut.

925 — Jean *Asselyn*, peintre (B., 277. — Cl., 274. — Ch. Bl., 171.)

Très belle épreuve.

REMBRANDT (Paul Van Rhyn)

926 — *Wtenbogardus*, ministre hollandais. (B., 279. — Cl..
276. — Cl. Bl., 190.)
> Belle épreuve.

927 — Le Bourgmestre *Six*. (B., 285. — Cl., 282. — Cl. Bl.,
184.)
> Belle épreuve du 3º état.

928 — Première tête orientale. (B., 286. — Cl. 283. — Ch.
Bl., 173).
> Belle épreuve.

929 — Homme en cheveux. (B., 289. — Cl. 286, — Ch. Bl..
255.)
> Très belle épreuve.

930 — Jeune homme à mi-corps. (B., 310. — Cl., 306. — Ch,
Bl., 177.)
> Très belle épreuve, avant que le fond de la planche ait été nettoyé.
> Rare.

931 — Homme avec chapeau à grands bords. (B., 311. — Cl.,
307. — Ch. Bl., 260.)
> Très belle épreuve.

932 — La grande mariée juive. (B,, 340. — Cl., 330. — Ch.
Bl., 199).
> Très belle épreuve du 3º état, où la tache noire qui se trouve sur la
> partie claire de la joue gauche est apparente.

933 — Étude pour la grande mariée juive. (B., 341. — Cl.,
331. — Ch. Bl., 239.)
> Très belle épreuve.

934 — La Petite mariée juive. (B., 342. — Cl., 332. — Ch.
Bl., 200.)
> Superbe épreuve. Rare.

935 — Vieille femme assise. (B., 343. — Cl., 333. — Ch. Bl.,
196.)
> Très belle épreuve.

936 — Buste de la mère de Rembrandt. (B. 349. — Cl., 339.
— Ch. Bl.. 195.)
> Belle épreuve.

REMBRANDT (Paul Van Rhyn)

937 — Feuille avec six têtes, au milieu desquelles est le por-
trait de la femme de Rembrandt. (B., 365. — Cl., 355. —
Ch. Bl., 259.)
  Superbe épreuve.

938 — Feuille avec six têtes, au milieu desquelles est le por-
trait de la femme de Rembrandt. (B., 365. — Cl. 355. —
Ch. Bl., 249), — Trois têtes de femmes, dont une qui dort.
(B., 368. — Cl., 358. — Ch. Bl., 251). Deux pièces.
  Belles épreuves.

939 — Joseph et la femme de Putiphar, — Le Bourgmestre
Six, — Le Peseur d'or, — Le Jeune Haaring, — Troisième
tête orientale. Cinq pièces. Originaux et copies.

REMBRANDT (d'après)

940 — La Sainte Famille, — Jésus disputant dans le Temple
avec les docteurs de la loi, — Les pèlerins d'Emmaüs, etc.
Vingt-deux pièces par différents graveurs.

941 — L'Ange disparaissant devant la famille de Tobie, —
Isaac bénissant Jacob, — La Présentation au temple, —
Le Bon Samaritain, — Un architecte de la marine et sa
femme etc. Huit pièces gravées par Malbeste, Demarcenay,
de Frey, etc.
  Très belles épreuves, cinq sout avant la lettre.

942 — Syndics de la Halle aux Draps, l'an 1661. par de Frey.
  Deux très belles épreuves avant la lettre, dont une à l'eau-forte pure.

RENI (Guido)

943 — La Vierge avec l'Enfant Jésus (B., 1).
  Deux belles épreuves, une a la marge du bas coupée.

944 — La Vierge avec l'Enfant Jésus (B., 4), — La Vierge,
l'enfant Jésus et Saint Jean-Baptiste (B., 6 et 7.) Trois
pièces.
  Très belles épreuves.

945 — SaintesFamilles (B,, 8, 9 et 10). Trois pièces.
  Belles épreuves.

946 — L'Enfant Jésus et Saint Jean-Baptiste. (B., 13).
  Très belle épreuve. Collection Dreux.

RENI (Guido)

947 — Saint Christophe (B., 14, — Saint Jérôme (B., 15), —
La Sainte Famille et Sainte Claire, d'après Annibal Carrache (B., 50). Trois pièces.

Belles épreuves.

948 — Sujets religieux et mythologiques gravés à l'eau-forte,
par différents maîtres de l'École du Guide. Treize pièces.

Belles épreuves.

RENI (Guido) et L'ALBANE (d'après)

949 — Sujets religieux, historiques et mythologiques, allégoriques, etc., par divers graveurs anciens et modernes,
d'après les compositions de ces deux maîtres. Cent-qua-
rante-neuf pièces.

Très belles épreuves, plusieurs sont avant la lettre.

RIBERA (J.)

950 — Le corps mort de Jésus-Christ (B. 1), — Saint Jérôme
lisant (3), — Saint Jérôme (4), — Saint Jérôme (5), —
Saint-Pierre (7). Cinq pièces.

Belles épreuves.

951 — Le Poète (B., 10).

Très belle épreuve.

RIBERA, VELASQUEZ, MURILLO, etc., d'après

952 — Sujets religieux, portraits, sujets de genre, etc., gravés
d'après les maîtres de l'école espagnole. Trente et une
pièces.

Très belles épreuves.

RICHOMME (J. Th.)

953 — Adam et Ève, d'après Raphaël.

Belle épreuve.

954 — La Sainte Famille, d'après Raphaël.

Belle épreuve.

955 — Andromaque, d'après Guérin.

Très belle épreuve avant la lettre (lettres tracées), sur chine.

956 — Triomphe de Galathée, d'après Raphaël.

Très belle épreuve.

RICHOMME (J. Th.)

957 — Neptune et Amphitrite, d'après J. Romain.
  Belle épreuve. Marge.

RIVERO (G.)

958 — La Flora de Tiziano, d'après Titien.
  Belle épreuve.

ROEHN

959 — Sujets militaires et scènes champêtres. Huit pièces gravées à l'eau-forte.
  Belles épreuves, sur chine.

ROGER (H.)

960 — La Vierge et l'Enfant Jésus, sujet de forme ronde, d'après L. Carrache.
  Très belle épreuve avant la lettre.

ROMAIN (Jules), d'après

961 — L'Œuvre gravé du maître, composé de soixante-dix-neuf pièces par différents graveurs anciens et modernes, fac-similés de dessins, etc.
  Belles épreuves.

ROSA (Salvator)

962 — Diverses figures (B., 25-86), suite de soixante-deux pièces dont nous n'avons que cinquante-sept.
  Belles épreuves.

963 — Sujets pieux, sujets de l'histoire profane, sujets de mythologie, sujets divers. Treize pièces gravées à l'eau-forte (B., t. 20, p. 266).
  Belles épreuves.

ROSA (Salvator), d'après

964 — Sujets religieux, mythologiques, d'histoire, etc., gravés d'après les compositions du maître. Quatorze pièces.

ROUSSELET (G.)

965 — La Peinture, d'après Jean Lis.
  Belle épreuve.

RUBENS (P. P.), œuvre de

966 — **Rubens** (P.-P.). Saint François recevant les stigmates. (B., 9, des sujets de saints), — La Madeleine qui s'arrache les cheveux (B., 28 des sujets de saintes). Deux pièces.

> Belles épreuves.

967 — Une femme avec un panier pendu au bras, et tenant une chandelle à laquelle un jeune garçon en veut allumer une autre (B., 46 des allégories).

> Superbe épreuve.

968 — La même composition, gravée en contre-partie, par Soutman.

> Belle épreuve.

969 — **Anonyme**. La Magdeleine, assise au pied d'un rocher, et foulant aux pieds une tête de mort. (B., 29 des sujets de saintes).

> Très belle épreuve avant toutes lettres. Marges.

ARDELL (J.-M.)

970 — Rubens, sa femme et son fils. In-fol en manière noire (B., 52 des portraits).

> Superbe épreuve avant toutes lettres. Marge.

971 — La Même estampe.

> Très belle épreuve.

972 — **Avril** (J.-J.). Le Croc-en-jambes. In-fol. en largeur.

> Très belle épreuve avant la lettre. Marge.

973 — **Baillu** (P. de). La réconciliation de Jacob et d'Esaü (B., 14 de l'Ancien Testament).

> Superbe épreuve du 1er état, avec l'adresse de Romboudt Van de Velde.

974 — Prière au jardin des Olives (B., 66 du N. T.).

> Très belle épreuve.

975 — Enlèvement d'Hippodamie, ou le combat des Lapithes (B., 15 des sujets de la fable).

> Très belle épreuve du 1er état, avec l'adresse de Lauwers.

976 — Progné faisant voir la tête de son fils à son époux (B., 36 des sujets de la fable).

> Belle épreuve.

RUBENS (P. P.), œuvre de

977 — **Bergh** (N. van den). Ophovius (Michel), gravé à l'eau-forte (B., 72 des portraits).

Belle épreuve.

978 — **Bloemaert** (Corneille). Méléagre qui présente la hure du sanglier de Calydon à Atalante (B., 21 des sujets de la fable).

Très belle épreuve.

979 — **Boèce** (G.-F.). Une Femme tenant un pot à anse dans lequel sont des charbons allumés... (B., 49 des allégories).

Superbe épreuve avant toutes lettres.

980 — **Boel** (Corin). Pastorale, où un berger ayant sa musette à son côté, embrasse, malgré elle, une bergère (B., 62 des allégories, etc.).

Superbe épreuve avant la lettre. Très rare.

981 — **Bolswert** (B.-A.). Le Jugement de Salomon (B., 24 de l'Ancien Testament).

Très belle épreuve avec l'adresse du graveur.

982 — **Bolswert** (S.-A.). Mariage de la Vierge (B., 1 du N. T.).

Très belle épreuve avant le mot *Antverpiæ*, après le nom de l'éditeur.

983 — L'Annonciation (B., 3 du N. T.).

Très belle épreuve du 1er état, avec l'adresse de Martin vanden Enden.

984 — La même estampe.

Très belle épreuve avec l'adresse de Gillis Hendricx.

985 — La Nativité (B., 7 du N. T.).

Très belle épreuve avec l'adresse de Martin vanden Enden.

986 — La même estampe.

Très belle épreuve du même état.

987 — Adoration des Rois (B., 15 du N. T.).

Très belle épreuve du 1er état, avec l'adresse de Martin vanden Enden.

988 — Le Bourreau donnant la tête de saint Jean à Salomé, fille d'Hérodiade (B., 39 du N. T.).

Superbe épreuve du 1er état avec l'adresse du graveur.

RUBENS (P. P.), œuvre de

989 — **Bolswert** (S. A.) La Fille d'Hérodiade présentant la tête de saint Jean à sa mère et celle-ci la montrant à Hérode (B., 41 du N. T.).

Très belle épreuve.

990 — La Grande pêche miraculeuse en trois feuilles (B., 48 du N. T.).

Superbe épreuve du 1er état, avec l'adresse du graveur.

991 — La Résurrection de Lazare (B., 61 du N. T.).

Superbe épreuve avec l'adresse du graveur.

992 — La même estampe.

Très belle épreuve du même état.

993 — Le Christ à la lance (B., 87 du N. T.).

Superbe épreuve, mais doublée.

994 — La même estampe.

Belle épreuve.

995 — La Résurrection (B., 109 du N. T.).

Superbe épreuve du 1er état, avec une seule ligne de titre au lieu de trois dans les états suivants.

996 — La Trinité, où l'on voit Jésus-Christ mort sur les genoux du Père Eternel (B., 123 du N. T.).

Très belle épreuve du 1er état, avec l'adresse de Martin vanden Enden.

997 — La Destruction de l'idolâtrie, estampe en deux feuilles (B., 7 des sujets d'histoire et allég. sacrées).

Superbe épreuve.

998 — Le Triomphe de l'Église par l'Eucharistie, en deux feuilles (B., 8 des sujets d'hist. et allég. sacrées).

Belle épreuve, avec marge.

999 — L'Assomption de la Vierge (B., 4 des sujets de Vierges).

Très belle épreuve du 1er état, avec l'adresse de Martin vanden Enden.

1000 — La même estampe.

Belle épreuve du 1er état, avec l'adresse de Martin vanden Enden.

1001 — Assomption, où l'un des disciples lève la pierre du sépulcre (B., 5 des sujets de Vierges).

Très belle épreuve avec l'adresse de Gillis Hendricx.

RUBENS (P. P.), œuvre de

1002 — **Bolswert** (S. A.) La Sainte Vierge que l'enfant
Jésus embrasse (B., 30 des sujets de vierges).

Superbe épreuve. Marge.

1003 — L'Enfant Jésus sur une table, et caressant la sainte
Vierge (B., 34 des sujets de vierges).

Superbe épreuve avec l'adresse du graveur. Marge.

1004 — Sainte Famille, où l'enfant Jésus et saint Jean caressent un agneau (B.. 44 des sujets de vierges).

Très belle épreuve du 1er état, avec l'adresse de Martin vanden Enden.
Marge.

1005 — Sainte Famille, où l'enfant Jésus est appuyé sur la
sainte Vierge (B., 52 des sujets de vierges).

Belle épreuve.

1006 — Sainte Famille, où l'enfant Jésus caresse la sainte
Vierge (B., 55 des sujets de vierges).

Belle épreuve.

1007 — Sainte Famille, où l'enfant Jésus tient un oiseau (B.,
58 des sujets de vierges).

Très belle épreuve.

1008 — La Conversion de saint Paul, pièce non décrite par
Basan.

Superbe épreuve avec l'adresse du graveur.

1009 — La même estampe.

Très belle épreuve.

1010 — L'Éducation de la Vierge (B., 2 des sujets de saintes).

Très belle épreuve du 1er état, avec l'adresse de Martin vanden Enden.

1011 — Le Retour de chasse (B., 26 des sujets de la fable).

Superbe épreuve avec marge.

1012 — La même estampe.

Belle épreuve.

1013 — Chasse aux lions (B., 21-1 des diff. suites).

Très belle épreuve.

1014 — La même estampe.

Belle épreuve.

RUBENS (P. P.), œuvre de

1015 — **Caukerken** (C. van). Le Martyre de saint Lievin, évêque de Gand (B., 36 des sujets de saints).

Superbe épreuve du 1er état, avant l'adresse de Gasp de Hollander.

1016 — Charité romaine (B., 35 des allégories, etc.).

Bonne épreuve.

1017 — **Clouwet** (P.). Descente de Croix (B., 97 du N. T.).

Superbe épreuve. Marge.

1018 — La Mort de saint Antoine (B., 1 des sujets de saints).

Superbe épreuve.

1019 — **Dalen** (C. van). La Nature embellie par les Grâces (B., 56 des allégories, etc.).

Très belle épreuve du 1er état, avant l'adresse de Bloteling.

1020 — La même estampe.

Belle épreuve, avec cette adresse.

1021 — **Daullé** (J.). Les Deux fils de P. P. Rubens dans l'adolescence (B., 35 des portraits).

Très belle épreuve avant la lettre. Marge.

1022 — **De Launay** (N.). Marche de Silène

Superbe épreuve avant la dédicace.

1023 — **Earlom** (R.). Sainte Famille, dans un paysage.

Superbe épreuve avant la lettre. Marge.

1024 — Le Repos de Diane, in-fol. en largeur.

Superbe épreuve avant la lettre. Marge.

1025 — Rubens et sa Femme revenant de la chasse (The fig.).

Très belle épreuve.

1026 — La Femme de Rubens, représentée en pied et debout. In-fol.

Superbe épreuve avant la lettre.

1027 — La même estampe.

Très belle épreuve, avec la lettre.

1028 — Le Fils de Rubens et sa Nourrice auprès d'une table couverte de fruits.

Très belle épreuve.

RUBENS (P. P.), œuvre de

1029 — **Eynhouedts** (R.). Jésus-Christ sortant du tombe
(B., 110 du N. T.), — Saint Christophe (B., 8 des sujets
de saints). Deux pièces.

Très belle épreuve.

1030 — Saint Grégoire Pape, ayant à sa droite une figure de
femme qui représente la Prudence (B., 4 des sujets de
saints).

Très belle épreuve.

1031 — **Galle** (C.). Judith qui coupe la tête à Holopherne
(B., 27 de l'Ancien Testament). La même composition en
contrepartie, avec quelques changements, firens excudit.
Deux pièces.

1032 — Repos en Egypte (B., 24 des sujets de vierges).

Très belle épreuve. Marge.

1033 — La même estampe.

Très belle épreuve.

1034 — Une Vierge dans une niche, à laquelle des enfants
attachent des guirlandes de fruits (B., 63 des sujets de
vierges).

Superbe épreuve.

1035 — Vénus allaitant les Amours (B., 44 des sujets de la
fable).

Très belle épreuve.

1036 — **Henriquez** (B.-L.). Minerve écarte le Dieu de la
guerre et protège la fécondité.

Très belle épreuve avant la lettre. Marge.

1037 — **Hess** (Ch.). Rubens et sa première femme, représentés en pied, grand in-fol.

Très belle épreuve.

1738 — **Hodges** (C.-H.). Bacchus ivre, accompagné de
faunes et de nymphes, in-fol. en largeur.

Très belle épreuve avant la lettre. Marge.

1039 — **Hollar** (W.). Rubens (Pierre-Paul) (B., 49 des portraits).

Deux très belles épreuves.

RUBENS (P. P.), œuvre de

1040 — **Jegher** (Chris.). Suzanne surprise par les vieillards (B., 36 de l'ancien Testament).

Très belle épreuve du 1er état, avec l'adresse de Rubens.

1041 — La Tentation de Jésus-Christ dans le désert (B., 37 du N. T.), — Le Couronnement de la Vierge (B., 45 des sujets de vierges). Deux pièces.

Très belles épreuves.

1042 — Hercule exterminant la Ffureur et la Discorde (B., 14 des sujets de la fable).

Très belle épreuve.

1043 — Silène ivre, soutenu par un satyre et par une autre figure (B., 67 des sujets de la fable).

Belle épreuve.

1044 — Conversation entre plusieurs Amans, où l'on voit Rubens et sa femme debout sur la droite (B., 38 des allégories).

Très belle épreuve. Rare.

1045 — **Jett** (W.). La Famille de Balthaser *Gerbier*, in-fol. en manière noire.

Très belle épreuve.

1046 — **Jode** (P. de) le jeune. La Visitation (B., 4 du N. T.).

Très belle épreuve.

1047 — Le Couronnement de sainte Catherine (B., 16 des sujets de saintes).

Belle épreuve.

1048 — Les Trois Grâces, se tenant embrassées (B., 12 des sujets de la fable).

Très belle épreuve.

1049 — Vénus sortant des eaux (B., 42 des sujets de la fable).

Superbe épreuve avant la lettre.

1050 — L'Alliance de la mer et de la terre, représentée par celle de Neptune et de Cybèle (B., 28 des Allégories).

Superbe épreuve avant la lettre.

RUBENS (P. P.), œuvre de

1051 — Kessel (Th. Van). Jupiter et Antiope.

Superbe épreuve avant toutes lettres, non décrite.

1052 — La Chasse au sanglier de Calidon (B., 21-10, des différentes suites.)

Superbe épreuve, avec l'adresse de G. Huberti.

1053 — La même estampe.

Très belle épreuve, avec l'adresse de C. van Merlen.

1054 — Lasne (M.) Sainte Famille, ou l'enfant Jésus caresse sa Sainte mère (B., 53 des sujets de vierges).

Belle épreuve.

1055 — Lauwers (N.) L'Adoration des Rois (B., 17. du N. T.)

Très belle épreuve. Marge.

1056 — Le Triomphe de la nouvelle Loi. (B. 7 des sujets d'his- et Allég. sacrées.)

Belle épreuve.

1057 — Lempereur (L.) Le Jardin d'Amour (B. 40 des Allégories.)

Belle épreuve.

1058 — Leuw (W.) Loth enivré par ses filles. (B., 4 de l'Ancien Testament.

Très belle épreuve.

1059 — Daniel dans la fosse aux lions (B., 30 de l'Ancien Testament.)

Épreuve imprimée sur satin.

1060 — La Sainte Vierge à genoux, et soutenue par des anges dont un tire un glaive qui lui perce le cœur. (B., 64 des sujets de vierges.)

Superbe épreuve du 1er état, avant l'adresse de Le Bas et avant la suppression d'un des cinq cailloux qu'on voit à terre près des deux clous. Marge.

1061 — Le martyre de Sainte Catherine. (B., 21 des sujets de saintes.)

Très belle épreuve.

RUBENS (P. P.), œuvre de

1062 — **Leuw** (W.) La Chasse au loup. (B., 21. 6. des différentes suites.)

Très belle épreuve, avant l'adresse de C. van Merlen.

1063 — Chasse au lion et à la lionne. (B., 26. 3 des différentes suites.)

Belle épreuve.

1064 — **Lommelin** (A.) Le Jugement de Pâris, (B., 29 des sujets de la fable.)

Très belle épreuve. Rare.

1065 — La même estampe, gravée par R. Woodman.

Très belle épreuve avant la lettre. Marge.

1066 — **Louys** (J,) Le Repos de Diane. (B., 9 des sujets de la fable.)

Superbe épreuve du 1er état, avant l'adresse de Visscher. Collections Lousbergs et Camberlyn.

1067 — La même estampe.

Très belle épreuve du même état.

1068 — **Marinus** (C,) Fuite en Égypte (B., 26 du N. T.

Très belle épreuve.

1069 — Résurrection d'un mort, et guérison miraculeuse de plusieurs malades par Saint François Xavier (B., 16 des sujets de saints.)

Très belle épreuve.

1070 — Saint Ignace de Loyola guérissant des Possédés (B., 24 des sujets de saints.)

Superbe épreuve.

1071 — La même estampe.

Belle épreuve.

1072 — **Martenassie** (Pitre). L'enlèvement des Sabines. (B., 16 des Allégories, etc.).

Belle épreuve.

1072 (*bis.*) — **Matham** (J.) Samson dormant sur les genoux de Dalila, et auquel un Philistin coupe les cheveux (B., 19 de l'Ancien Testament).

Très belle épreuve.

RUBENS (P. P.), œuvre de

1073 — **Meyssens** (J.) Méléagre qui présente la hure du sanglier de Calédonie à Atalante. (B., 19 des sujets de la fable.)

Superbe épreuve.

1074 — Hospitalité de Philémon et de Baucis envers Jupiter et Mercure. (B., 34 des sujets de la fable.)

Superbe épreuve.

1075 — **Muller** (J.) Albert, archiduc d'Autriche, — Isabelle-Claire Eugénie, infante d'Espagne (B., 27 et 28 des portraits).

Très belles épreuves.

1076 — **Natalis** (M.) La Magdeleine chez le Pharisien (B., 55 du N. T.)

Superbe épreuve, manquant de conservation.

1077 — **Neefs** (J.) Le Martyre de saint Thomas. (B., 48 des sujets de saints.)

Belle épreuve.

1078 — **Pannels** (W.) David qui étouffe un ours, — David coupant a tête de Goliath. — Elie auquel un ange apporte la subsistance dans le désert, — Esther devant Assuérus. (B., 21, 22, 26 bis. et 29 bis de l'Ancien Testament.)

Très belles épreuves.

1079 — Nativité, — Le Baptême de Jésus-Christ, — La fille d'Hérodiade tenant la tête de saint Jean dans un bassin, — (B., 8, 36 bis et 40 du N. T.)

Très belles épreuves.

1080 — L'Assomption (B., 12 des sujets de Vierges).

Très belle épreuve.

1081 — Saint Sébastien (B., 22 des sujets de saints.)

Très belle épreuve.

1082 — Jupiter et Junon sur les nues, — Méléagre qui présente la hure de sanglier à Atalante, — Vénus à sa toilette, (B., 16, 22 et 48 des sujets de la fable.)

Très belles épreuves.

RUBENS (P. P.), œuvre de

1083 — **Pannels** (W.) Cléopâtre se laissant piquer le sein par deux aspics. (B., 4 des allégories), — Apollon et Daphné. Triomphe de l'Amour. La mort accompagnant une vieille femme qui tient une chandelle etc. Six pièces.

> Très belles épreuves.

1084 — **Pether** (W.) Hélena Forman, vue à mi-corps et vêtue en bergère, in-4, manière noire.

> Très belle épreuve. Marge.

1085 — **Pontius** (P.) Suzanne surprise par les vieillards (B., 34 de l'ancien testament.)

> Belle épreuve.

1086 — La Nativité (B. 11 du N. T.)

> Très belle épreuve du 1er état, avec l'adresse de Gillis Hendricx.

1087 — Le Massacre des Innocents. (B. 32. du N. T.)

> Superbe épreuve. Rare.

1088 — Présentation au Temple. (B., 34 du N. T.)

> Superbe épreuve du 1er état, avec l'adresse du graveur.

1089 — Portement de Croix. (B., 75 du N. T.)

> Très belle épreuve.

1090 — Jésus-Christ mort, sur les genoux de la Vierge, et un saint François à côté. (B., 101 du N. T.)

> Deux très belles épreuves.

1091 — La Descente du Saint-Esprit sur les Apôtres. (B., 119 du N. T.)

> Superbe épreuve. Collection Lousbergs.

1092 — L'Assomption, où Jésus-Christ est dans le haut qui reçoit sa mère (B. 9. des sujets de vierges.)

> Très belle épreuve.

1093 — Saint Roch intercédant pour les Pestiférés (B. 44 des sujets de saints.)

> Très belle épreuve, mais doublée.

1094 — Le Tableau de la Chapelle où est le Tombeau de Rubens, dans l'église Saint-Jacques à Anvers. (B., 17 des sujets d'histoire et allégories sacrées.)

> Superbe et très rare épreuve avant la lettre.

RUBENS (P. P.), œuvre de

1095 — **Pontius** (P.) Thomiris faisant plonger la tête de Cyrus dans un bassin plein de sang humain (B.; 22 des sujets d'histoire.)

Très belle épreuve, mais doublée.

1096 — *Uladislas Sigismond*, prince de Pologne et de Suède. (B., 10 des portraits.)

Très belle épreuve.

1097 — Philippe IV, roi d'Espagne (B., 16 des portraits).

Superbe épreuve du 1er état, avant que la moustache ait été relevée et avant l'adresse de G. Hendric.

1098 — Elisabeth de Bourbon, femme de Philippe IV. (B., 17 des portraits); fait pendant au numéro précédent.

Très belle épreuve du 1er état avant l'adresse de G. Hendrick.

1099 — **Olivarès** (Gaspar de Gusman, comte d'), duc de Sanlucar. (B., 70 des portraits.)

Superbe épreuve.

1100 — **Quellinus** (E.) La Sainte Vierge et l'Enfant Jésus, qui est appuyé sur un berceau (B., 33 des sujets de Vierges.)

Très belle épreuve.

1101 — **Ryckmans** (N.). Adoration des Rois (B., 12 du N. T.).

Superbe épreuve du 1er état, avec l'adresse du graveur.

1102 — **Schmuzer** (J.). Saint Ambroise, archevêque de Milan, refusant l'entrée de l'Eglise à l'empereur Théodose. Epreuve avant la lettre, — Mutius Scevola. Deux pièces faisant pendant.

Belles épreuves.

1103 — **Snyers** (H.). Une Vierge assise sur le haut d'un degré qu'environnent plusieurs saints et saintes (B., 61 des sujets de vierges).

Très belle épreuve.

1104 — Saint François d'Assise mourant, et soutenu par ses frères, reçoit la communion (B., 15 des sujets de saints).

Superbe épreuve.

RUBENS (P. P.), œuvre de

1105 — **Sompel** (P. Van). Erichtonius dans la Corbeille (B., 11 des sujets de la fable).

Belle épreuve, la marge du bas coupée.

1106 — Ixion trompé par Junon (B., 18 des sujets de la fable).

Très belle épreuve.

1107 — **Sompel** (P. Van) et **W. Swanenburg**. Jésus-Christ à table avec les pèlerins d'Emmaüs (B., 115 et 116 du N. T.). Deux pièces.

Belles épreuves.

1108 — **Soutman** (P.). La Pêche miraculeuse (B., 47 du N. T.).

Belle épreuve.

1109 — Jésus-Christ au tombeau, auquel une des saintes femmes ferme les yeux (B., 107 du N. T.).

Très belle épreuve du 1er état, avant la retouche de Witdouc.

1110 — La Chute des Réprouvés (B., 126 du N. T.).

Très belle épreuve du 1er état, avant la retouche.

1111 — Le Sacre d'un Evêque (B., 47 des sujets des saints).

Très belle épreuve avec le nom et l'adresse du graveur.

1112 — L'Enlèvement de Proserpine (B., 37 des sujets de la fable).

Très belle épreuve avec l'adresse du graveur.

1113 — La même Estampe.

Belle épreuve avec l'adresse de de Witt.

1114 — Vénus sur les eaux (B., 43 des sujets de la fable).

Superbe épreuve du 1er état, avec l'adresse du graveur.

1115 — Le Grand Sultan ou son Visir à cheval (B., 34 de allé-gories).

Très belle épreuve.

1116 — Chasse aux lions et aux tigres (B., 24-2 des différentes suites).

Superbe épreuve, avec marge.

1117 — Chasse au Loup (B., 21-5 des différentes suites).

Très belle épreuve, avec l'adresse du graveur.

RUBENS (P. P.), œuvre de

1118 — **Soutman** (P.) La Chasse au Sanglier (B., 21-7 des différentes suites).

Très belle épreuve, avec l'adresse du graveur.

1119 — Chasse au Crocodile et à l'Hippopotame (B., 21-11 des différentes suites).

Superbe épreuve, avec l'adresse du graveur.

1120 — La même composition, gravée sans titre, par W. de Leuw.

Belle épreuve.

1121 — **Spruyt.** Borée qui enlève Orytie (B., 6 des sujets de la fable).

Très belle épreuve.

1122 — **Stock** (Andreas). Sacrifice d'Abraham (B., 12 de l'Ancien Testament).

Très belle épreuve, avant le nom d'Hondius.

1123 — **Suyderhœf** (J.). La Sainte Vierge que l'Enfant Jésus embrasse (B., 31 des sujets de vierges).

Très belle épreuve.

1124 — Bacchus ivre, soutenu par un Satyre et par un Maure qui tient une coupe à la main (B., 38 des sujets de la fable).

Très belle épreuve.

1125 — Bacchanale (B., 54 des sujets de la fable).

Très belle épreuve, avec les adresses de Soutman et Clément de Jonghe.

1126 — La même Estampe.

Très belle épreuve, avec les adresses effacées.

1127 — Bacchanale (B., 54 des sujets de la fable).

Très belle épreuve, l'inscription du bas coupée.

11 8 — Maximilien, archiduc d'Autriche (B., 4 des Portraits).

Superbe épreuve du 1er état, avant le numéro.

1129 — Albert, archiduc d'Autriche (B., 25 des Portraits).

Superbe épreuve du 1er état, avant le numéro.

1130 — Isabelle-Claire-Eugénie, infante d'Espagne, épouse de l'archiduc Albert (B., 26 des portraits).

Superbe épreuve du 1er état, avant le numéro.

RUBENS (P. P.), œuvre de

1131 — **Swanenburg** (W.). Loth enivré par ses filles (B., 5 de l'Ancien Testament).

> Très belle épreuve.

1132 — **Tassaert** (P.-J.). La Pêche miraculeuse, gravé à l'eau-forte.

> Très belle épreuve. Marge.

1133 — La Sainte Famille (B., 37 bis des sujets de Vierges).

> Très belle épreuve.

1134 — Le Martyre de saint Etienne.

> Très belle épreuve.

1135 — Vénus, et Adonis sur son départ pour la chasse (B., 51 des sujets de la fable).

> Très belle épreuve.

1136 — **Thomas** (J.). Pastorale, où il y a un Berger et une Bergère qui se tiennent par la main (B., 10 des Allégories).

> Très belle épreuve avant toutes lettres. Rare.

1137 — Pastorale où sont trois bergers et trois bergères (B., 61 des Allégories, etc.).

> Très belle épreuve.

1138 — **Thomassin** (S.). La Toilette de Vénus, dans un ovale.

> Très belle épreuve. Marge.

1139 — **Vanloo** (J.). Philémon et Baucis reçoivent dans leur cabane Jupiter et Mercure.

> Belle épreuve.

1140 — **Van-de-Steen** (F.). Saint Pepin, et sainte Bègue (B., 42 des sujets de saints).

> Belle épreuve.

1141 — **Van-Orley** (R.). Bacchus ivre, soutenu par des Satyres (B., 59 des sujets de la fable).

> Très belle épreuve.

RUBENS (P. P.), œuvre de

1142 — **Visscher** (C.). Le Jugement dernier, en deux feuilles (B., 124 du N. T.).

Superbe épreuve du 1er état, avant l'adresse de Soutman.

1143 — La même Estampe.

Belle épreuve du même état.

1144 — Couronnement de la Vierge par deux anges (B., 18
des sujets de Vierges).

Très belle épreuve.

1145 — Achille à la cour de Lycomède (B., 1 des sujets de la
fable).

Superbe épreuve.

1146 — **Voet** (Al.). Judith qui met la tête d'Holopherne dans
un sac que tient sa servante (B., 28 de l'Ancien Testam.).

Très belle épreuve du 1er état, avec l'adresse du graveur.

1147 — La Charité romaine (B., 37 des Allégories, etc.).

Très belle épreuve.

1148 — Un Satyre tenant une corbeille pleine de raisins et
d'autres fruits, il est accompagné d'une Bacchante (B., 62
des sujets de la fable).

Très belle épreuve.

1149 — La même Estampe.

Bonne épreuve.

1150 — Sénèque debout, prêt à expirer dans le bain (B., 19
des sujets d'histoire et allégories).

Superbe épreuve du 1er état, avec le nom et l'adresse du graveur.

1151 — **Vorsterman** (L.). Chute des Anges rebelles (B., 1
de l'Ancien Testament).

Très belle épreuve.

1152 — Loth sortant de Sodome (B., 3 de l'Ancien Testament).

Très belle épreuve, avec l'adresse du graveur.

1153 — Susanne surprise par les vieillards (B., 33 de l'Ancien
Testament).

Belle épreuve, avec l'adresse du graveur.

RUBENS (P. P.), œuvre de

1154 — **Vorsterman** (L.) La même estampe.

Belle épreuve, avec l'adresse effacée.

1155 — L'Apparition des Anges aux saintes femmes, au tombeau de Jésus-Christ (B., 111 du Nouveau Testament).

Très belle épreuve.

1156 — La Nativité (B., 5 du Nouveau Testament).

Très belle épreuve.

1157 — La Nativité (B., 6 du Nouveau Testament).

Très belle épreuve, avec l'adresse du graveur.

1158 — La même estampe.

Très belle épreuve du même état.

1159 — Adoration des Rois (B. 22 du Nouveau Testament).

Superbe épreuve du 1er état, avec la date de 1620, après l'adresse du graveur, plus tard cette date fut changée en 1621.

1160 — La même estampe.

Très belle épreuve du même état.

1161 — Retour d'Egypte (B., 30 du Nouveau Testament).

Très belle épreuve, avec l'adresse du graveur.

1162 — Sainte Famille, où la Vierge est appuyée sur un berceau dans lequel est l'enfant Jésus (B., 48 des sujets de Vierges).

Très belle épreuve.

1163 — Saint François d'Assise recevant les Stigmates (B., 11 des sujets de saints).

Belle épreuve.

1164 — Le Martyre de saint Laurent (B., 37 des sujets de saints).

Très belle épreuve.

1165 — La Magdeleine foulant aux pieds ses bijoux (B., 27 des sujets de saintes).

Deux belles épreuves.

1166 — *Busquoy* (Charles de Longueval. comte de) B., 61 des Portraits).

Belle épreuve du 1er état.

RUBENS (P. P.), œuvre de

1167 — **Vorsterman** (L.) Le combat des Amazones, grande estampe en six feuilles (B., 1 des sujets d'histoire et allégories).

Très belle épreuve.

1168 — **Witdouc** (J.). Melchisedech ayant béni le pain et le vin, le présente à Abraham (B., 10 de l'Ancien Testament).

Belle épreuve.

1169 — La Nativité (B., 11 du Nouveau Testament).

Superbe épreuve du 1er état, avec le nom et l'adresse de Witdouc, et avec les gorges des femmes nues.

1170 — La même estampe.

Très belle épreuve du 2e état, avec le nom de Bolswert, les gorges sont couvertes de linges.

1171 — La même estampe.

Très belle épreuve du même état.

1172 — Adoration des Rois (B., 18 du Nouveau Testament).

Très belle épreuve.

1173 — Jésus-Christ au tombeau, où l'une des saintes femmes apporte de la paille (B., 106 du Nouveau Testament).

Très belle épreuve.

1174 — Jésus-Christ à table avec les Pélerins d'Emmaüs (B. 114 du Nouveau Testament).

Superbe et très rare épreuve avant toutes lettres.

1175 — Sainte Famille, où la Sainte Vierge donne à teter à l'Enfant Jésus (B., 46 des sujets de vierges).

Belle épreuve.

1176 — Saint Ildephonse recevant une chasuble des mains de la sainte Vierge (B., 31 des sujets des saints).

Très belle épreuve.

1177 — Saint Juste décollé, et tenant sa tête entre ses mains (B., 35 des sujets de saints).

Belle épreuve.

1178 — Sainte Cécile à son clavecin (B., 24 des sujets de saintes).

Deux épreuves, dont une avec l'adresse du graveur et l'autre avec celle de Gillis Hendricx.

RUBENS (P. P.), œuvre de

1179 — **Wyngaerde** (F. Vanden). Samsom qui tue un lion (B., 17 de l'Ancien Testament).

> Très belle épreuve.

1180 — Les Noces de Thétis et de Pélée (B., 41 des sujets de la fable).

> Très belle épreuve.

1181 — Bacchanale, où il y a un faune ivre appuyé sur un tigre (B., 53 des sujets de la fable).

> Superbe épreuve.

1182 — Des soldats faisant tapage (B., 63 des allég.).

> Très belle épreuve.

1183 — **Rubens** (d'après). Sujets religieux d'histoire, de la mythologie, etc., 12 pièces gravées par Pontius, Snyers, Vorsterman, Bolswert, Balliu, Visscher, etc.

> Belles épreuves.

1184 — Sous ce numéro il sera vendu 66 pièces de l'œuvre du maître, par divers graveurs, anciens et modernes.

RUSTICHINO, BRANDI, CONCA, AMICONI, etc. (d'après)

1185 — Compositions religieuses, paysages, sujets mythologiques, etc., 27 pièces gravées par Morghen, Dorigny, Caylus, Farjat, Frey, Cunego, Wagner, B. Picart, etc.

> Belles épreuves.

SADELER (E.)

1186 — Le Christ transporté au tombeau, d'après F. Barozio. In-fol. en hauteur.

> Belle épreuve.

1187 — Un festin, d'après Théodore Bernard. In-fol. en largeur.

> Belle épreuve.

1188 — Jeune mère avec ses enfants.

> Belle épreuve.

1189 — Estampes allégoriques, d'après Jodocus A. Vinck, 1588. trois pièces.

> Très belles épreuves.

SAENREDAM (J.)

1190 — Vertumne empruntant la figure d'une vieille, pour inspirer de l'amour à Pomone, d'après Bloemaert (B., 27).
Superbe épreuve.

SAINT-JEAN (J. D. DE)

1191 — Femme de qualité à sa toilette, — femme de qualité sollicitant un juge, — femme de qualité en déshabillé reposant sur un lit d'ange, — femme de qualité en déshabillé sortant du lit, — femme de qualité déshabillée pour le bain, etc. Six pièces.
Belles épreuves.

SANUTI (J.)

1192 — Adonis partant pour la chasse. In-fol.
Superbe épreuve, d'une estampe non décrite par Bartsch.

SANZIO (RAPHAEL, d'après)

1193 — Les Heures. Suite de douze pièces par divers graveurs.
Belles épreuves.

1194 — Sous ce numéro, il sera vendu 340 estampes gravées d'après les dessins et peintures de Raphaël, par des graveurs anciens et modernes.

SARTO (A. DEL), SALVIATI, FRA BARTHOLOMEO

1195 — Estampes anciennes et modernes gravées d'après les différentes compositions de ces maîtres, par Tognola, Caylus, Fosella, Volpato, Langlois, Calendi, Simonneau, Mulinari, Lasinio, Saunders, Surugue, Cunego, Cecchi, Lorenzini, Morghen, etc. Soixante-treize pièces.
Belles épreuves, plusieurs sont avant la lettre.

SAURY (S.)

1196 — Un cavalier offrant une pièce d'argent à une jeune fille.
Très belle épreuve.

SCALBERGE (P.)

1197 — L'éducation de l'Amour, suite de douze estampes chiffrées (R. D., 26 à 37).
Très belles épreuves.

SCARAMUCCIA (Louis)

1198 — Adonis, d'après Annibal Carrache (B., 4).

Superbe épreuve du 1ᵉʳ état, à l'eau-forte pure.

1199 — La même estampe.

Très belle épreuve du 2ᵉ état, retouchée au burin, la marge du bas coupée.

SCHAUFELEIN (Hans)

1200 — Un seigneur assis entre deux dames (B., 96). — Plusieurs jeunes seigneurs accompagnés de leurs maîtresses (B. 97). Deux pièces.

1201 — Les Danseurs de Noce. Suite de vingt pièces, dont nous n'avons que dix-sept (B.103).

Bonnes épreuves.

SCHENCK (P.)

1202 — Le Mari, — Le Lavement, — Un Moine fouettant une femme. Trois pièces satyriques, en manière noire.

Très belles épreuves.

SCHMIDT (G. F.)

1203 — Le Vieux Tobie raillé par sa femme, d'après Rembrandt (177).

Très belle épreuve. Marge.

SCHONGAUER (Martin)

1204 — La Vierge sur un trône auprès de Dieu (B., 71).

Belle épreuve. Collection Gervaise.

SCHUPPEN (P. van)

1205 — La Vierge à la Colombe, d'après S. Bourdon.

Très belle épreuve, avant la draperie sur l'Enfant Jésus.

1206 — Saint Sébastien après son martye, d'après Van Dyck.

Très belle épreuve.

SCHUT (C.)

1207 — Sujets religieux, mythologiques et allégories, gravés à l'eau-forte, par et d'après le maître. Quarante pièces.

Belles épreuves.

SERICCUS (Philippus)

1208 — Saintes Familles. Deux compositions différentes, d'après Michel-Ange.

Très belles épreuves, une provient de la collection Esdaile.

SIRANI (Élisabeth)

1209 — Repos en Égypte (B., 4 et 5), — Sainte Famille (B.,8). Trois pièces.

Très belles épreuves.

SMITH (J.)

1210 — Les Amours des Dieux. Suite de neuf estampes, d'après le Titien, plus un frontispice, gravé par Vertue.

Très belles épreuves. Rares.

1211 — Trois pièces doubles de la suite précédente.

Belles épreuves.

SNYERS (H.)

1212 — Sainte Famille se reposant pendant la fuite en Egypte, d'après Van Dyck.

Très belle épreuve du 1ᵉʳ état, avec l'adresse de Diepenbeke.

1213 — Samson trahi par Dalila, d'après Van Dyck.

Superbe épreuve.

SOLIS (V.)

1214 — Le Bain des Anabaptistes, d'après H. Aldegraver (B., 265).

Belle épreuve, manque de conservation.

1215 — Les Danseurs, frises avec combats et autres exercices militaires. Douze pièces.

Belles épreuves.

SOUTMAN (P.)

1216 — Jésus traîné devant ses juges, d'après Van Dyck.

Très belle épreuve.

1217 — Jupiter et Antiope, d'après Van Dyck.

Très belle épreuve.

SPIERRE (F.)

1218. — La Vierge assise dans la campagne et tenant sur ses
genoux l'enfant Jésus, à qui un ange offre des fruits,
d'après Le Corrège.

Très belle épreuve.

STEEN (F. VANDEN)

1219 — Silène ivre, soutenu par deux bacchantes, d'après
Van Dyck.

Très belle épreuve du 1ᵉʳ état, avant le nom de Van Dyck.

STRANGE (R.)

1220 — Parce somnum rumpere, — Te Deum Laudamus.
Deux pièces faisant pendant, d'après C. Maratti.

Belles épreuves.

1221 — L'Amour endormi, — La Vierge regardant l'enfant
Jésus endormi. Deux pièces, d'après Guido Reni.

Belles épreuves.

1222 — Saint Jérôme, d'après Le Corrège.

Très belle épreuve.

1223 — Sainte Marie-Magdeleine, — Sainte Agnès, — Vénus
et les Grâces, — Libéralité et Modestie. Quatre pièces,
d'après Guido Reni, Dominiquin.

Belles épreuves.

1224 — Esther devant Assuérus, — Joseph et la femme de Putiphar, — Vénus bandant les yeux de l'Amour. Trois
pièces d'après Titien, Guerchin et Guido Reni.

Belles épreuves.

1225 — César répudie Pompéia et reçoit Calpurnia comme sa
femme, d'après P. de Cortone.

Belle épreuve.

1226 — Didon, — Cléopâtre, — L'Ange gardien. Trois pièces,
d'après Guido Reni et Guerchin.

Belles épreuves.

1227 — La Justice, — La Douceur. Deux pièces faisant pendant.

Belles épreuves.

STRANGE (R.)

1228 — Fortuna, — Cleopâtra. Deux pièces faisant pendant, d'après Guido Reni.

Belles épreuves.

1229 — Vénus, — Danaé. Deux pièces faisant pendant, d'après Titien.

Très belles épreuves.

1230 — Venus et Adonis, d'après Titien.

Belle épreuve.

1231 — Parmigiani Amica, d'après le Parmesan.

Très belle épreuve.

LE SUEUR (Eustache), d'après

1232 — Le Triomphe de l'amour sur les quatre éléments, — — Le Martyre de saint Laurent, — La Mort de Saint Bruno, — Le Député de Mars, etc. Vingt-sept pièces gravées par Picart. G. Audran, Moyreau, Aliamet, H. Laurent, Dorigny, Massard, etc.

Belles épreuves, plusieurs sont avant la lettre.

SUYDERHOEF (J.)

1233 — Le Chemin de la montagne, d'après N. Berghem (130).

Très belle épreuve du 1er état, avant l'adresse de P. Goos.

SWERTS (Michel)

1234 — Portrait d'homme (B., 5).

Superbe épreuve. Rare.

TESTA (P.)

1235 — Trente-Deux pièces, gravées à l'eau-forte, formant une partie de l'œuvre du maître, décrit par Bartsch (T. 20, p. 215).

Belles épreuves.

TERBURG (G.), d'après

1236 — La Robe de satin, — Le Magister hollandais, — La Leçon de musique, — Le Coup réfléchi, — Jeune Femme étudiant sur la mandoline, etc. Quinze pièces, gravé par Audouin, Lucas, Morel, Baillie, Basan, Stolker, Matham, Henriquez, etc.

Très belles épreuves, plusieurs sont avant la lettre.

TESTELIN (L.), d'après

1237 — Les Vertus innocentes ou leurs symboles sous des figures d'enfants,— Frises formées d'enfants et d'amours. Vingt-huit pièces gravées par Ferdinand.

Belles épreuves.

TIEPOLO (J. B.)

1238 — Les Caprices, sujets de la vie de la vierge, et autres compositions religieuses. Vingt-huit pièces gravées à l'eau-forte.

Très belles épreuves.

TINTORET (J. ROBUSTI, dit le), d'après

1239 — Belle Réunion d'estampes anciennes, d'après les compositions du Tintoret, gravées par Saiter, Zucchi, Lorenzini, Vorsterman, Troyen, Jackson, Leonardis, Desplaces, Skelton, B. Picart, Mellan, Zanetti, R. de Launay, Kilian, Earlom, etc. Cinquante pièces.

Belles épreuves.

TITIEN (Tiziano VECCELI, dit le)

1240 — Les Trois flûteurs (B., 3).

Belle épreuve, collection R. Dumesnil.

1241 — Saint Sébastien, Sainte Claire et les Pères de l'Eglise, grande pièce en largeur, gravée sur bois.

Belle épreuve. Rare.

TITIEN (Tiziano VECCELI, dit le), d'après

1242 — Très belle Réunion d'estampes par divers graveurs au burin et à l'eau-forte, formant une partie de l'œuvre du Titien, composé de sujets religieux, historiques et sujets de genre, portraits, paysages, etc. Cent cinquante-quatre pièces.

Très belles épreuves.

TITIEN et GIORGION (d'après)

1243 — Sujets de l'Ancien et du Nouveau Testament, sujets historiques, portraits et paysages, gravés d'après les compositions de ces deux maîtres, pas divers graveurs anciens et modernes. Soixante-dix pièces.

Très belles épreuves, plusieurs sont avant la lettre.

TORBIDO DEL MORO (J. B. D'ANGELI)

1244 — La Sainte Vierge (B., 6), — Le Tombeau d'un évêque (B., 13). Deux pièces d'après Parmesan.

Belles épreuves.

1245 — Sainte Famille, d'après Jules Romain (B., 11).

Très belle épreuve du 1er état, avant les lettres B. M.

TORBIDO DEL MORO (M. D'ANGELI)

1246 — Mars et Vénus (B., 5).

Très belle épreuve. Collection Dreux.

1247 — Le Jardin de l'Amour (B., 8).

Très belle épreuve.

TROUVAIN (A.)

1248 — Repas donné pendant trois jours, par le duc d'Albe, ambassadeur d'Espagne, pour la naissance du prince des Asturies, fils de Philippe V. In-fol. en hauteur.

Très belle épreuve.

1249 — La Boutique du passementier. Sur le devant, un jeune seigneur et une dame.

Très belle épreuve d'une pièce curieuse.

UMBACH (J.)

1250 — L'Œuvre du maître, sujets religienx, mythologiques, Bacchanales, histoire, etc. Trente-cinq pièces gravées à l'eau-forte.

Très belles épreuves. Rares.

PERINO DEL VAGA, CARAVAGE, BAROCHE, LUTI, CORTONE, etc.

1251 — Sous ce numéro, il sera vendu par lots : Quatre-vingt-dix-sept estampes, sujets religieux, mythologiques et sujets d'histoire, gravées à l'eau-forte et au burin, fac-similés de dessins, etc.

VANNI (J. B.)

1252 — Le Plafond du dôme de l'église cathédrale de Parme (B., 1-15). Suite de quinze estampes, d'après le Corrège.

Très belles épreuves, plusieurs sont avant toutes lettres, manque une pièce pour que la suite soit complète.

1253 — Le Martyre de Saint Placide et de Sainte Flavie sa sœur, d'après le Corrège (B. 16).

Belle épreuve.

1254 — Jésus-Christ honorant de sa présence les noces de Cana, d'après P. Veronèse (B., 17).

Belle épreuve.

VELDE (J. VAN DE)

1255 — Les Viveurs surpris par la mort.

Très belle épreuve.

1256 — L'Hiver, — Fête hollandaise, — Le Charlatan. Trois pièces.

Très belles épreuves.

VÉRONÈSE (P. CAGLIARI, dit P.)

1257 — Sujet de l'Ancien et du Nouveau Testament, sujets de la fable et historiques, gravés d'après les compositions du maître, par Jackson, Carrache, Volpato, Jacob, Zucchi, Monaco, Breblette, Jeaurat, Forster, Lefèvre, Desplaces, Joullain, etc. Quatre-vingt-dix-neuf pièces.

Très belles épreuves, plusieurs sont avant la lettre.

VICO (Eneas)

1258 — Joseph d'Arimathie, soutenant le corps mort de Jésus-Christ, d'après Raphaël (B., 7).

Très belle épreuve.

1259 — Le Combat des Amazones, d'après Raphaël (B., 14).

Superbe épreuve.

1260 — Lucrèce prête à se donner la mort, d'après le Parmesan (B., 17).

Très belle épreuve.

VICO (Eneas)

1261 — Les Amours de Mars et de Vénus, d'après le Parmesan (B., 21).

Superbe épreuve, mais doublée.

1262 — Jupiter et Léda (B., 25). Deux épreuves, dont une avant l'adresse de Salamanca. — Un sacrificateur versant un liquide dans un brasier (B., 38), — Sujet d'une des histoires fabuleuses d'Albert d'Eyb (B., 46), etc. Cinq pièces d'après Perino del Vaga.

Belles épreuves.

1263 — Jupiter changé en cygne, jouissant de Léda, d'après Michel-Ange (B., 26).

Très belle épreuve. Rare.

1264 — Le Dieu Mars jouissant des embrassements de Vénus, d'après le Parmesan (B., 27).

Superbe épreuve du 1er état, doublée et rognée sur la droite.

1265 — La même estampe.

Épreuve du 2e état, le groupe représentant Mars et Vénus changé.

1266 — Les Lapithes combattant contre les centaures qui veulent enlever Hippodamie, d'après Rosso (B., 30).

Très belle épreuve.

1267 — Vulcain et ses cyclopes forgeant des flèches pour les Amours, d'après le Primatice (B., 31).

Belle épreuve.

1268 — Une vieille femme debout, filant au fuseau, dans une chambre, d'après le Parmesan (B., 39).

Superbe épreuve.

1269 — Une femme debout, tendant la main droite à un hibou, d'après le Parmesan (B., 45).

Très belle épreuve.

1270 — L'Académie de Baccio Bandinelli (B., 49).

Très belle épreuve.

VIGNON (Claude)

1271 — Les Miracles de N.-S. Jésus-Christ (R. D. 5-15). Suite de treize pièces du premier Etat. — Le Martyre de saint Laurent (R. D. 21). Quatorze pièces.

Belles épreuves.

VINCI (L. DE), LUINI, FERRARI, etc.

1272 — Sujets religieux, portraits, sujets historiques, etc.,
gravés par différents graveurs anciens et modernes, fac-
similés de dessins, etc. Trente-trois pièces.

Belles épreuves, plusieurs sont avant la lettre.

VINKENBOONS (David), d'après

1273 — Chasses. Suite de dix pièces avec titre en forme de
frises, gravées par J. Visscher et autres graveurs hollandais.

Belles épreuves.

1274 — Paysages. Trois pièces gravées par de Bruyn et
Londer.

Belles épreuves.

1275 — L'Hiver et l'Eté. Deux beaux paysages animés de figures gravées par Hondius.

Très belles épreuves.

1276 — Les Joueurs de cartes, — Vieillard caressant une
jeune fille, — Les Désordres de la guerre, etc. Cinq
pièces dont deux gravées par B. A. Bolswert.

Belles épreuves.

1277 — *Pour se marier on balance qui aura le plus d'opulence.*
Pièce curieuse pour les costumes.

Belle épreuve.

VISSCHER (C.)

1278 — Le Cocho volé (68). — Le Four (69). Deux pièces
d'après P. de Laer.

Belles épreuves avant la lettre. Marges.

VISSCHER (J. DE)

1279 — Le Tâtonneur, — Les Joueurs de tric-trac. Deux
pièces d'après Ostade.

Belles épreuves.

1280 — Noce de villageois, d'après Ostade.

Belle épreuve du 1er état, avant que la planche ait été divisée en deux.

VITALI (P.)

1281 — Vénus désarmant l'Amour, d'après Paul Veronèse.

Belle épreuve, avec marge.

VORSTERMAN (Lucas)

1282 — Le Christ mort sur les genoux de la Vierge, d'après Van Dyck.

Très belle épreuve avant les larmes, et le mot *regis* après *cum privilegio*.

1283 — Deux Pèlerins en adoration devant la Vierge, d'après Michel-Ange de Caravage.

Belle épreuve.

1284 — Le Satyre chez le paysan, d'après Jordaens.

Superbe épreuve.

VOUET (Simon), d'après

1285 — L'OEuvre du maître, composé de quatre-vingt-dix pièces gravées par Perrier, Dorigny, Tortebat, Mellan, Daret, Iode, M. Lasne, etc.

Belles épreuves.

WAEL (C. de) et VAN ORLEY

1286 — Tabagies, fêtes flamandes et autres sujets de genre, — Scènes de la vie de Jésus-Christ, etc. Quarante et une pièces gravées à l'eau-forte.

Belles épreuves.

WAILLANT (W.)

1287 — Jeune homme présentant une lettre à une dame, d'après Terburg, en manière noire.

Très belle épreuve.

WATERLOO (Ant.)

1288 — Paysages gravés à l'eau-forte. Quarante-trois pièces formant une partie de l'œuvre du maître.

Belles épreuves.

WAUMANS (C.)

1289 — La Vierge assise tenant l'Enfant Jésus sur ses genoux et bénissant le saint abbé Alexandre Scaglia, d'après Van Dyck.

Belle épreuve.

1290 — Mars, partant pour la guerre, prend congé de Vénus, d'après Van Dyck.

Très belle épreuve.

WILLE (J. G.)

1291 — Gazetière hollandaise, d'après Terburg.
Belle épreuve. Marge.

WITT (J. DE)

1292 — Etudes d'amours. Quatre pièces gravées à l'eau-forte.
Belles épreuves.

WOOLLETT (W.)

1293 — Diane et Actéon, d'après Ph. Lauri.
Belle épreuve, avec marges.

WOUWERMANS (d'après PH.)

1294 — Une partie de l'œuvre gravé du maître. Quarante et une
pièces gravées par Moyreau, Le Bas, Couché, Lempereur, etc.
Très belles épreuves.

1295 — Haltes de Cavaliers. Six pièces gravées par J. Visscher.
Belles épreuves.

WYNGAERDE (F. VAN DEN)

1296 — Le Christ mort couché sur une draperie, entre la
sainte Vierge et une sainte femme; à ses pieds, deux anges à genoux, d'après Van Dyck.
Tès belle épreuve.

1297 — Achille à la cour de Lycomède, d'après Van Dyck.
Très belle épreuve.

ZAGEL (MARTIN)

1298 — Le Grand Bal (B., 13).
Belle épreuve.

1299 — L'Embrassement (B., 15).
Belle épreuve.

PORTRAITS.

AMMAN (Jost)

1300 — *Coligny* (Gasp. de), amiral de France (B., 17).
Belle épreuve. Marge.

ANSELIN (J. L.)

1301 — *Pompadour* (la Marquise de), en jardinière, d'après
C. Vanloo.
Superbe épreuve avant la lettre.

ARDELL (J. M.)

1302 — *Buckingham* (les fils du duc de), représentés en pied
sur une même planche, d'après Van Dyck, in-fol.
Très belle épreuve avant la lettre.

1303 — *Lady Grammont*, d'après P. Lely, in-fol.
Très belle épreuve.

1304 — Lady Middleton, d'après P. Lely, in-fol.
Superbe épreuve avant toutes lettres.

1305 — *Southampton* (Rachel, comtesse de), d'après Van
Dyck, in-fol.
Très belle épreuve. Marge.

1306 — *Stuart* (lord John et lord Bernard), d'après Van
Dyck, in-fol. en pied, sur une même estampe.
Très belle épreuve.

AUDRAN (J.)

1307 — *Secousse* (Robert), d'après H. Rigaud, in-fol.
Très belle épreuve.

AVRIL

1308 — *Le Brun* (Mme), tenant sa fille sur ses genoux, d'après elle-même, in-fol.

Belle épreuve.

BARON (B.)

1309 — *Carnarvon* (Robert, comte de), d'après Van Dyck, in-fol.

Très belle épreuve avant la lettre, non terminé.

1310 — Charles Ier et sa famille, d'après Van Dyck, gr. in-fol.

Belle épreuve.

1311 — Charles Ier, roi d'Angleterre, à cheval, accompagné du duc d'Épernon. in-fol.

Très belle épreuve.

1312 — *Pembroke* (Philippe, comte de) et sa famille, — *Nassau* (Jean, comte de) et sa famille. Deux pièces, grand in-fol. d'après Van Dyck.

Très belles épreuves.

BEAUVARLET (J. F.)

1313 — *Béthune* (les fils du duc de), d'après Drouais.

Très belle épreuve. Marge.

BERGER (B.)

1314 — *Sabran* (Madame la marquise de), d'après Mme Le Brun. in-fol.

Très belle épreuve.

BERNARD (F.)

1315 — *Charles Louis*, comte Palatin du Rhin, d'après Van Dyck. In-fol.

Belle épreuve.

BERNARD (S.)

1316 — *Du Guernier* (Louis), peintre, (R. D., 1),

Très belle épreuve.

BLACKMORE (T.)

1317 — Portrait d'homme, avec moustaches, à mi-corps, la main gauche gantée, d'après Van Dyck. In-fol. en manière noire.

Très belle épreuve avant la lettre. Marge.

BLEECK (P. VAN)

1318 — *Quesnoy* (F.), sculpteur, d'après Van Dyck. In-fol. en manière noire.

Très belle épreuve avant toutes lettres.

BLOTELINGH (A.)

1319 — *Kortenaer* (Egbert Meesz), Amiral de Hollande.

Belle épreuve, l'inscription du bas en partie coupée.

1320 — *Mountague* (Lord Edward), d'après P. Lely, in-fol.

Belle épreuve.

1321 — *Tromp* (Cornelis,) amiral de Hollande, d'après P. Lely. In-fol.

Belle épreuve.

BOYDELL (J.)

1322 — *Wenman* (Jane), d'après Van Dyck. In-fol. en manière noire.

Belle épreuve.

BRUGGEN (J. VAN DER)

1323 — *Van Dyck* (Antoine), — *Richemont* (Mᵐᵉ la duchesse de), Deux portraits in-fol., d'après Van Dyck.

Très belles épreuves.

CARMONTELLE (L. C. DE), d'après

1324 — *Chauvelin* (Henri-Philippe), abbé de Montier-Ramey, conseiller au Parlement de Paris, par Delafosse. In-fol.

Belle épreuve.

1325 — *Chevreuse* (Mgr. le duc de), — *Dunois* (M. le comte de). Deux portraits in-fol., gravés par Saint-Aubin et Fessard.

Belles épreuves.

CARMONTELLE (L. C. DE), d'après

1326 — *Franklin* (Benjamin,) par F. Née in-fol.

> Belle épreuve.

1327 — *Hérault* (Madame), et Madame de *Séchelles*, sa bru, représentées sur une même feuille, par Delafosse. In-fol.

> Très belle épreuve.

1328 — *Neuville* (l'abbé de), et M. *Gilard*, représentés sur une même planche, In-fol.

> Belle épreuve.

1329 — *Xaupi*, (l'abbé) docteur en théologie, archidiacre de Perpignan. In-fol.

> Belle épreuve.

CARS (L.)

1330 — *Auguier* (Michel), sculpteur du roi, d'après Revel. In-fol.

> Belle épreuve.

1331 — *Bourdon* (Sébastien), peintre, d'après H. Rigaud. In-fol.

> Très belle épreuve avant toute lettre.

1332 — *Rohan* (Armand-Gaston, cardinal, prince de), d'après Rigaud. In-fol.

> Très belle épreuve.

CATHELIN (L. J.)

1333 — *Monmartel* (Messire Jean Paris de). In-fol. on pied, d'après de La Tour et Cochin.

> Très belle épreuve.

1334 — *Provence* (Marie-Jeanne-Louise de Savoye, comtesse de), — *Artois* (Marie-Thérèse de Savoye, comtesse d'), Deux portraits in-fol. d'après Drouais.

> Belles épreuves.

CHEREAU (F.)

1335 — *Detleu von Dehn* (Conrad), homme d'état allemand, d'après Rigaud. in-fol.

> Très belle épreuve avant la croix du chevalier et avant les mots : *che-valier*, etc.

CHEREAU (F.)

1336 — *Detleu von Dehn* (Conrad), homme d'État allemand, — *Polignac* (Melchior de), cardinal. Deux portraits in-fol. d'après Rigaud.

Très belles épreuves.

1337 — *Fleury* (André Hercules) cardinal, d'après Rigaud, in-fol.

Très belle épreuve.

1338 — Geoffroy (M. fr.), d'après N. de Largillière. In-fol.

Belle épreuve.

1339 — *Gondrin* (Louis-Antoine de Pardaillon de), duc d'Antin d'après Rigaud In-fol.

Belle épreuve.

1340 — *Largillière* (Nic de), d'après lui-même. In-fol.

Très belle épreuve.

1341 — Le même portrait.

Belle épreuve.

1342 — *Launay* (Nicolas de), directeur de la Monnaie, d'après Rigaud. In-fol.

Très belle épreuve.

1343 *Picon* (J. B. L.) seigneur d'Andrezil d'après Rigaud. In-fol.

Belle épreuve du 1er état, avant le titre d'ambassadeur près la cour ottomane.

1344 — *Pernot* (l'abbé Andoche,) d'après H. Rigaud. In-fol.

Très belle et rare épreuve avant toutes lettres.

1345 — *Polignac* (Melchior de), cardinal, d'après H. Rigaud. In-fol.

Très belle épreuve.

CHEREAU (J.)

1346 — *Prie* (Agnès-Berthelot de Pléneuf, marquise de), maitresse de Louis-Henri, duc de Bourbon, d'après C. Vanloo. In-fol.

Très belle épreuve. Marge.

CHEREAU (J.)

1347 — *Sabran* (Louise-Charlotte de Foix-Rabat, Marquise de), maîtresse du Régent, d'après C. Vanloo.

Très belle épreuve du 1er état, avec huit vers dans la marge du bas.

CHEREAU, MULLER, TARDIEU et SURUGUE

1348 — *Galoche* (Louis), — *Pecour* (Louis), — *Lorrain* (Robert le), *Frémin* (René), — *Robert* (Hubert), etc. Sept portraits in-fol. d'après Tocqué, Tournière, Nonnotte, de Troy, de La Tour. etc.

Belles épreuves.

COOPER (R.)

1349 Les Enfants de Charles Ier, d'après Van Dyck, représentés sur une même planche.

Très belle épreuve.

CORBUTT (Ch.)

1350 — Portrait de femme en buste, gravé à la manière noire d'après Titien. In-fol.

Belle épreuve.

DALEN (C. van)

1351 *Arétin* (P.), — *Boccace* (J.), — *Piombo* (S. del), — *Barbarelli* (G.), dit le Giorgion. Quatre portraits, d'après le Titien. In-fol.

Très belles épreuves avant la lettre. Deux sont avec marges.

1352 — *Barbarelli* (G.), dit le Giorgion, d'après Titien, in-fol.

Très belle épreuve avec la lettre.

1353 *Borgia* (Lucrèce) (?), d'après D. Feti.

Belle épreuve avant la lettre.

1354 — *Delebœ Sylvius* (François). Médecin hollandais. In-fol.

Belle épreuve.

DAULLÉ (J.)

1355 — *Anastasie*, Landgravine de Hesse-Hombourg, née princesse Troubetzkoï, d'après Roslin. In-fol. en pied.

Très belle épreuve.

DAULLÉ (J.)

1356 — *Caylus* (Marguerite de Valois, comtesse de), d'après
H. Rigaud. In-fol.

Très belle épreuve.

1357 — *Favart* (Mme), actrice, d'après C. Vonloo. In-fol.

Belle épreuve avant la mention : *Portrait en pied de Mme Favart.*

1358 *Gauffecourt* (Capperonnier de), — *Lemercier* (P. Aug.),
imprimeur de la ville de Paris. Deux portraits in-fol.
d'après Nonnotte et Vonloo.

Belles épreuves.

1359 *Gendron* (Claude Deshayes.), Oculiste, d'après Rigaud.
In-fol.

Très belle épreuve.

1360 — *Maupertuis* (P. L. Moreau de), Géomètre, d'après
N. de Largillière in-fol.

Très belle épreuve.

1361 — *Mignard* (Catherine), comtesse de Feuquière, d'après
Mignard. In-fol.

Très belle épreuve.

1362 — *Narbonne-Pelet* (Marie-Diane-Antoinette de Rosset de
Fleury, vicomtesse de), d'après Chevalier. In-fol.

Très belle et rare épreuve, avant les armes.

1363 — *Pellissier* (Mlle), actrice, d'après H. Drouais. In-fol.

Très belle épreuve d'un état non décrit, avec l'adresse : *chez Jacob...*
Marge.

1364 — *Rigaud* (Hyacinthe), peignant le portrait de sa femme,
d'après lui-même. In-fol.

Superbe épreuve, avant les mots : *gravé par J. Daullé pour sa récep-
tion à l'Académie, en 1742.* Marges. Très rare.

1365 — *Saint-Simon* (Claude de), évêque de Metz, d'après
Rigaud. In-fol.

Très belle épreuve, d'un état non décrit, avec ces mots tracés à la
pointe au-dessous du titre : *S. R. J. Prenceps.* Ce portrait est dû à la
collaboration de Wille et Daullé.

DELFF (W.)

1366 — *Bavière* (Frédéric-Henri, comte palatin du Rhin, duc de), d'après Mierevelt (F.,12).

Superbe épreuve.

1367 — *Berghe* (Henri, comte de), d'après Mierevelt.

Très belle épreuve.

1368 — *Christian*, duc de Brunswick, d'après Mierevelt (F., 14).

Belle épreuve.

1369 — *Brunswick* (Sophie-Hedwige, duchesse de), d'après Mierevelt *(F., 15).*

Très belle épreuve.

1370 — *Coligny* (Louise de), épouse de Guillaume le Taciturne, d'après Mierevelt (F., 20).

Très belle épreuve.

1371 — *Coligny* (Gasp. de), comte de Châtillon, maréchal de France, d'après Mierevelt (F., 21).

Très belle épreuve.

1372 — *Culenborch* (Florentin, comte de). — Guillaume, prince d'*Orange*, comte de Nassau. Deux portraits in-fol., d'après Mierevelt.

Belles épreuves.

1373 — *Culenborch* (Catherine, comtesse de), d'après Mierevelt.

Très belle épreuve.

1374 — *Nassau* (Guillaume, comte de), Général, d'après Mierevelt (F., 49).

Belle épreuve.

1375 — *Nassau* (Jean-Maurice, comte de), général, d'après Mierevelt (F., 52).

Très belle épreuve.

1376 — *Orange* (Philippe-Guillaume, prince d'), d'après Mierevelt (F., 65).

Très belle épreuve.

1377 — *Orange* (Amélie, princesse d'), comtesse de Nassau, d'après Mierevelt.

Superbe épreuve.

DELFF (W.)

1378   *Wolfgang* (Guillaume), comte palatin du Rhin, duc de Bavière, d'après Mierevelt.

Très belle épreuve.

DESPLACES (L.)

1379 — *Duclos* (Mlle), d'après N. de Largillière. In-fol.

Très belle épreuve. Marge,

1380 — *Titon* (Marguerite Bécaille, veuve de Maximilien), d'après Largillière.

Très belle et rare épreuve avant toutes lettres et avant beaucoup de travaux.

1381 — Le même portrait.

Superbe épreuve avec la lettre, mais avant le mot religieuse dans le titre et avant la date de 1706. Marge.

1382 — Le même portrait.

Belle épreuve avec le mot religieuse et la date.

DIVERS

1383 — Portraits hollandais, gravés par Matham, Delff, Collin, Velde, Houbraken et J. Visscher. 17 pièces.

1384 — Portraits divers gravés par Landry, Roullet, Frosne, Vouillemont, Daullé, Lenfant, Kilian, etc. 10 portraits in-fol.

Belles épreuves.

DOSSIER (Michel)

1385 — *Neyret de la Ravoye* (Anne-Varice de Vallière, Mme), d'après H. Rigaud. In-fol.

Très belle épreuve, avec l'adresse de Drevet.

1386 — Le même portrait.

Très belle épreuve, avec l'adresse de Bligny.

DREVET (P.)

1387 — *Beauvau* (R. Fr. de), archevêque, duc de Narbonne, d'après H. Rigaud (D., 17).

Superbe épreuve.

DREVET (P.)

1388 — Le même portrait.

Très belle épreuve.

1389 — *Boileau-Despréaux* (Nicolas), d'après H. Rigaud
(D., 34).

Très belle épreuve.

1390 — *Cotte* (Robert de), architecte, d'après H. Rigaud
(D., 34).

Très belle épreuve, avant le mot : *Architecte.*

1391 — *Dangeau* (Philippe, marquis de), d'après H. Rigaud
(D., 36).

Superbe épreuve avant toute lettre, mais avec les armes.

1392 — Le même portrait.

Très belle épreuve.

1393 — *Desjardins* (Mme), épouse du sculpteur, d'après H. Rigaud (D., 38).

Très belle épreuve. Marge.

1394 — *Dodun* (Ch. G.), marquis d'Herbault, d'après Rigaud
(D., 39).

Très belle épreuve.

1395 — *Philippe V*, roi d'Espagne, d'après Rigaud (D., 41).

Très belle épreuve.

1396 — *Finé de Brianville* (l'abbé Oronce), d'après H. Rigaud
(D., 47).

Très belle épreuve.

1397 — *Fleury* (le cardinal de), d'après H. Rigaud (D., 48).

Très belle et rare épreuve du 2e état, avant la date de 1730 (le 1er état
est avant la lettre).

1398 — Le même portrait.

Très belle épreuve avec la date.

1399 — *Forest* (Jean), peintre, d'après N. de Largillière (D., 49).

Superbe épreuve avant toutes lettres.

1400 — *Fourcy* (l'abbé Balth. H. de), d'après Rigaud (D., 50).

Très belle épreuve. Marge.

DREVET (P.)

1401 — *Louis XIV*, roi de France, en pied, debout sur le trône, d'après H. Rigaud (D., 55).

Superbe et rare épreuve [du 2e état, avant les contre-tailles sur la colonne.

1402 — *Bourgogne* (Louis de France, duc de), d'après Rigaud (D., 57).

Très belle épreuve du 2e état, avant le nom du personnage autour de l'ovale.

1403 — *Louis XV*, en pied, en costume royal, assis sur le trône, d'après H. Rigaud (D., 58).

Très belle épreuve.

1404 — *Louis XV*, à mi-corps, d'après H. Rigaud (D., 59).

Belle épreuve.

1405 — *Toulouse* (Louis-Alexandre de Bourbon, comte de), d'après Rigaud (D., 64).

Superbe épreuve du 1rr état, avec deux ancres. Marge.

1406 — Le même Prince, d'après H. Rigaud) (D., 65).

Très belle épreuve.

1407 — *Lambert de Thorigny* (Nicolas), [d'après N. de Largillière (D., 80).

Très belle épreuve.

1408 — *Lambert* (Marie de Laubespine, Mme), d'après Largillière (D., 81).

Superbe épreuve du 2e état, avant que l'adresse ait été effacée.

1409 — *Lamet* (l'abbé Léonard de), d'après H. Rigaud (D., 82).

Très belle épreuve. Marge.

1410 — *Mitantier* (J. M.), greffier de l'Hôtel de Ville, d'après N. de Largillière (D., 95).

Très belle et rare épreuve du second état, avec la première adresse.

1411 *Motteville* (Mme Hélène de), d'après N. de Largillière (D., 98).

Très belle épreuve. Marge.

1412 — *Noailles* (Adr. Maur., maréchal, duc de), d'après F. de Troy (D., 102).

Très belle épreuve.

DREVET (P.)

1413 — *Portail* (Antoine), premier président au Parlement de Paris, d'après R. Tournières (D., 108).

Très belle épreuve du second état. Rare.

1414 — *Rigaud* (Maria-Serre, Mme), d'après H. Rigaud (D., 110).

Très belle épreuve.

1415 — *Rigaud* (Hyacinthe), d'après lui-même, avec la palette (D., 111).

Superbe épreuve du 1er état, avant toutes lettres, avant les armes et l'achèvement de la bordure. Très rare.

1416 — Le même portrait.

Très belle épreuve du 2e état, avec la première inscription et la date de 1700.

1417 — Le même portrait.

Très belle épreuve avec la seconde inscription, la faute corrigée et la date de 1703. Marge.

1418 — Le même personnage, d'après lui-même, avec le porte-crayon (D., 112).

Très belle épreuve du 3e état, avant la lettre, mais avec les noms des artistes.

1419 — Le même portrait.

Très belle épreuve du 4e état, avec la première inscription, mais avant le prolongement du manteau et la date de 1721.

1420 — *Rohan* (Armand-Gaston, card., prince de), d'après Rigaud (D., 113).

Superbe épreuve avant la croix pastorale. Marge.

1421 — *Marie d'Orléans*, appelée Demoiselle de Longueville, dernière de sa branche, épouse d'Henri II, de Savoie, dernier duc de Nemours, d'après Rigaud (D., 115).

Superbe épreuve avec marge.

1422 — Le même portrait.

Belle épreuve.

1423 — *Titon* (Maximilien), conseiller du roi, d'après H. Rigaud (D., 119).

Très belle épreuve du 2e état.

DREVET (P.)

1424 — *Villars* (Claude-Louis-Hector, maréchal, duc de),
d'après Rigaud (D., 123).

Superbe et première épreuve, avec l'inscription en neuf lignes.

1425 — Le même portrait.

Très belle épreuve du 4e état, avec six lignes de titre.

DREVET P. J.)

1426 — *Bernard* (Samuel), fameux financier, d'après H. Rigaud (D., 11).

Très belle épreuve du 2e état, avant les mots : *Conseiller d'Etat.*

1427 — *Bossuet* (Jacques-Bénigne), d'après H. Rigaud (D., 12).

Superbe épreuve avant les points, après le mot *pinxit.*

1428 — *Couvay* (P.-N.), secrétaire du roi, d'après R. Tournières (D., 14).

Très belle épreuve du 2e état, avec les noms des artistes.

1429 — *Dubois* (Guillaume, cardinal), d'après H. Rigaud (D., 15).

Très belle épreuve.

1430 — *Pucelle* (René), magistrat, d'après H. Rigaud (D., 29).

Très belle épreuve.

DREVET (Claude)

1431 — *Le Bret* (Madame), d'après H. Rigaud. (D., 9).

Très belle épreuve.

1432 — *Milon* (A.), évêque, comte de Valence, d'après H. Rigaud (D., 11).

Belle épreuve.

1433 — *Oswald* (Henri), cardinal d'Auvergne, d'après H. Rigaud (D., 12).

Très belle épreuve.

1434 — *Vintimille* (Ch.-G.-G. de), archevêque de Paris,
d'après H. Rigaud (D., 14).

Très belle épreuve.

DREVET (Claude)

1435 — Le même portrait.

Très belle épreuve.

1436 — *Zinzendorf* (Philippe-Louis, comte de), homme d'état allemand, d'après H, Rigaud (D., 15).

Très belle épreuve du 3e état, premier des épreuves avec la lettre, avec la faute au mot *Parisiis.*

DUNKARTON (R.)

1437 — *Wharton* (Lady Philadelphia), d'après **Van Dyck,** in-fol. en manière noire).

Très belle épreuve, avec marge.

DUPUIS (Ch.)

1438 — *Coustou* (Nicolas), sculpteur, d'après Legros, in-fol.

Très belle édreuve avant toute lettre.

DUPUIS (N.)

1439 — *Betzkoy* (Jean de), lieutenant général des armées russes, d'après Roslin, in-fol. en pied.

Belle épreuve.

DYCK (Antoine van)

1440 — *Breughel* (Jean), dit de Velours (Wibiral. I).

Superbe épreuve du 2e état, avant la lettre, une partie du fond couverte de travaux, signée au verso : *P. Mariette,* 1672. Collection Arozarena.

1441 — Le même portrait.

Très belle épreuve du 4e état, avec l'adresse de G. H.

1441 *bis* — *Breughel* (Pierre). (W. 2.)

Très belle épreuve du 4e état, avec l'adresse de G. H.

1442 — *Cornelissen* (Antoine). (W. 3.)

Superbe épreuve du 2e état, la planche terminée par L. Vorsterman, avant le nom du graveur.

1443 — *Erasme* (Didier) (W. 5.)

Belle épreuve, tirée sur papier à la folie. Collection Dreux.

1444 — *Franck* ou *Francken* (François). (W. 6.)

Belle épreuve du 2e état, avant la lettre, avant le trait d'encadrement, avec le fond gravé au burin.

DYGK (Antoine van)

1445 — Le même portrait.

Très belle épreuve du 4ᵉ état, avec l'adresse de G. H. et le nom du personnage écrit *Uranx*.

1446 — *Momper* (Josse de) (W . 7).

Superbe épreuve du 1ᵉʳ état, avant toutes lettres, avant le trait carré qui entoure la gravure. Collection Arozarena.

1447 — Van *Oort* ou *Noort* (Adam). (W. 8.)

Superbe épreuve du 3ᵉ état. avant la lettre, mais avec le fond gravé au burin. Collection Arozarena.

1448 — Le même portrait.

Belle épreuve sur papier à la folie.

1449 — *Pontius* ou *Du Pont* (Paul). (W. 9.)

Superbe et très rare épreuve du 2ᵉ état, avant la lettre et avec le fond couvert d'une taille de lignes horizontales... On ne connaît que trois épreuves du 1ᵉʳ état, avant le fond. Collection Arozarena.

1450 — Le même portrait.

Belle épreuve du 6ᵉ état.

1451 — *Snellinx* (Jean). (W. 10.)

Superbe épreuve du 1ᵉʳ état, avant la lettre et avant le trait carré qui entoure la gravure. Marge. Collection Dreux.

1452 — *Snyders* (François). (W. 11.)

Très rare épreuve du 1ᵉʳ état, à l'eau-forte pure, avant la lettre.

1453 — Le même portrait.

Très belle épreuve du 3ᵉ état, la planche terminée par J. Neeffs, avec l'adresse de G. H. Collection Dreux.

1454 — *Suttermans* (Juste). (W. 12.)

Très belle épreuve du 3ᵉ état, avec l'adresse de G. H. et avec le nom du personnage écrit *Judocus Citermans*. Signé au verso : *P. Mariette*, 1669.

1455 — *Triest* (D.-Antoine), terminé au burin, par P. de Iode. (W. 13.)

Belle épreuve du 2ᵉ état, avant le nom du graveur et avant que le mot *Topairha* ait été changé en *Toparcha*.

1456 — *Vorsterman* (Lucas). (W. 14.)

Très belle épreuve avec l'adresse de G. H. Marge.

DYCK (Antoine van)

1457 — *Vos* (Paul de). (W. 16.)

Très belle épreuve du 3e état, avec l'adresse de *J. Meyssens.*

1458 — *Wael* (Jean de). (W. 17.)

Très belle épreuve, avec l'adresse de G. H.

1459 — *Waverius* ou *Van den Wouwer* (chevalier Jean), terminé au burin, par Pontius. (W. 18.)

Belle épreuve du 5e état, avec l'adresse de G. H. Marge.

1460 — Le Christ au roseau (W. P. 68. A.).

Très belle épreuve.

1461 — Le Titien et sa maîtresse (W. P., 69. B.).

Très belle épreuve, avec l'adresse de *Bon Enfant.*

1462 — *Le Roy* Philippe, baron). W. P. 69. C.)

Très rare épreuve avant la lettre, mais avec les angles couverts d'une taille horizontale et au-dessous une tablette destinée à l'inscription. 4e état selon M. Wibiral, 2e selon M. G. Duplessis. Elle est doublée.

DYCK (Antoine van), d'après

1463 — *Barbé* (Jean-Baptiste), par S.-A. Bolswert. (W. 20.)

Belle épreuve du 1er état, avant le nom du graveur.

1464 — *Marguerite de Lorraine*, femme de Gaston, duc d'Orléans, par S.-A. Bolswert. (W. 23.)

Très belle épreuve du 3e état, avec l'adresse de G. H.

1465 — *Pepyn* (Martin), par Bolswert. (W. 24.)

Belle épreuve du 1er état, avant le nom du graveur.

1466 — *Mirevelt* (Michel), par G.-J. Delff. (W. 26.).

Très belle épreuve du 1er état, avec le nom de Hondius comme graveur, et avec l'adresse de *Martin vanden Enden.*

1467 — Le même portrait.

Belle épreuve, avec marge.

1468 — *Wolfart* (Artus), par Corneille Galle le vieux. (W. 27.)

Belle épreuve du 2e état, avec le nom de Bolswert comme graveur.

1469 — *Franck* (François), par G. Hondius. (W. 28.)

Très belle épreuve du 1er état, avant le nom du graveur.

1470 — *Hondius* (Guillaume), par G. Hondius. (W. 29.)

Très belle épreuve du 2o état.

DYCK (Antoine van), d'après

1471 — *Coster* (Adam de), par P. de Iode le jeune (W., 31).

Belle épreuve du 2e état, avec la main droite terminée et avec l'adresse de *Martin vanden Enden*.

1472 — *Halmolius* (Paul), par P. de Iode (W., 32).

Très belle épreuve du 1er état, avant le nom du graveur.

1473 — *Jordaens* (Jacques), par P. de Iode (W., 33).

Belle épreuve du 1er état, avant le nom du graveur.

1474 — *Puteanus* (Erycius), par P. de Iode (W., 36).

Belle épreuve du 1er état, avant le nom du graveur. Marge.

1475 — Le même portrait.

Belle épreuve du 2e état, avec le nom du graveur.

1476 — *Nole* (André Colyns de), par P. de Iode (W., 34).

Belle épreuve.

1477 — *Tuldenus* (Diodorus), par P. de Iode (W., 38).

Très belle épreuve du 3e état, avec l'adresse de G. H. Marge.

1478 — *Urphé* (Geneviève d'), par P. de Iode (W., 39).

Belle épreuve du 2e état, avec l'adresse de *Martin vanden Enden*.

1479 — *Balen* (Henri van), par P. Pontius (W., 42).

Belle épreuve avec l'adresse de *Mart. vanden Enden*.

1480 — *Breuck* (Jacques de), par Pontius (W., 44).

Très belle épreuve du 1er état, avant le nom du graveur.

1481 — *Columna* (Carolus de), par P. Pontius (W., 45).

Très belle épreuve du 1er état. Rare.

1482 — *Crayer* (Gaspar de), par P. Pontius (W., 46).

Superbe épreuve du 1er état, avant le nom du graveur. Rare.

1483 — Le même portrait.

Très belle épreuve du 2e état, avec l'adresse de *Martin vanden Enden*.

1484 — *Frockas Perera et Pimentel* (Don Emmanuel), par P. Pontius (W., 47).

Très belle épreuve du 1er état, avec l'adresse de *Martin vanden Enden*.

1485 — *Geest* (Corneille Van der), par P. Pontius (W., 48).

Belle épreuve du 1er état, avant le nom du graveur.

DYCK (Antoine van), d'après

1486 — Le même portrait.

Belle épreuve du 4ᵉ état, avec l'adresse de G. H.

1487 — *Gevartius* (Gaspard), par P. Pontius (W., 49).

Très belle épreuve du 2ᵉ état, avec l'adresse de *Martin vanden Enden*.

1488 — *Gusman* (Don Diego Philippe de), par P. Pontius (W., 50).

Très belle épreuve du 1ᵉʳ état, avec l'adresse de *Martin vanden Enden*.

1489 — *Honthorst* (Gérard), par Pontius (W., 52).

Très belle épreuve du 1ᵉʳ état, avant le nom du graveur.

1490 — *Hugens* (Chevalier Constantin), par P. Pontius (W., 53).

Très belle épreuve du 1ᵉʳ état, avec l'adresse de *Martin vanden Enden*.

1491 — *Medicis* (Marie de), par P. Pontius (W., 54).

Belle épreuve du 3ᵉ état, avec l'adresse de G. H.

1492 — *Mytens* (Daniel), par Pontius (W., 56).

Très belle épreuve du 1ᵉʳ état, avant le nom du graveur.

1493 — *Palamedes* (Palamedesz Stewens), par Pontius (W., 58).

Belle épreuve du 1ᵉʳ état, avant le nom du graveur.

1494 — *Pontius* ou *Du Pont* (Paul), par P. Pontius (W., 59).

Très belle épreuve du 2ᵉ état, avec l'adresse de *Martin vanden Enden*.

1495 — *Rombouts* (Théodore), par Paul Pontius (W., 61).

Très belle épreuve du 1ᵉʳ état, avant le nom du graveur.

1496 — *Rubens* (Pierre-Paul), par P. Pontius (W., 62).

Belle épreuve du 4ᵉ état, avec l'adresse de G. H.

1497 — *Scaglia* (César Alexandre), par P. Pontius (W., 64).

Très belle épreuve du 2ᵉ état, avec l'adresse de *Martin vanden Enden* et le mot *Regens* à la fin du second vers.

1498 — Le même portrait.

Épreuve du 5ᵉ état, avec l'adresse de G. H.

1499 — *Stalbent* (Adrien van), par P. Pontius (W., 66).

Très belle épreuve du 1ᵉʳ état, avant le nom du graveur.

1500 — *Steenwyk* (Henri), par P. Pontius (W., 67).

Très belle épreuve du 1ᵉʳ état, avant le nom du graveur.

DYCK (Antoine van), d'après

1501 — *Vanloon* (Théodore), par P. Pontius (W., 68).
Très belle épreuve du 1er état, avant le nom du graveur.

1502 — Le même portrait.
Belle épreuve du 2e état, avec l'adresse de Martin vanden Enden.

1503 — *Vos* (Simon de), par P. Pontius (W., 69).
Superbe épreuve du 1er état, avant le nom du graveur.

1504 — Le même portrait.
Belle épreuve du 2e état, avec l'adresse de Martin vanden Enden.

1505 — *Wildens* (Jean), par P. Pontius (W., 70).
Belle épreuve du 2e état.

1506 — *Vœrst* (Robert van), par lui-même (W. 73).
Belle épreuve, avec l'adresse de Martin vanden Enden.

1507 — *Cachiopin* (Jacques de), par L. Vorsterman (W., 75).
Très belle épreuve du 1er état, avant le nom du graveur.

1508 — *Delmont* (Déodat), peintre d'histoire (W., 78), par L. Vorsterman.
Srperbe épreuve du 1er état, avant le nom du graveur.

1509 — *Dyck* (Antoine Van), par Lucas Vorsterman (W., 79).
Très belle épreuve du 2e état, avec l'adresse de Martin vanden Enden.

1510 — *Eynden* (Hubert van den), par L. Vorsterman (W., 80).
Belle épreuve du 1er état, avant le nom du graveur.

1511 — *Galle* (Théodore, par Vorsterman (W., 81).
Très belle épreuve du 1er état, avant le nom du graveur, plus une épreuve du 2e et une du 4e état. Trois pièces.

1512 — *Gentileschi* (Horace Lomi dit), par Vorsterman (W., 83).
Très belle épreuve du 1er état, avant le nom du graveur.

1513 — *Iode* (Pierre de, dit le Vieux), par Lucas Vorsterman (W., 84).
Très belle épreuve du 1er état, avant le nom du graveur.

1514 — *Mallery* (Charles de), par L. Vorsterman (W., 86).
Superbe épreuve du 1er état, avant le nom du graveur, signée au verso. P. Mariette, 1642.

1515 — *Mildert* (Jean van), par L. Vorsterman (W., 87).
Superbe épreuve du 1er état, avant le nom du graveur.

DYCK (Antoine van), d'après

1516 — *Momper* (Josse de), par Lucas Vorsterman (W., 88).
Superbe épreuve du 1er état, avant le nom du graveur.

1517 — *Peirese* (Nicolas Fabrice de), par Vorsterman (W., 89).
Très belle épreuve du 1er état, avant le nom du graveur.

1518 — *Uden* (Lucas van), par L. Vorsterman (W., 94).
Belle épreuve avec l'adresse de G. H.

1519 — *Vos* (Corneille de), par L. Vorsterman (W., 95).
Très belle épreuve du 1er état, avant le nom du graveur.

1520 — *Bosschaert* (Thomas Willeborts), par un graveur anonyme (W., 96).
Belle épreuve du 1er état, avec l'adresse de Martin vanden Enden.
Marge.

1521 — *Howard* (Lady Catherine), duchesse de Lenox, par A. de Iode (W., 97).
Belle épreuve.

1522 — Le même portrait.
Bonne épreuve.

1523 — *Ruthven* (Lady Mary), par S. A. Bolswert (W., 101).
Belle épreuve.

1524 — *Blois* (Jeanne de), par P. de Iode (W., 103).
Belle épreuve.

1525 — *Iode* (Pierre de), le jeune, par lui-même (W., 104).
Belle épreuve.

1526 — *Rychaert* (Martin), par Jacques Neefs. (W. 113.)
Belle épreuve du 1er état, avec l'adresse de G. H. Marge.

1527 — *Rockox* (Nicolas), par Pontius. (W. 115.)
Très belle épreuve du 7e état, avec l'adresse de G. H.

1528 — *Moncada* (François de), par L. Vorsterman. (W. 117.)
Superbe épreuve du 1er état, avant l'adresse de G. H. et avant les
mots : *Cum privilegio* à la fin du nom de Vorsterman.

1529 — *Wolfgang* (Guillaume), comte Palatin du Rhin, par L. Vorsterman. (W. 118.)
Belle épreuve.

DYCK (Antoine van), d'après

1530 — *Charles Ier*, roi d'Angleterre, par J. Meyssens. (W. 119.)

Très belle épreuve du 1er état, avec l'adresse de J. Meyssens.

1531 — *Bourbon* (Antoine de), comte de Moret, par P. de Bailliu. (W. 120.)

Très belle épreuve du 1er état, avec l'adresse de J. Meyssens.

1532 — *Carlisle* (Lucy Percy, comtesse de), par B. de Bailliu. (W. 121.)

Très belle épreuve du 1er état, avec l'adresse de J. Meyssens. Marge.

1533 — *Urfé* (Honoré d'), par P. de Bailliu. (W. 122.)

Très belle épreuve du 1er état, avec l'adresse de J. Meyssens.

1534 — *Henriette de Lorraine*, princesse de Phalsbourg, par C. Galle. (W. 124.)

Belle épreuve du 1er état, avec l'adresse de J. Meyssens.

1535 — *Marie d'Autriche*, impératrice, par C. Galle. (W. 125.)

Belle épreuve du 1er état, avec l'adresse de Meyssens.

1536 — *Taié* (Engelbert), par C. Galle. (W. 128.)

Très belle épreuve du 1er état, avec l'adresse de J. Meyssens.

1537 — *Arundel* (Thomas Howard, comte d'), par Hollar. (W. 129.)

Belle épreuve du 1er état, avec l'adresse de J. Meyssens.

1538 — *Arundel* (Alathea, comtesse d'), par W. Hollar W. 130.).

Très belle épreuve du 1er état, avec l'adresse de J. Meyssens.

1539 — *Charles II*, roi d'Angleterre, par W. Hollar. W. 131.)

Très belle épreuve du 3e état, avec l'adresse de J. Meyssens.

1540 — *Elisabeth Villiers*, duchesse de Richmond et Lenox, par W. Hollar. (W. 132.)

Très belle épreuve du 1er état, avec l'adresse de J. Meyssens.

1541 — *Malderus* (Joannes van), par W. Hollar. (W. 133.)

Très belle épreuve du 1er état, avec l'adresse de J. Meyssens.

DYCK (Antoine van), d'après

1542 — *Portland* (Hieronymus Weston, comte de), par W. Hollar. (W. 134.)

Très belle épreuve du 1er état, avec l'adresse de J. Meyssens.

1543 — *Portland* (Maria, recte frances Stuart, comtesse de), par W. Hollar. (W. 135.)

Très belle épreuve du 1er état, avec l'adresse de J. Meyssens.

1544 — *Wael* (Lucas et Corneille de), par W. Hollar. (W., 136.)

Belle épreuve du 1er état, avec l'adresse de J. Meyssens.

1545 — *Cusance* (Beatrix de), par P. de Iode. (W. 137.).

Belle épreuve du 1er état, avec l'adresse de Meyssens.

1546 — *Montfort* (Jean de), par P. de Iode. (W. 139.)

Belle épreuve du 1er état, avec l'adresse de J. Meyssens.

1547 — *Ee* (François van der), par J. Meyssens. (W. 141).

Belle épreuve du 3e état, avec l'adresse de J. Meyssens.

1548 — *Henriette-Marie*, Reine d'Angleterre, par J. Meyssens. (W. 142.)

Très belle épreuve du 2e état, avec le nom et l'adresse de J. Meyssens.

1549 — *Ruten* (Marie), femme de Van Dyck, par J. Meyssens. (W. 143.)

Très belle épreuve du 1er état.

1550 — *Ernestina*, princesse de Ligne, comtesse de Nassau par M. Natalis. (W. 144.)

Très belle épreuve du 1er état, avec l'adresse de J. Meyssens.

1551 — *Barlemont* (Marie-Marguerite de), par Jacques Neeffs. (W. 145.)

Très belle épreuve du 1er état, avec l'adresse de J. Meyssens.

1552 — *Arenberg* (Marie, comtesse d'), par P. Pontius. (W. 146.)

Belle épreuve du 1er état, avec l'adresse de J. Meyssens.

1553 — *Croy* (Marie-Claire de), duchesse de Havré, par C. Waumans. (W. 149.)

Très belle épreuve du 1er état, avec l'adresse de Meyssens.

DYCK (Antoine van), d'après

1554 — *Mirabella* (Marquis de), par C. Waumans. (W. 150.)

Très belle épreuve du 1er état, avec l'adresse de J. Meyssens.

1555 — *Orange* (Frédéric-Henri, prince d'), par Waumans. (W. 151.)

Belle épreuve du 1er état, avec l'adresse de J. Meyssens.

1556 — *Orange* (Amélie de Solms, princesse d'). par C. Waumans. (W. 152.)

Très belle épreuve du 1er état, avec l'adresse de Meyssens.

1557 — *Opstal* (Antoine Van), par un graveur anonyme. (W. 153.)

Belle épreuve du 2e état, avant l'adresse de J. de Man.

1558 — *Symen* (Peter), par un anonyme. (W. 154.)

Très rare épreuve, non décrite, avant la lettre et avant l'adresse de *Jacobus de Man*.

1559 — Le même portrait.

Très belle épreuve du 1er état décrit, avant la lettre, avec l'adresse de *Jacobus de Man*.

1560 — *Mirabelle* (Marquis de), par A. Blotelingh. (W. 155.)

Belle épreuve du 1er état, avant l'adresse du graveur.

1561 — *Rogiers* (Théodore), par Pierre Clouet. (W. 156.)

Très belle épreuve du 1er état, avant l'adresse.

1562 — *Charles-Louis*, comte palatin du Rhin, par W. Hollar. (W. 157.)

Belle épreuve.

1563 — *Faille* (Jean-Charles de la), par A. Lommelin. (W. 158.)

Belle épreuve du 2e état, avant l'adresse de J. de Man.

1564 — *Gerbier* (Balthazar), par P. Pontius. (W. 160.)

Belle épreuve du 3e état.

1565 — *Savoye* (François-Thomas de), prince de Carignan, par P. Pontius. (W. 163.)

Très belle épreuve du 2e état, avec l'adresse de Gillis Hendricx.

DYCK (Antoine van), d'après

1566 — *Rockox* (Nicolas), par L. Vorsterman. (W. 165.)

> Très belle épreuve du 1er état, avant la lettre et avant les noms de Platon et de Sénèque sur la tranche des deux volumes qui se trouvent placés avec deux bustes sur une table à gauche et avant les médailles sur la même table.

1567 — *Vorsterman* (Lucas, dit le Vieux), par L. Vorsterman le jeune. (W. 166.)

> Belle épreuve du 1er état.

1568 — *Lamen* (Jean-Christophe van der), par Clouët. (W. 169.)

> Très belle épreuve.

1569 — *Wake* (Anna), par P. Clouwet. (W. 171.)

> Très rare épreuve, d'un 1er état, non décrit, avant toutes lettres. Marges. Rare.

1570 — *Liberti* (Henri), par P. de Iode. (W. 172.)

> Belle épreuve.

1571 — *Marcquis* (Guillaume), médecin d'Anvers, par P. de Iode. (W. 173.)

> Très belle épreuve. Marge.

1572 — *Simons* (Quintin), par P. de Iode. (W. 174.)

> Belle épreuve.

1573 — *Bisthoven* (Jean-Baptiste de), par A. Lommelin. (W. 176.)

> Belle épreuve.

1574 — *Marselaer* (Frédéric de), par A. Lommelin. (W. 179.)

> Très belle épreuve.

1575 — *Leblon* (Michel), agent de Suède en Angleterre, par Matham. (W. 183.)

> Très belle épreuve.

1576 — *Chrétien*, Evêque postulé d'Halberstadt, par R. Van Voerst. (W. 186.)

> Très belle épreuve avant la lettre.

1577 — *Arundel* (Thomas Howard, comte d'), par L. Vorsterman. (W. 189.)

> Très belle épreuve du second état.

DYCK (Antoine van), d'après

1578 — Le même portrait.

Belle épreuve du même état.

1579 — Du Booys (H.), — Sieveri (Hélène-Léonora de). Deux portraits gravés par C. Vischer.

Belles épreuves.

1580 — Hondius (G.), — Cœberger (W.), — Stevens (P.), — Stalbent (A.), — Sachtleven (C.), — Le comte de Berghe, etc. Six portraits gravés par Hondius, Vorsterman, Pontius et Demarcenay.

Belles épreuves.

1581 — Portraits d'après Van Dyck, gravés par Doo, Clouvet, Prenner, Rasp, Houbraken, Heath, Smith, Tardieu, etc. Seize pièces.

EARLOM (Richard)

1581 *bis.* — *Arenberg* (le duc d'), portrait équestre, d'après Van Dyck.

Très belle épreuve.

1582 — *Chaloner* (Sir Thomas), d'après Van Dyck, in-fol. en manière noire.

Très belle épreuve.

1583 — *Stuart* (J.), duc de Richmond, in-fol. en pied, d'après Van Dyck.

Très belle épreuve, avant la lettre.

1584 — *Stuart* (James), Duc de Richmond, d'après Van Dyck, in-fol. en pied.

Très belle épreuve. Marges.

EDELINCK (G.)

1585 — *Arnaud d'Andilly*, conseiller d'état, d'après Champaigne. (R. D., 112.)

Belle épreuve.

1586 — *Arnauld* (Ant.), Théologien, d'après J.-B. Champagne. (R. D., 140.)

Bonne épreuve.

EDELINCK (G.)

1587 — *Bertin* (Pierre-V.). d'après N. de Largillière. R. D., 149.)

Belle épreuve.

1588 — *Desjardins* (Martin Vanden Bogaert, connu en France, sous le nom de), sculpteur, d'après Rigaud. (R. D., 182.)

Superbe épreuve avant l'adresse.

1589 — D'Hozier (Charles), généalogiste du roi, d'après H. Rigaud. (R. D., 184.)

Belle épreuve.

1590 — *Fléchier* (Esprit), de l'Académie française, d'après H. Rigaud. (R. D., 205.)

Belle épreuve.

1591 — Le Brun (Ch.), Peintre, d'après N. de Largillière. (R. D., 238.)

Très belle épreuve.

1592 — *Lécnard* (Frédéric), premier imprimeur du roi et du clergé, d'après H. Rigaud. (R. D., 242.)

Très belle épreuve, avec marge.

1593 — Le même portrait.

Très belle épreuve.

1594 — *Le Tellier* (Michel), chancelier de France, d'après F. Voet. R. D., 244.)

Belle épreuve.

1595 — *Mansart* (Jules-Hardouin), surintendant des bâtiments du roi, d'après Rigaud. (R. D., 268.)

Très belle épreuve, du 2ᵉ état.

1596 — *Perrault* (Charles), de l'Académie française, d'après Tortebat. (R. D., 292.)

Très belle épreuve.

1597 — *Rigaud* (Hyacinthe), peintre, d'après lui-même. R. D., 303.)

Très belle épreuve.

EDELINCK (G.)

1598 — *Sanson* (Nicolas), Géographe du roi, d'après Daret in-4.

Belle épreuve.

FALCK (J.)

1599 — *Geer* (Louis de), d'après Beck, in-fol.

Très belle épreuve.

1600 — *Horn* (Gustave), comte de Biornebourg, d'après D. Beck, in-fol.

Très belle épreuve.

1601 — *Oxenstierna* (Gabriel), sénateur suédois, d'après D. Beck. In-fol.

Très belle épreuve.

1602 — *Sevvedh Both* (Friherre), d'après A. Cooper. In-fol.

Très belle épreuve.

1603 — *Wittemberg* (A.), sénateur suédois, d'après D. Beck. In-fol.

Très belle épreuve.

FERDINAND (P.)

1604 — *Poussin* (Nicolas), célèbre peintre. In-fol.

Très belle épreuve.

FERDINAND (L.)

1605 — Portrait de femme en buste, d'après Van Dyck. In-4•

Très belle épreuve.

GAILLARD (R.)

1606 — *Bertin* (Henri-Léonard-Jean-Baptiste), ministre et secrétaire d'État, d'après Roslin. In-fol.

Très belle épreuve.

1607 — *Castanier* (François), d'après Rigaud. In-fol.

Très belle épreuve.

1608 — *Galitzin* (Catherine, princesse de), d'après Vanloo. In-fol.

Belle épreuve.

GALLE (C.)

1609 — *Marselaer* (Frédéric de), d'après Van Dyck. In-fol.
  Belle épreuve.

GAUCHER (Ch. Ét.)

1610 — *Le Bas* (A la mémoire dè Jacques Philippe), d'après
  Cochin. In-8.
  Très belle et rare épreuve, avant la légende dans le bas.

GAUTIER (L.)

1611 — *Blosseville* (Alexandre Bouchart, vicomte de), d'après
  Dumonstier. In-4.
  Belle épreuve.

1612 — *Henri III*, roi de France. 1588. In-8.
  Belle épreuve.

GOYA (F.)

1613 — *Philippe III* et *Marguerite d'Autriche*, son épouse. Deux
  portraits équestres, d'après Vélasquez.
  Belles épreuves.

1614 — *Philippe IV* et *Isabelle de Bourbon*, son épouse. Deux
  portraits équestres, d'après Velasquez.
  Belles épreuves.

1615 — *BalthasarCharles*, fils de Philippe IV, d'après Velasquez, à cheval.
  Belle épreuve, avec marge.

1616 — Un infante de Espana, d'après Velasquez.
  Belle épreuve.

1617 — *Olivares* (Don Gasp. de Gusman, comte d'), d'après
  Velasquez, à cheval.
  Belle épreuve, avec marge.

GREEN (V.)

1618 — *Huntly* (George Gordon, second marquis de), d'après
  Van Dyck, en pied. In-fol.
  Très belle épreuve.

GREEN (V.)

1619 — *Wharton* (Sir Thomas), d'après Van Dyck. In-fol. en pied.

Très belle épreuve. Marge.

GUNST (P. van)

1620 — Suite de dix portraits en pied, d'après Van Dyck, représentant Charles 1ᵉʳ, roi d'Angleterre ; Henriette-Marie, son épouse, et personnages de la Cour.

Belles épreuves.

HALUECH (A.)

1621 — Portraits des ducs et duchesses d'Etrurie. 18 portraits in-fol.

Très belles épreuves, avec marges.

HOGENBERG

1622 — *Charles V*, empereur. In-fol.

Belle épreuve.

HOLLAR (W.)

1623 — *Arcolano Armafrodito*, d'après le Corrège (P., 1345).

Belle épreuve.

1624 — *Arundel* (Thomas Howard, comte d'), et Alathée *Talbot* sa femme, représentés sur une même planche, d'après Van Dyck. In-fol. en larg.

Très belle épreuve.

1625 — *Harvey* (Elisabeth) (P., 1412).

Très belle épreuve du 1ᵉʳ état, avec l'adresse de H. van der Borcht.

1626 — Henriette-Marie, reine d'Angleterre, d'après Van Dyck. (1537).

Belle épreuve.

1627 — Killegry (Mᵐᵉ), d'après Van Dyck (P., 1449).

Très belle épreuve.

1628 — Lemon (Marguerite), maîtresse d'A. van Dyck (P., 1456), d'après Van Dyck.

Très belle épreuve du 1ᵉʳ état, avec l'adresse de H. van der Borcht.

HOLLAR (W.)

1629 — *Sanzio* Raphaël, d'après lui-même. In-fol.

> Très belle épreuve.

1630 — Strafford (Thomas Wentworth, comte de), d'après Van Dyck (P., 1508).

> Très belle épreuve du 1er état.

HONDIUS (G.)

1631 — *Heinio* (Petro), *Weerdenburg* (Th.). Deux portraits in-fol.

> Belles épreuves.

HOOVE (F. H. vanden)

1632 — *Jacob Cornelisz Dienaer*, d'après C. Vischer. In-fol.

> Belle épreuve.

IODE (P. de)

1633 — *Boccace* (Jean), d'après Titien. In-fol.

> Belle épreuve.

1634 — *Charles Ier*, roi d'Angleterre, *Henriette-Marie de Bourbon*, reine d'Angleterre, sa femme. Deux portraits faisant pendants, d'après Van Dyck. In-fol.

> Très belles épreuves.

1635 — *Lely* (Pierre), d'après lui-même. In-fol.

> Belle épreuve.

KLAUBER (J. S.)

1636 — *Allegrain* (Christophe-Gabriel), sculpteur du roi, d'après Duplessis. In-fol.

> Belle épreuve.

1637 — *Elisabeth Alexiewna*, grande-duchesse de Russie, d'après Mme Le Brun. In-fol.

> Très belle épreuve. Marge.

LA LIVE

1638 — *La Live* (Mme de), mère, gravé à l'eau-forte, d'après Bernard. In-fol.

> Très belle épreuve. Rare.

LARGILLIÈRE (N. DE), d'après

1639 — *Delpech* (Jean), — *Vilasco* (Mme Osorio de), — Thierry
(Jean), — Coustou (Nicolas), etc. Cinq portraits in-fol.,
gravés par Roullet. Vander Bruggen, Thomassin, etc.
Belles épreuves.

DE LARMESSIN (N.)

1640 — *Hallé* (Claude), peintre, d'après Le Gros. In-fol.
Très belle épreuve. Marge.

1641 — *Louis XV* et *Marie Leczynska*. Deux portraits in-fol.
en pied, faisant pendant, d'après Vanloo.
Belles épreuves.

1642 — *Marie-Joséphe de Saxe*, Dauphine de France, d'après
Vanloo. In-fol. en pied.
Très belle épreuve.

1643 — *Opalinska* (Catherine), d'après Vanloo. In-fol. en pied.
Très belle épreuve.

LASNE (M.)

1644 — *Anne d'Autriche*, jeune. In-4.
Belle épreuve. Rare.

LE DAVIS (Ed.)

1645 — *Portsmouth* (Louise, duchesse de), d'après P. Lely.
In-fol.
Très belle épreuve.

LE JEUNE (A Paris, chez)

1646 — *Damiens* (Robert-François). In-fol en pied.
Bonne épreuve.

LEONART (J. F.)

1647 — *Assche* (Isabelle van), d'après Van Dyck. In-fol. en
manière noire.
Belle épreuve.

LÉPICIÉ

1648 — *Boullongne* (Louis de), peintre, d'après Rigaud. In-fol.
Très belle épreuve.

LÉPICIÉ

1649 — *Desmares* (Charlotte), actrice, d'après Coypel. In-fol.
Très belle épreuve.

LÉPICIÉ et PETIT

1650 — *Grassin* (Pierre), — *Delpech* (Jean), marquis de Mereville. Deux portraits in-fol., d'après N. de Largillière.
Belles épreuves.

1651 — *Orry* (Philbert), contrôleur général des finances, d'après H. Rigaud. In-fol.
Très belle et rare épreuve avant la lettre et les armes. (Les inscriptions et les armes sont à la plume).

LEU (Th. de)

1652 — *Arlensis* de Scudalupis (Pierre), astrologue, (R. D., 301).
Très belle épreuve.

1653 — *Bar* (Catherine de Bourbon, duchesse de), R. D., 311).
Très belle épreuve du 1er état.

LEU (attribué à Th. de)

1654 — *Marie Stuart*, en buste, dans un ovale entouré de figures allégoriques et des scènes de son exécution. In-fol.
Superbe épreuve. Très rare.

LIOTARD (J. F.)

1655 — *Liotard* (J. F.), dessiné et gravé par lui-même. In-4.
Belle épreuve. Rare.

LOMBART (Pierre)

1656 — Les Comtes et Comtesses, d'après Van Dyck. Suite de douze pièces. In-fol.
Belles épreuves.

LUTMA (J.)

1657 — *Lutma* (J.), père, orfèvre. 1656.
Belle épreuve.

LYVENS (J.)

1658 — *Heinsius* (Daniel) (B., 58). Cl., 57.

Très belle épreuve.

1659 — *Vondel* (Juste) B., 57). Cl. 56.

Très belle épreuve, avec l'adresse de A. de Vees, qui plus tard fut remplacée par celle de Th. Matham.

MASSARD (R. U.)

1660 — Charles 1ᵉʳ, roi d'Angleterre, sa femme et ses enfants, d'après Van Dyck. In-fol.

Très belle épreuve.

MATHAM (Tн.)

1661 — *Wittenhorst* (Guillaume Vincent, baron de), — *Bronckhorst* (W., baronne de), sa femme. Deux portraits faisant pendant, d'après Helst. In-fol.

Belles épreuves.

MEERLLEN (T. ᴠᴀɴ)

1662 — *Moreau* (Marie), dame de Sancy. In-fol.

Belle épreuve.

MELLAN (Cʟ.)

1663 — *Conti* (Armand de Bourbon, prince de), *Lorraine* (Louis-Joseph de), duc de Guise. Deux portraits in-fol.

Très belles épreuves.

1664 — Gonzague (Louise-Marie de), reine de Pologne. In-fol.

Très belle épreuve du 1ᵉʳ état.

1665 — *Nesmond* (François-Théodore de), — *Savoie* (Henri de), duc de Nemours. Deux portraits in-fol.

Très belles épreuves.

1666 — *Peiresc* (N. C. de), — *Frescobaldi* (H.), — *Justinianus* (Vincent), — *Urbain VIII*, pape. Quatre portraits.

Belles épreuves.

1667 — *Pérefixe* (Hardouin de), de Beaumont, archevêque de Paris. In-fol.

Très belle épreuve du 1ᵉʳ état, avant le nom du graveur.

MEYSSENS (J.), excudit

1668 — *Jacques I*[er], roi d'Angleterre et *Anne de Danemark*, sa femme. Deux portraits in-8, faisant pendant.

Très belles épreuves. Marges.

MIGER (Ch.)

1669 — *Vanloo* (Louis-Michel), peintre, d'après lui-même In-fol.

Très belle épreuve. Marge.

MOOR (C. de)

1670 — *Mieris* (F.), peintre de Leyde, — *Goyen* (C. Van) peintre. Deux portraits gravés à l'eau-forte.

Belles épreuves.

MORIN (J.)

1671 — *Anne d'Autriche*, reine régente de France. Deux portraits différents, d'après Champaigne. (R. D. 40. 41.).

Belles épreuves.

1672 — *Arnault d'Andilly* (Robert. — *Borromée* (saint Charles) Deux portraits d'après Ph. de Champaigne (R. D. 42 et 46.).

Belles épreuves.

1673 — *Bentivoglio* (Gui.), cardinal, d'après Van Dyck. (R. D 43.)

Belle épreuve.

1674 — *Berthier* (Pierre), évêque de Montauban. d'après Champaigne (R. D. 44.)

Très belle épreuve.

1675 — *Brachet de la Milletière* (Théophile), d'après Ph. de Champaigne. (R. D, 48).

Très belle épreuve.

1676 — *Camus* (Jean Pierre), Évêque de Belley, d'après Champaigne. (R. D, 49.)

Très belle épreuve.

1677 — *Choiseul du Plessis-Praslin* (Gilbert de) évêque de Comminges d'après Champaigne. (R. D. 50).

Très belle épreuve du 1er état.

MORIN (J.)

1678 — Chrystin (N.), d'après Van Dyck. (R. D. 51).

Belle épreuve.

1679 — *Gesvres* (François Potier, marquis de), — *Harcourt* (Henri de Lorraine, comte d'). Deux portraits d'après Ph. de Champaigne (R. D. 53 et 58).

Belles épreuves.

1680 — *Grimberghe* (Honorine), comtesse de, d'après Van Dyck. (R. D. 55).

Belle épreuve.

1681 — *Herbert* (Sophie), comtesse de Carnavon, d'après Van Dyck. (R. D. 56).

Très belle épreuve du 1ᵉʳ état, avec le nom du peintre.

1682 — *Henri II*, roi de France, d'après Janet. (R. D. 59).

Très belle épreuve.

1683 — *Henri IV*, roi de France, d'après Ferdinand (R. D., 60).

Belle épreuve.

1684 — *Lemon* (Marguerite), d'après Van Dyck. (R. D., 62)

Belle épreuve.

1685 — *Louis XIII*, roi de France, d'après Ph. de Champaigne. (R. D. 64).

Très belle épreuve. Marge.

1686 — *Maisons* (le Président de), — *Maugis des Granges*, (Pierre). Deux portraits, d'après Champaigne. (R. D. 65 et 67).

Belles épreuves.

1687 — *Mazarin* (le Cardinal), d'après Champaigne. (R. D. 68)

Superbe épreuve du 1ᵉʳ état, avant de nombreux travaux, notamment sur le camail. Très rare.

1688 — *Mercier* (Jacques le), — *Netz* (Nicolas de). Deux portraits, d'après Champaigne. (R. D. 69 et 70).

Belles épreuves.

1689 — Philippe II, d'après Titien. (R. D. 71).

Belle épreuve.

MORIN (J.)

1690 — *Richelieu* (le Cardinal de), d'après Champaigne. (R. D. 72.)

  Belle épreuve.

1691 — *Talon* (Omer), avocat général au parlement de Paris, d'après Champaigne. (R. D. 74).

  Belle épreuve.

1692 — Tarisse (le R. P. D. Grégoire), (R. D. 75).

  Très belle épreuve.

1693 — *Tellier* (Michel le), d'après Champaigne. (R. D. 76).

  Très belle épreuve. Marge.

1694 — *Tubœuf* (Jacques), — *Valois* (Charles de), duc d'Angoulême. Deux portraits d'après Champaigne. (R. D. 80-81);

  Belles épreuves.

1695 — *Verger de Hauranne* (Jean Du), abbé de Saint-Cyran. d'après Champaigne, (R. D. 82).

  Très belle épreuve, avec marge.

1696 — *Vignerod*, (Jean-Baptiste Amador), abbé de Richelieu d'après Champaigne. (R. D. 85).

  Très belle épreuve.

1697 — *Villemontée* (François de), d'après Champaigne. (R. D. 86).

  Très belle épreuve.

1698 — *Villeroy* (Nicolas de Neufville, marquis de), d'après Champaigne. (R. D. 87).

  Très belle épreuve.

1699 — *Vitré* (Antoine,) célèbre imprimeur, d'après Champaigne (R. D. 88).

  Belle épreuve.

MULLER (J. G.)

1700 — *Le Brun* (Louise-Elisabeth-Vigée), d'après elle-même, In-fol.

  Belle épreuve. Marge.

NANTEUIL (R.)

1701 — *Amelot* (Jacques), premier ppésident de la cour des aides (R. D., 19).

Très belle épreuve du 1er état.

1702 — *Bochart de Saron*, chanoine de l'Eglise de Paris. (R. D., 42).

Très belle épreuve.

1703 — *Bouthillier* (Marie de Bragelongne, Mme) R. D., 57.

Belle épreuve.

1704 — *Chapelain* (Jean), de l'Académie française (60), — *Estrées* (César cardinal d'), (92), — *Saint-Paul* (Charles d'Orléans, Longueville, comte de), d'après Ferdinand, (219). Trois pièces.

Belle épreuve.

1705 — *Christine*, reine de Suède, d'après S. Bourdon (R. D., 67.)

Belles épreuves.

1706 — *Dupuy* (Les frères Pierre et Jacques), historiens. (R. D., 89).

Très belle épreuve du 1er état.

1707 — *Enghien* (Henri-Jules de Bourbon, duc d'), d'après Mignard. (R. D. 90).

Très belle épreuve.

1708 — *Fouquet* (Nicolas), surintendant des finances (R. D., 98).

Belle épreuve.

1709 — *Larcher* (Michel), Président à la Chambre des comptes (R. D., 122).

Belle épreuve.

1710 — *Longueville* (Henri II, d'Orléans, duc de), — *Servien*, (fr.), Évêque de Bayeux, — *Voiture* (Vincent). Trois portraits d'après Champaigne. (R. D., 149, 225, et 234).

1711 — Louise-Marie de *Gonzague*. Reine de Pologne, d'après Juste (R. D., 164).

Belle épreuve.

NANTEUIL (R.)

1712 — *Ménage* (Gilles), homme de lettres (R. D., 188).
Belle épreuve du 1er état.

1713 — *Montpezat* de Carbon (Jean de), archevêque de Bourges, puis de Sens. (R. D., 196).
Très belle épreuve.

1714 — *Neufville* (Ferdinand de), Évêque de Chartres. (R. D., 204)
Très belle épreuve du 1er état.

PASSE (Crispin de)

1715 — *Farnèse* (Alexandre), duc de Parme et Plaisance. In-fol.
Bonne épreuve.

1716 — *Lejay* (la famille de Nicolas). In-fol. en largeur.
Belle épreuve.

PESNE (J.)

1717 — *Poussin* (Nicolas), célèbre peintre, d'après lui-même. (R. D., 5).
Belle épreuve.

1718 — Le même personnage (R. D. 6).
Belle épreuve du 1er état, avant l'adresse d'Audran.

1719 — Le même portrait.
Très belle épreuve.

PETHER (G.)

1720 — *Czernichew* (Mme la comtesse), d'après Roslin le Suédois. In-fol. manière noire.
Très belle épreuve. Rare.

PETIT (G. E.)

1721 — *Boissière* (Marie-Gabr.-L. de la Fontaine Solare de la), d'après de la Tour. In-fol.
Belle épreuve.

1722 — *Louis Quinze*, roi de France, d'après Vanloo. In-fol. en pied.
Très belle épreuve.

PETIT (G. E.)

1723 — *Potier* (Joachim-François-Bernard), duc de Gesvres. In-fol. en pied, d'après Vanloo.

Belle épreuve.

1724 — *Rohan* (Armand-Jules, prince de), Archevêque de Reims en 1722, d'après Rigaud. In-fol.

Superbe et très rare épreuve, avant toutes lettres. Marge.

1725 — *Titon du Tillet* (Evrard), maître-d'hôtel de Mme la Dauphine, d'après N. de Largillière. In-fol.

Très belle épreuve.

1726 — *Titon du Tillet* (Evrard), d'après Largillière. In-fol.

Très belle épreuve.

PITAU (N.)

1727 — *Favier du Boulay* (J.). — *Bignon* (Th), Deux portraits d'après Champaigne. In-fol.

Belles épreuves.

PLATTE-MONTAGNE (N. de)

1728 — *Barthélemy* (V.) (R. D., 19)

Très belle épreuve. Marge.

1729 — *Bérulle* (le cardinal de), d'après Champaigne (R. D., 20).

Très belle épreuve.

1730 — *Médicis* (Marie de), reine de France, d'après Porbus. (R. D., 25).

Belle épreuve.

POILLY (F. DE)

1731 — *Bignon* Jérôme, président au parlement, d'après Champaigne. In-fol.

Très belle épreuve.

PONTIUS (PAUL)

1732 — *Berghe* (Henri, comte Vanden), d'après Van Dyck. In-fol.

Très belle épreuve du 1er état, avant l'adresse de Bon-Enfant, et avec le mot *catholici* à la suite de celui *regis*.

PONTIUS (Paul)

1733 — *Heem* (Jean de), d'après J. Livens. In-fol.

Belle épreuve, avec l'adresse de Martin vanden Enden.

1734 — *Roelans* (Jacques), d'après **Willebords**. In-fol.,

Très belle épreuve.

1735 — *Sanzio* (Raphael), d'après lui-même. In-fol.

Très belle épreuve.

1736 — *Segers* (Daniel), de la Société de Jésus, d'après
J. Lyvens.

Belle épreuve avec l'adresse de Martin vanden Enden.

PORTRAITS-COSTUMES (règne de Louis XIV)

1737 — **Bonnart**. Mme de *Maintenon*. — Louvois. — Le Peletier. — La princesse de Danemark. — La princesse
de Toscane. — Mme de Soubise. — Six portraits in-fol.
en pied.

Belles épreuves.

1738 — La Dame de grand air. — la Sage-femme. — La
Belle plaideuse. — Les Saisons. — Les Éléments. —
Déshabillé de ville, 1677. — Abbé. — Dame religieuse
de Saint-Cyr. — Polichinelle. — Scaramouche. — Ar-
lequin. — Dame Rogonde. — Le Maître à danser. —
Scènes de mœurs, etc. Cinquante-neuf pièces.

Très belles épreuves.

1739 — **J. Mariette**. Le Duc de Bavière. — La Duchesse de
Montfort. — Anne Marie d'Orléans. — La duchesse de
Roquelaure. — La Marquise de Belfont. — Duchesse
d'Humières. — Mlle de Mennetoud. — le Duc du Maine.
— la Duchesse d'Aumont. — Mlle de Chartres. —
le Duc de Bourbon. — Duc de Bourgogne. — Prince de
Conty. — le Maréchal de Boufflers. — la Duchesse de
Bourbon. — Mlle d'Enguien. — Princesse de Conti. —
la Duchesse de Bouillon. — la Reine de Danemark. —
Princesse de Danemark. — Duchesse de Foix. — Duchesse
d'Orléans. — Mme de Maintenon. — Duchesse du
Maine. — Mme de Ludre. — la Princesse de Soubize.

— la Marquise de Villequier, etc. etc. trente-deux portraits in-fol. en pied.

Très belles épreuves.

1740 — Homme de qualité en habit d'hiver. — Habit de
masque. — Terpsycore. — Officier en manteau. — Habit de cavalier. — Dame de qualité en écharpe. —
Melpomène, etc. Douze costumes in-fol. en pied.

Belles épreuves.

1741 — **J. D. de Saint-Jean.** Le Roy. — La Reine. — Monseigneur le Dauphin. — Madame la Dauphine. —
Monsieur. — Madame, Six portraits en pied. In-fol.

Très belles épreuves. Rares.

1742 — Marie-Anne-Victoire de Bavière, dauphine de France,
représentée assise dans un jardin. In-fol.

Très belle épreuve.

1743. — Femme de qualité sur un canapé. — Habit d'espée.
— Dame de la plus haute qualité. — Paysanne des environs de Paris. — Femme de qualité en habit de chasse.
Dame en déshabillé d'hiver, — Abbé en sotanelle, —
Femme de qualité en écharpe, — Dame en habit de
chambre, — Femme de qualité en grisette, — Femme
de qualité en déshabillé d'hiver, — Femme de qualité
en négligé, — Dame en déshabillé du matin. — Femme
de qualité aux Tuileries, — Habit noir, etc. etc. soixante-deux pièces, costumes in-fol. en pied.

Très belles épreuves.

1744 — **Trouvain.** Le Duc de Savoie, — Le Comte de Toulouse, — Le Duc de Vendôme, — Le prince de Conti, —
Louis XIV, — Duchesse de Roquelaure, — Mlle de
Loube, — La Duchesse de Bourbon, — Mme de Ludre. — La Marquise de Grancey, — La Duchesse de
Foix, — La Marquise Dangeau, — La Duchesse de Portsmouth, — La Duchesse de Valentinois, — La Marquise
de Villequier. — La Duchesse de Bouillon, — Mlle
d'Armagnac, — Le Duc de Roquelaure, — M. Le Noble,
Le Duc de Chartres. — La duchesse d'Aumont, — Jac-

ques II, roi d'Angleterre etc. etc. trente-neuf portraits.
In-fol. en pied.

Très belles épreuves.

1745 — **Trouvain.** Mademoiselle *** allant par la ville, —
Dame de qualité jouant de la guitare, — Dame de qualité jouant au solitaire, — Dame de qualité en robe de
chambre, etc. Cinq pièces, costumes in-fol. en pied.

Belles épreuves.

1746 — Portraits et costumes, doubles des numéros précédents
Dix pièces.

Belles épreuves, mais rognées.

POTRELLE

1747 — *Bartholini* (Laurenzo), d'après Ingres. In-fol.

Belle épreuve.

QUEBORN (C.)

1748 — *Orange* (Maurice, prince d'), comte de Nassau, d'après
Hondins.

Très belle épreuve.

RIGAUD (H.), d'après

1749 — *La Fosse* (Ch. de). — *Secousse* (J. L.), — *Daffincourt*
(Pierre-Clément), — Mesnager (Nicolas), — *Girardon*
(François), etc. huit portraits gravés par Duchange,
Simonneau, J. Audran, Loir, Preisler, etc.

Belles épreuves.

ROULLET (J. L.)

1750 — *Le Tellier* (Cam.), de Louvois, d'après N. de Largillière. In-fol.

Très belle épreuve.

SAINT-AUBIN (Aug. de).

1751 — *Necker* (M.). d'après Duplessis. In-fol.

Belle épreuve.

SAILLAR (L.)

1752 — *Forman* (Hélène), seconde femme de Rubens, d'après Van Dyck. In-fol. en pied.

Superbe épreuve avant la lettre. Grandes marges.

1753 — Le même portrait, gravé par Chambars.

Belle épreuve avant la lettre.

1754 — *Guillaume* 11, de Nassau. Stathouder de Hollande, d'après G. Hondsthorst. In-fol. en pied.

Belle épreuve.

SARRABAT (J.)

1755 — *De la Roche* (Pierre). Mousquetaire du Roy, d'après Tournière. In-fol. en manière noire.

Très belle épreuve, avec marges.

SAVOYEN. (C. van)

1756 — *Savoyen* (Carolus van). peintre. In-8. à l'eau-forte.

Très belle épreuve. Rare.

SCHMIDT (G. F.)

1757 — *Marie-Josephe*, reine de Pologne, d'après L. de Silvestre. In-fol.

Belle épreuve.

1758 — *Saint-Albin* (Ch.), archevêque de Cambrai. (J., 47).

Très belle épreuve.

1759 — *Le Chambrier* (fr.). d'après H. Rigaud (J., 49).

Très belle épreuve. Rare.

1760 — *Silva* (J.B.). médecin, d'après H. Rigaud (J., 52)

Très belle épreuve.

1761 — *Mignard* (Pierre), d'après H. Rigaud (J., 59)

Très belle épreuve, avant l'astérisque.

1762 — *Arnauld* (La mère Marie-Angélique). Abbesse de Port-Royal, d'après Champaigne. In-fol.

Belle épreuve.

1763 — *Barcos* (Martinus de). abbé, d'après Champaigne. In-4.

Très belle épreuve.

SCHUPPEN (P. van)

1764 — *La Reynie* (G. Nic. de). d'après P. Mignaid. In-fol.

Très belle épreuve.

1765 — *Le Sueur* (Eustache), d'après lui-même. In-fol.

Très belle épreuve. Marge.

1766 — *Montpensier* (Anne-Marie-Louise d'Orléans, duchesse de), d'après G. Seve. In-fol.

Très belle épreuve.

SIMONNEAU (Ch.)

1767 — *Orléans* (Elisabeth-Charlotte, palatine du Rhin, duchesse d'), d'après H. Rigaud. In-fol.

Très belle épreuve.

SMITH (J.)

1768 — *Marner* (Mrs Ann), d'après N. de Largillière. In-fol. en manière noire.

Très belle épreuve.

SOMPEL (P. van)

1769 — *Marie de Médicis*, reine de France, d'après Van Dyck · In-fol.

Belle épreuve du 1er état, avant le numéro.

STOLKER (J.)

1770 — *Moscher* (J. de). peintre, d'après J. Van Ravestein. In-fol. en manière noire.

Très belle épreuve.

STRANGE (R.)

1771 — *Charles I*er en pied, près de son cheval que tient un écuyer, — *Henriette-Marie* de France, son épouse, avec leurs enfants. Deux portraits faisant pendant, d'après Van Dyck.

Très belles épreuves.

1772 — *Charles I*er en pied, en manteau royal, d'après Van Dyck. In-fol.

Très belle épreuve. Marge.

STRANGE (R.)

1773 — *Henriette* de France, reine d'Angleterre, d'après Van
Dyck.

Belle épreuve.

1774 — Les Enfants de Charles Ier, en pied, d'après Van Dyck.
In-fol. en largeur.

Très belle épreuve, avec marge.

SURUGUE (L.)

1775 — *Boulongue* (Louis de), le père, d'après Mathieu. In-fol.

Belle épreuve.

SUYDERHŒF (J.)

1776 — *Ampsing* (Samuel), d'après F. Hals (6).

Très belle épreuve du 1er état, avant l'adresse.

1777 — *Boxhorn* (Marcus Zuerius), d'après Dubordieu (14).

Très belle épreuve du 3e état, avec l'adresse de Danckerts.

1778 — Le même portrait.

Belle épreuve du même état.

1779 — *Charles Ier*, roi d'Angleterre, d'après A. Van Dyck
(W., 16).

Très belle épreuve du 1er état, avant le numéro.

1780 — *Coccejus* (Johann), d'après J. D. Vos (20).

Très belle épreuve du 1er état, avec l'adresse de Banheiningh.

1781 — *Dieu* (Louis de), d'après P. Dubordieu (W., 22).

Belle épreuve du 1er état, avec l'adresse de Banheiningh.

1782 — *Glarges* (Gilles de), d'après Mierevelt (29).

Belle épreuve du 1er état.

1783 — *Hegger* (Rodolphe), d'après J. D. Vos (34).

Belle épreuve du 2e état, avec l'adresse de Hugo Allerdt.

1784 — *Henriette-Marie*, reine d'Angleterre, d'après Van Dyck
(W., 36).

Très belle épreuve du 1er état, avant le numéro.

1785 — *Hoernbeeck* (Jean) (40).

Belle épreuve du 2e état, avec l'adresse de P. Goos.

SUYDERHŒF (J.)

1786 — *Kerckhove* (Jean Polyandre Van den), d'après Bau-
dringeen (45).

Très belle épreuve du 1er état, avec l'adresse de J. Lauwyck.

1787 — *Maestertius* (Jacques), d'après Van Negre (51).

Très belle épreuve du 1er état, avec l'adresse de Lauwyck.

1788 — *Neuhus* (Edo) (59).

Belle épreuve.

1789 — *Nuyts* (David) (61).

Très belle épreuve.

1790 — *Philippe II*, roi d'Espagne, d'après Ant. Moro (64).

Très belle épreuve du 1er état, avant le numéro.

1791 — *Reves* (Jacques de), d'après Hals (71).

Très belle épreuve.

1792 — *Rouberg* (Jean van), d'après Eversdyck.

Très belle épreuve.

1793 — *Schurman* (Anne-Marie), d'après J. Lyvens (78).

Belle épreuve du 1er état, avec l'adresse de Banheiningh.

1794 — *Spanheim* (Frédéric), d'après Dubordieu (83).

Très belle épreuve du 1er état, avec l'adresse de Banheiningh.

1795 — *Swalm* (Eléazar), d'après Rembrandt (84).

Belle épreuve du 1er état.

1796 — *Tegularius*, d'après F. Hals (88).

Belle épreuve.

1797 — *Wikenburg* (97).

Superbe épreuve du 1er état.

TARDIEU (J.)

1798 — *Leczynska* (Marie), reine de France, d'après Nattier.
In-fol.

Belle épreuve.

TARDIEU (N.)

1799 — *Gondrin* (Louis Ant. de Pardaillon de), duc d'Antin,
d'après Rigaud. In-fol.

Très belle épreuve. Marge.

THOMASSIN (H.)

1800 — *Louis*, dauphin de France. Grand in-fol. en pied d'après L. Toqué.

Belle épreuve.

TROUVAIN (Ant.)

1801 — *Jouvenet* (Jean), d'après lui-même. In-fol.

Très belle épreuve. Marge.

1802 — *Le Petit* (Denise Camusat, Mme). In-fol.

Belle épreuve.

VALCK (G.)

1803 — *Mancini* (Ortance), duchesse de Mazarin, d'après P. Lely. In-fol.

Très belle épreuve.

VERMEULEN (C.)

1804 — Bertin (Pierre-Vincent), trésorier général du sceau, d'après N. de Largillière. In-fol.

Superbe épreuve avant toutes lettres.

1805 — *Borcht* (Nicolas van der), d'après Van Dyck. In-fol. en pied.

Belle épreuve.

1806 — *Broglie* (Ch. A. de), comte de Revel, — *Brunenc* (J. de), banquier de Lyon, — *Boyer* (J. B.), seigneur d'Aguilles. Trois portraits in-fol. d'après Rigaud.

Très belles épreuves.

1807 — *Meyercron* (H.), d'après Rigaud. In-fol.

Belle épreuve.

1808 — *Tassis* (Marie-Louise de), d'après Van Dyck. In-fol.

Superbe épreuve avant toutes lettres, une déchirure à gauche.

VERTUE (G.)

1809 — *Arundel* (Thomas Howard, comte d'), Alathea *Talbot*, son épouse, et leurs enfants, représentés sur une même planche, d'après Van Dyck.

Belle épreuve.

VERTUE (G.)

1810 — *Charles Ier*, roi d'Angleterre et *Henriette-Marie*, reine
d'Angleterre, représentés à mi-corps, sur une même
planche, d'après Van Dyck. In-fol. en largeur.
Très belle épreuve. Rare.

VISSCHER (C.)

1811 — *Coppenol* (Lieven van) (93).
Belle épreuve avec la date de 1658.

1812 — *Scriverius* (Peter) (116).
Très belle épreuve.

1813 — *Nassau* (Louise de), princesse d'Orange, d'après G. van
Hondt-Horst (138).
Très belle épreuve.

VISSCHER (C.) excudit

1814 — *Guillaume*, prince d'Orange, et *Marie* d'Angleterre, sa
femme, représentés à mi-corps, sur une même feuille.
In-fol. en largeur.
Très belle épreuve. Rare.

VISSCHER (L.)

1815 *Marie Thérèse d'Autriche*, reine de France, d'après Vanloo. In fol.
Très belle épreuve. Marge.

VISSCHER (J.)

1816 — *Manhaeften* (E.), amiral de Hollande. In-fol.
Très belle épreuve.

VORSTERMAN (L.)

1817 — *Bourbon* (Charles, connétable de), d'après Titien.
In-fol.
Très belle épreuve.

1818 — *Charles-Quint*, d'après Titien. In-fol. à mi-corps.
Belle épreuve.

1819 — *Este* (Isabelle), marquise de Mantoue, d'après Titien.
In-fol.
Très belle épreuve.

VORSTERMAN (L.)

1820 — *Hugenius* (Constantin), d'après J. Livens.
Très belle épreuve, avec l'adresse de *Martin vanden Enden*.

1821 — *Maugis* (Claude), d'après Champaigne. In-4.
Belle épreuve.

WAILLANT (W.)

1822 — Portrait de femme, à mi-corps, d'après Titien. In-4.
Belle épreuve.

1822 *bis* — Portrait d'homme, assis dans un fauteuil, tenant un compas de la main droite. In-fol. en manière noire, d'après Van Dyck.
Très belle épreuve.

WALKER (W.)

1823 — *Gerbier* (Balthazar) et sa Famille, d'après Ant. Van Dyck.
Très belle épreuve avant la lettre. Marge.

1824 — La même estampe.
Belle épreuve.

WATSON (J.)

1825 — Portrait d'homme, à mi-corps, d'après Van Dyck. In-fol., manière noire.
Très belle épreuve avant la lettre. Marge.

WATSON (T.)

1826 — *Rochester* (Henriette, comtesse de), d'après P. Lely. In-fol.
Belle épreuve.

WIERIX (Les)

1827 — La Mort subite. (Al. 1190.)
Belle épreuve. Rare.

1428 — *Croy* (Charles, duc de). (Al. 1886.)
Très belle épreuve.

1829 — *Othon* (Frédéric). (A., 1902.)
Très belle épreuve.

WIERIX (Les)

1830 — *Isabelle-Claire Eugénie*, infante d'Espagne (1950).
Très belle épreuve.

1831 — *Orange* (Philippe-Guillaume), —*Eléonore de Bourbon*,
son épouse. Deux pièces (A. 1995 et 1999).
Belles épreuves.

1832 — *Overschie* (Contantinus), (Al. 2000.)
Superbe épreuve avant la lettre.

1833 — *Vlierden* (Gilles de). (2049.)
Très belle épreuve.

1834 — Portrait d'homme en buste, dans un médaillon, couvert d'un manteau de moine. Johan. W. fecit 1585,
1n-8.
Très belle et rare épreuve avant la lettre, d'un portrait non décrit.

WILLE (J. G.)

1835 — *Gouy* (Elisabeth de), femme de H. Rigaud, d'après
lui. In-fol.
Très belle épreuve.

1836 — *Saxe* (Maurice de), maréchal de France, d'après Rigaud. In-fol.
Très belle épreuve.

WOOLLETT (W.)

1837 — Rubens (P.-P.), d'après Van Dyck. In 4.
Belle épreuve.

ÉCOLES FRANÇAISE ET ANGLAISE

DU XVIII° SIÈCLE

AMAND et LACOUR

1838 — La Jeune mère, — La Leçon interrompue, etc. Quatre
pièces gravées à l'eau-forte.
Belles épreuves.

ANONYME

1839 — Les Nouvellistes, pièce sans noms d'artistes.
Très belle épreuve.

AUBERT (L.), d'après

1840 — Le Billet doux, par Cl. Duflos.
Très belle épreuve. Marge.

1841 — La Revendeuse à la toilette, par Cl. Duflos.
Très belle épreuve.

1842 — Le Dessein, par Cl. Duflos.
Très belle épreuve. Marge.

1843 — Le Peintre, par F. Basan.
Belle épreuve.

AUBRY (d'après Ét.)

1844 — Première leçon d'amitié fraternelle, par N. De Launay.
Très belle épreuve avant la dédicace.

1845 — L'Abus de la crédulité, gravé par N. De Launay.
Très belle épreuve.

1846 — Les Adieux de la Nourrice, par R. de Launay.
Très belle épeuve .

AUBRY (d'après Ét.)

1847 — La Bergère des Alpes, — La Bonté maternelle. Deux pièces gravées par Blot et J.-J. Le Veau.
Belles épreuves.

1848 — Correction maternelle, par de Longueil.
Très belle épreuve. Marge.

BALKO (d'après)

1849 — L'Agréable lecture et pendant. Deux pièces. A Paris, chez Gaillard.
Très belles et rares épreuves à l'état d'eau-forte, avant toutes lettres. Marges.

1850 — L'Agréable lecture.
Très belle épreuve. Marge.

BARTOLOZZI (F.)

1851 — Jupiter et Io, d'après le Corrège, imprimé en bistre.
Très belle épreuve.

1852 — Clytie, d'après A. Carrache.
Belle épreuve.

1853 — Lady Beaucler et sa Fille, représentées assises sur un canapé.
Très belle épreuve.

BAUDOUIN (P. A), d'après

1854 — Les Amants surpris, par P. Choffard (E. B., 3).
Belle épreuve.

1855 — L'Amour à l'épreuve (E. B., 5), par Beauvarlet.
Belle épreuve, sans marge.

1856 — L'Amour frivole, par Beauvarlet (E. B., 6).
Belle épreuve.

1857 — Les Amours champêtres, par P. Choffard (E. B., 7).
Belle épreuve.

1858 — Annette et Lubin, par N. Ponce (E. B., 9).
Superbe épreuve avant la lettre. Marge. Rare.

1859 — Le Carquois épuisé, par N. de Launay (E. B., 11).
Superbe épreuve avant la lettre et avant les armes. Grandes marges. Très rare en aussi belle condition.

12

BAUDOUIN (P. A.) d'après

1860 — Le Catéchisme, — Le Confessionnal. Deux pièces faisant pendant, gravées par **P. E. Moitte** (E. B., 12 et 15).

Très belles et rares épreuves avant la lettre.

1861 — Le Catéchisme, par **P. E. Moitte** (E. B., 12).

Belle épreuve.

1862 — Les Cerises, par N. Ponce (E. B., 13).

Très belle et rare épreuve avant la lettre. Marge.

1863 — Le Chemin de la Fortune, par Voyez Major (E. B., 14).

Très rare épreuve du 1er état, où le devant du corsage de la jeune femme est légèrement entr'ouvert et lacé avec un cordon.

1864 — La même estampe.

Très belle épreuve. Marge.

1865 — Le Coucher de la Mariée, gravé à l'eau-forte par J.-M. Moreau et terminé au burin par J.-B. Simonnet (Œ.-B., 16).

Très rare épreuve avant toutes lettres, à l'eau-forte. A droite, au-dessous du trait carré, on lit, écrit à la pointe sèche : *J. M. Moreau le jeune*, 1768.

1866 — La même estampe.

Très belle épreuve.

1867 — Le Curieux, par P. Maleuvre (E. B., 17).

Très belle épreuve.

1868 — Le Danger du tête-à-tête, par Simonet (E. B., 18).

Très belle épreuve à l'état d'eau-forte, avant toutes lettres. Marges. Très rare.

1869 — La même estampe.

Superbe et rare épreuve avant toutes lettres et avant l'encadrement ornementé. Toutes marges.

1870 — La même estampe.

Belle épreuve.

1871 — L'Enlèvement nocturne, par N. Ponce (E. B., 20).

Très belle et rare épreuve avant la lettre.

1872 — L'Epouse indiscrète, par N. de Launay (E. B., 21).

Très belle épreuve à l'état d'eau-forte, avant toutes lettres, avec marges. Très rare.

BAUDOUIN (P. A.) d'après

1873 — La même estampe.

Très belle épreuve.

1874 — Le Fruit de l'Amour secret, par Voyez Junior (E. B., 23).

Très belle épreuve.

1875 — Le Goûter, gravé en couleur par Bonnet (E. B., 24).

Très belle épreuve.

1876 — Le Jardinier galant, par Helman (E. B., 25).

Très belle épreuve.

1877 — Le Lever, par Massard (E. B., 29).

Très belle épreuve avant la lettre.

1878 — Marchez tout doux, parlez tout bas, par P. P. Choffard (E. B., 30).

Superbe et très rare épreuve d'un état non décrit, avant toutes lettres, avant les armes et avec la tablette blanche, non entièrement terminée.

1879 — Marton, par N. Ponce (E. B., 31).

Très belle épreuve.

1880 — Le Matin, — Le Midi, — Le Soir, — La Nuit. Suite de quatre pièces gravées par de Ghendt (E. B., 32, 33, 35 et 46).

Superbes et très rares épreuves à l'état d'eau-forte, avant toutes lettres. Deux ne sont pas décrites. Dans l'épreuve du soir, la jeune femme debout, qui se dispose à se coucher, a un bonnet sur la tête.

1881 — Le Matin, — Le Midi, — Le Soir (E. B., 32, 33 et 46).

Très belles épreuves.

1882 — Le Modèle honnête, gravé à l'eau-forte par J.-M. Moreau et terminé au burin par Simonet (E. B., 34).

Très belle épreuve à l'état d'eau-forte. Dans le bas, au-dessous du trait carré, à droite, on lit : J. M. Moreau le jeune, S. 1770, tracé à la pointe. Marge.

1883 — La même estampe.

Superbe et très rare épreuve avant toutes lettres. Grandes marges.

1884 — La même estampe.

Très belle épreuve.

BAUDOUIN (P. A.) d'après

1885 — La Nuit (E. B., 35).

Très rare épreuve avant beaucoup de travaux, retouchée à l'encre de Chine, par le maître, sans marge.

1886 — La même estampe.

Très belle épreuve avant la lettre.

1887 — La Rencontre dangereuse, par le Veau.

Rare épreuve avant la lettre, non terminée; sans marge.

1888 — La même estampe.

Très belle épreuve.

1889 — Rose et Colas, par Simonet (E. B., 42).

Belle épreuve.

1890 — La Sentinelle en défaut, par N. de Launay (E. B., 44).

Très belle et rare épreuve à l'état d'eau-forte, avant toutes lettres. Marge.

1891 — La même estampe.

Très belle épreuve.

1892 — La même estampe.

Belle épreuve.

1893 — Les Soins tardifs, par N. de Launay (E. B., 45).

Très belle et rare épreuve à l'état d'eau-forte, avant toutes lettres et avant la bordure. Marge.

1894 — La même estampe.

Très belle et rare épreuve avant la lettre et avant les changements dans la bordure; la tablette est blanche.

1895 — La même estampe.

Très belle épreuve.

1896 — La Soirée des Tuileries, par Simonet (E. B., 47).

Très belle et rare épreuve avant toutes lettres.

1897 — La même estampe.

Très belle épreuve.

1898 — La Toilette, par N. Ponce (E. B., 48).

Très belle épreuve avant la lettre.

1899 — La Toilette, par N. Ponce (E. B., 48).

Belle épreuve.

BEAUVARLET (J. F.)

1900 — Le Testament de la Tulipe, d'après P. L'Enfant.
Belle épreuve.

BÉNARD (d'après)

1901 — La Nourrice qui remue l'enfant, — Le Bénédicité.
Deux pièces faisant pendant gravées par Cl. Duflos.
Belles épreuves.

1902 — Repos de chasse, par Moitte.
Très belle épreuve.

1903 — Fêtes Champêtres. Deux pièces gravées à l'eau-forte
par Saint-Non.
Très belle épreuve.

BENAZECH

1904 — Le prix de l'agriculture. En couleur.
Très belle épreuve.

BIGG (W.), d'après

1905 — A. Lady and her Children releiving a poor cottager,
gravé par J. R. Smith.
Très belle épreuve.

BOILLY (L.), d'après

1906 — L'Amant favorisé, — Le Bouquet chéri. Deux pièces
gravées par A. Chaponnier.
Très belles épreuves.

1907 — Les Conseils maternels, — Ça Ira. etc. Trois pièces
gravées par Tresca, Mathias, etc.
Belles épreuves, dont deux avant la lettre.

1908 — La Douce impression de l'harmonie. — Suite de la
douce impression de l'harmonie. Deux pièces faisant pendant, gravées par F. J. Wolff.
Très belles épreuves. Marge.

1909 — Le Prélude de Nina, par A. Chaponnier.
Très belle épreuve avant la lettre. Marge.

BOILLY (L.), d'après

1910 — **La Serinette,** — **Nous étions deux, nous voilà trois.** Deux pièces gravées par Vidal et Honoré.

Très belles épreuves.

1911 — **Le Sommeil trompeur,** — **Le Réveil prémédité,** Deux pièces faisant pendant, gravées par F. J. Wolff.

Très belles épreuves. Marges.

BONNET(L.)

1912 — **La Brouette,** d'après J. B. Huet, en couleur.

Très belle épreuve.

1913 — **Les compliments du jour de l'an,** — **Le Dîner.** Deux pièces-gravées en couleur, d'après Huet.

Très belles épreuves.

1914 — **Le Drapeau national,** d'après Huet, en couleur.

Très belle épreuve. Marge.

1915 — **La Reine Marie-Antoinette, le roi Louis XVI,** accompagnés de leurs enfants, de Madame Élisabeth et de la duchesse de Polignac, assistent à une représentation à l'opéra. Deux compositions différentes gravées en couleur d'après Hambert.

Très belles épreuves.

1916 — **La mauvaise mère,** d'après J. B. Huet, en couleur.

Très belle épreuve.

BONNIEU (d'après)

1917 — **Les disciples de Flore,** gravé par F. Wekbre, imprimé en bistre.

Belle épreuve.

BOREL (d'après)

1917 bis — **Le Mariage rompu,** — **La Reconnaissance de Fonrose.** Deux pièces gravées par De Launay.

Très belles épreuves.

BOUCHER (F.)

1918 — Le Sommeil (P. de B. 3), — Jeune fille assise à terre, (12), — La Petite reposée. (13). Croquis (174). Quatre pièces.

Belles épreuves.

1919 — Bergers au repos. Gravé à l'eau-forte.

Très belle épreuve.

BOUCHER (F.), d'après

1920 — L'Agréable Leçon, par Gaillard.

Très belle et rare épreuve à l'état d'eau-forte, avant toutes lettres. Marge.

1921 — Les Amants surpris, — Le Berger récompensé, — La Fécondité, — Les Bacchantes endormies. Quatre pièces gravées par Gaillard.

Belles épreuves.

1922 — L'Amour enchaîné par les Grâces, par Beauvarlet.

Superbe et rare épreuve avant toutes lettres. Grandes marges.

1923 — L'Amour oiseleur, — L'Amour moissonneur. — L'Amour nageur, — L'Amour Vendangeur. Suite de quatre pièces gravées par Fessard. Aveline et Lepicié.

Très belles épreuves.

1924 — L'Amour désarmé. par Et. Fessard.

Très belle épreuve. Marge.

1925 — L'Amour modeste, par J. B. Michel.

Très belle épreuve. Marge.

1926 — Les Amours pastorales, — Les Confidences pastorales. Deux pièces gravées par Cl. Duflos.

Très belles épreuves.

1927 — Les Amusements de la campagne, par J. Daullé.

Très belle épreuve. Marge.

1928 — Andromède, — Vénus et l'Amour. Deux pièces gravées par P. Aveline.

Belles épreuves.

1929 — Arion, par Saint-Aubin et Pasquier.

Belle épreuve.

BOUCHER (F.), d'après

1930 — Les Bacchantes endormies, par Gaillard.
Très belle épreuve avant toutes lettres.

1931 — La Baigneuse surprise, par J. Daullé.
Très belle épreuve.

1932 — La Belle Bouquetière. — L'aimable Villageoise. Deux pièces faisant pendant, sans noms de graveurs.
Très belles épreuves.

1933 — La Belle Cuisinière, par P. Aveline.
Belle épreuve.

1934 — La Belle Villageoise, — Les fruits du ménage, — Les Nymphes au bain, — Étude. Quatre pièces gravées par Vasseur, Soubeyran Ouvrier, et Nochez.

1935 — Le Berger Napolitain, par J. Daullé.
Très belle épreuve. Marge.

1936 — Les Bergers à la fontaine, par Fessard.
Belle épreuve.

1937 — La Bonne aventure, — La Fontaine de l'Amour, — La Musique, Le Trébuchet. Suite de quatre pièces gravées par P. Aveline.
Très belles épreuves.

1938 — Cartouches. Trois pièces gravées par Huquier.
Belles épreuves.

1939 — Les Charmes du Printemps, — Les plaisirs de l'été, — Les Délices de l'automme, — Les Amusements de l'hiver. Suite de quatre pièces gravées par J. Daullé.
Très belles épreuves.

1940 — Les Charmes de la vie champêtre, par J. Daullé.
Très belle épreuve.

1941 — La Coquette. — L'Oiseau chéri. Deux pièces faisant pendant, gravées par J. Daullé.
Belles épreuves.

1942 — La Courtisane amoureuse, par De Larmessin.
Superbe épreuve avant l'adresse de Buldet. Marge.

BOUCHER (F.), d'après

1943 — Le Déjeuné, par Lépicié.

> Belle épreuve.

1944 — Diane au bain, avec ses nymphes, surprise par Actéon.

> Belle épreuve avant toutes lettres.

1945 — Les Éléments, suite de quatre estampes gravées par J. Daullé.

> Belles épreuves.

1946 — Enfant faisant des bulles de savon, gravé à l'eau-forte par Mme de Pompadour.

> Très belle épreuve.

1947 — L'Enlèvement d'Europe, par Cl. Duflos.

> Très belle épreuve. Marge.

1948 — Enlèvement d'Europe. — Naissance de Bacchus. Deux pièces gravées par Aveline.

> Belles épreuves.

1949 — Enlèvement d'Europe, par Aveline.

> Très rare épreuve à l'état d'eau-forte.

1950 — L'Enlèvement d'Europe, — Le Repos de Diane. Deux pièces gravées par Pelletier.

> Belles épreuves.

1951 — Entrée d'une ferme, par Saint-Non.

> Belle épreuve avant la lettre.

1952 — Etude dessinée par François Boucher... et gravée par Et. Fessard.

> Très belle épreuve.

1953 — Le Fleuve Scamandre, — Le Magnifique, — Le Calendrier des vieillards. Trois pièces gravées par De Larmessin.

> Belles épreuves avant l'adresse de Buldet.

1954 — Foire de campagne, par C. N. Cochin.

> Très rare épreuve à l'état d'eau-forte.

1955 — La Fontaine, par Pelletier.

> Très belle épreuve. Grandes marges.

BOUCHER (F.), d'après

1956 — Ismène et Daphnis, — Le Tribut de la reconnaissance. Deux pièces gravées par Eberts.
Très belles épreuves.

1957 — Jupiter et Léda, par Ryland.
Épreuve avant toutes lettres, plus une épreuve avec la lettre. 2 pièces.

1958 — La Marchande de modes, par R. Gaillard.
Très belle épreuve. Marge.

1959 — La Marchande d'œufs, — Le Marchand d'oiseaux, —
La Vendangeuse. Trois pièces gravées par J. Daullé.
Belles épreuves.

1960 — Le Mariage de Psyché et l'Amour, par Beauvarlet.
Très belle épreuve.

1961 — Le Matin, — Le Midi, — Le Soir. Trois pièces gravées
par Petit.
Belles épreuves.

1962 — Le Moineau apprivoisé, gravé par Gaillard.
Superbe épreuve avant la lettre. Marge.

1963 — La Mort d'Adonis, par Michel Aubert.
Belle épreuve.

1964 — La Muse Clio, — La Muse Erato. Deux pièces gravées
par J. Daullé.
Belles épreuves.

1965 — La Naissance d'Adonis, par G. Scotin.
Belle épreuve. Marge.

1966 — Naissance et Triomphe de Vénus, par J. Daullé.
Très belle épreuve. Marge.

1967 — La Naissance de Vénus, — La Toilette de Vénus. Deux
pièces gravées par Cl. Duflos.
Très belles épreuves.

1968 — L'Obéissance récompensée, par Gaillard.
Très belle et rare épreuve à l'état d'eau-forte, avant toutes lettres.
Marge.

1969 — Pan et Syrinx, par Martenasie.
Très belle épreuve. Marge.

BOUCHER (F.), d'après

1970 — Le Panier mystérieux, par Gaillard.

Très belle et rare épreuve à l'état d'eau-forte, avant toutes lettres. Marge.

1971 — Pastorale, gravée par Huquier.

Très belle épreuve.

1972 — La Pêche.

Très belle épreuve avant la lettre.

1973 — Pensent-ils à ce mouton ? par Madame Jourdan.

Très belle épreuve.

1974 — Pense-t-il aux raisins ? par J. P. Le Bas.

Très belle épreuve.

1975 — Le Petit ménage, — Premier corps de garde. Deux pièces gravées par Huquier.

Belles épreuves.

1976 — Le Pont rustique, par Chedel.

Très belle épreuve.

1977 — Vue du Pont des Lavandières dans le clos Payen, — Vue d'une Tour près de Blois. Deux pièces gravées par Chedel.

Très belles épreuves. Marge.

1978 — Les Présents du Berger, par L. Lempereur.

Très belle épreuve.

1979 — Psyché refusant les honneurs divins, par **Parizeau**.

Belle épreuve.

1980 — Le Repos de la Volupté, par J. B. Michel.

Belle épreuve.

1981 — Retour de chasse de Diane, par Cl. Duflos.

Très belle épreuve. Marge.

1982 — Le Réveil, par P. C. Levesque.

Très belle épreuve. Rare.

1983 — Le Sommeil, — Le Réveil. Deux pièces faisant pendant, gravées par Huquier.

Très belles épreuves.

BOUCHER (F.), d'après

1984 — Le Sommeil interrompu, par Beauvais.

Très rare épreuve à l'état d'eau-forte, avant toutes lettres.

1985 — Sylvie délivrée par Aminte, — Jupiter et Calisto. Deux pièces gravées par Gaillard.

Belles épreuves.

1986 — Silvie fuit le loup qu'elle a blessé, par Lempereur.

Très belle épreuve.

1987 — Le Trait dangereux, par Poletnich.

Très belle épreuve. Marge.

1988 — La Vendange, par Parizeau.

Très belle épreuve. Marge.

1989 — Vénus et l'Amour, par J. Daullé.

Belle épreuve.

1990 — Vénus endormie près de l'Amour, par M. Aubert.

Très belle épreuve.

1991 — Vénus entrant au bain, par Michel.

Très belle épreuve. Marge.

1992 — Vénus sur les eaux, par J. C. le Vasseur.

Très belle épreuve.

1993 — Vénus sur les eaux, par P. E. Moitte.

Belle épreuve.

1994 — Vénus se préparant pour le jugement de Pâris, reçoit d'avance la pomme des mains de l'Amour, par de Lorraine.

Belle épreuve.

1995 — Vertumne et Pomone, par Aug. de Saint-Aubin.

Superbe épreuve avant toutes lettres.

1996 — La même estampe.

Belle épreuve.

1997 — La Vie champêtre, par Elisabeth Lépicié.

Très belle épreuve. Grandes marges.

1998 — Les Villageois à la pêche, par R. Gaillard.

Très belle épreuve.

BOUCHER (F.), d'après

1999 — Second livre de groupes d'enfants, gravé par Huquier.
Six pièces.
Belles épreuves.

2000 — Troisième livre de groupes d'enfants, par François
Boucher, gravé par Louis Félix La Rue. Cahier de six
feuilles.
Très rares épreuves à l'état d'eau-forte, avant toutes lettres.

2001 — Second livre de fontaines inventées par F. Boucher,
gravées par Aveline. Cahier de six feuilles.
Très belles épreuves.

2002 — Groupes d'enfants, tirés de différents cahiers, gravés
par Huquier et La Rue. Douze pièces.
Belles épreuves.

2003 — Compositions diverses, gravées par Duflos, Ouvrier,
Ryland, Moitte, Daullé, Michel et Danzel. Douze pièces.

2004 — Compositions gravées par Saint-Non au bistre. Trois
pièces.

2005 — Compositions diverses, gravées par Huquier, Duflos,
Peters, Le Bas, Le Vasseur, Lempereur, etc. Quarante
pièces.

2006 — Pastorales, gravées par Huquier. Quinze pièces tirées
de différentes suites.
Très belles épreuves.

BOUCHER (F.), estampes en couleur d'après

2007 — L'Amour rendant hommage à sa mère, — Le Sommeil d'Ariane, d'après Charlier. Deux pièces gravées en
couleur par Janinet.
Belles épreuves, sans marge.

2008 — Les Grâces, — La Jeune mère. Deux pièces gravées à
l'aquatinte, par Janinet et Carpentier.
Belles épreuves.

2009 — La Jardinière, par Demarteau.
Belle épreuve.

2010 — Jeune femme à moitié nue assise sur un lit, gravée
par L. Bonnet; aux deux crayons, sur papier bleu.
Très belle épreuve.

BOUCHER (F.), estampes en couleur d'après

2011 — Jeune femme étudiant la musique, par Demarteau.
Très belle épreuve.

2012 — Jeune mère donnant à manger à son enfant. Aux deux crayons par L. Bonnet.
Très belle épreuve.

2013 — Jeune garçon dessinant, — Buste de jeune femme. Deux pièces aux trois crayons par Demarteau.
Belles épreuves.

2014 — Jupiter et Léda, — Vénus assise sur un lit. Deux pièces par Demarteau.
Belles épreuves.

2015 — Jupiter et Léda. Aux trois crayons par Demarteau.
Très belle épreuve.

2016 — La Laveuse, par L. Bonnet.
Très belle épreuve.

2017 — Les Laveuses, par Demarteau.
Très belle épreuve.

2018 — La Leçon de flûte, — Naïades. Deux pièces aux trois crayons par Demarteau.
Très belles épreuves.

2019 — La Petite Ecole, — Le Sommeil d'Annette, — Le Maraudeur, — Les Œufs cassés. Quatre pièces par Demarteau.
Belles épreuves.

2020 — Le Petit marchand de gâteaux. Aux trois crayons par Demarteau.
Belle épreuve.

2021 — Le Sommeil de Vénus. Aux deux crayons par L. Bonnet.
Très belle épreuve.

2022 — Tête de jeune femme. Aux trois crayons, par Demarteau.
Très belle épreuve.

BOUCHER (F.), estampes en couleur d'après

2023 — La Toilette de Vénus, gravé en couleur par Janinet.
Très belle épreuve.

2024 — Vénus et l'Amour, — Vénus sortant du bain. Deux pièces aux trois crayons par Demarteau.
Très belles épreuves.

2025 — Vénus et les Amours, — Jeune femme nue assise sur un lit et regardant des fleurs. Deux pièces par Demarteau.
Très belles épreuves. Marges.

2026 — Vénus et les Amours. Deux compositions différentes par Demarteau.
Belles épreuves.

2027 — Vénus et l'Amour, — Femme nue couchée. Deux pièces par Demarteau.
Belles épreuves.

2028 — Vénus aux Colombes. Aux divers crayons par L. Bonnet.
Très belle épreuve.

2029 — Vénus couchée, — Vénus et l'Amour. Deux pièces gravées à la sanguine, par Petit.
Belles épreuves.

2030 — Vénus couchée sur des draperies. Aux trois crayons par Demarteau.
Très belle épreuve.

2031 — Vénus couronnée par les Amours. Aux trois crayons, par Demarteau.
Très belle épreuve.

2032 — Compositions diverses, gravées à la sanguine, par Demarteau. Quarante-cinq pièces. Ce lot sera divisé.

BOUCHARDON (Ed.), d'après

2033 — Apollon et les Muses. Suite de neuf pièces gravées par Huquier.
Très belles épreuves, avec marges.

2034 — Vénus sur les eaux, par L. le Daulceur.
Très belle épreuve avant la lettre. Marge.

BOUCHARDON (ED.), d'après

2035 — Dix-neuf pièces de son œuvre gravées à l'eau-forte
par le comte de Caylus.

BOULOGNE (L. DE), le père

2036 — La Vierge au mur (R. D., 2), — Le Martyre de saint
Paul (8). Deux pièces gravées à l'eau-forte.
Très belles épreuves.

BOURDON (SÉBASTIEN)

2037 — Les Œuvres de miséricorde. Suite de sept pièces
(R. D., 2-8).
Très belles épreuves, avec l'adresse de Mariette.

2038 — L'Enfant Jésus foulant aux pieds le péché (R. D., 16),
— La Fuite en Egypte (18), — La Sainte Famille et sainte
Catherine (19), — Le Baptême de l'Eunuque (30), — Pay-
sages, etc. Neuf pièces.
Belles épreuves.

BRIARD (d'après)

2039 — Le Devin de village, par Jourd'heuil.
Très belle épreuve.

CANOT

2040 — Le Déjeuner de Ferney, dessiné d'après nature en
1775.
Belle épreuve.

CANOT (PH.), d'après

2041 — Le Souhait de la bonne année au grand-papa, — Le
Gâteau des rois, — Le Maître de danse. Trois pièces gra-
vées par J. Ph. Le Bas.
Très belles épreuves.

CARÊME (d'après)

2042 — Bacchanales. Deux pièces aux trois crayons par Demarteau.
Belles épreuves.

2043 — La Bacchante enivrée, en couleur par Janinet.
Très belle épreuve.

CARÊME (d'après)

2044 — Bacchus préside à la fête, — Le Culte systématique.
Deux pièces en couleur, par Janinet.
Belles épreuves.

2045 — Les Plaisirs bachiques. Aux trois crayons, par L.
Bonnet.
Belle épreuve.

2046 — Vénus endormie, par Demarteau.
Belle épreuve.

CARMONTELLE (L. C. DE), d'après

2047 — La Malheureuse famille Calas, par Delafosse.
Belle épreuve.

CASTELLAS (Mlle), d'après

2048 — La Tourterelle chérie, — Le Petit Favori. Deux pièces
faisant pendant, gravées par Voyez le jeune.
Très belles épreuves. Marges.

CAZES (P. J.), d'après

2049 — Pyrame et Thysbé, par Lempereur.
Belle épreuve avant la lettre.

2050 — Apollon et Issé, — Achille et Déidamie, — Danaé.
Trois pièces gravées par Desplaces et Vallée.
Belles épreuves.

CHALLE (M. A.)

2051 — Diane au bain (P. de B. 1).
Belle épreuve, avec marge.

CHALLE (M. A.) d'après

2052 — Les Amants trahis par leurs ombres, par Wogts.
Très belle épreuve.

2053 — La Comparaison. Belle pièce en largeur.
Superbe épreuve avant toutes lettres.

2054 — Jupiter et Léda, — Zéphire et Flore. Deux pièces faisant pendant, gravées par J. B. Tilliard.
Très belles épreuves.

CHALLE (M. A.), d'après

2055 — Le Modèle disposé, gravé par Alex. Chaponnier.
Très belle épreuve.

2056 — Le Sommeil de Vénus, par Le Villain.
Très belle épreuve avant la lettre.

2057 — La Soubrette officieuse, par Chaponnier.
Très belle épreuve.

CHALLES (S.)

2058 — Chaire de la paroisse de Saint-Roch, gravé par Fessard.
Belle épreuve.

CHANTREAU (d'après)

2059 — Distribution de fourrage au sec, — Rue d'un Camp.
Deux pièces faisant pendant, gravées par Le Bas.
Belles épreuves.

CHARDIN (J. B. S.), d'après

2060 — Les Amusements de la vie privée, par L. Surugue
(E. B., 1), — Les Tours de Cartes, par L. Surugue
(E. B., 51). Deux pièces.
Belles épreuves.

2061 — Le Bénédicité, par Lépicié (E. B., 5).
Très belle épreuve.

2062 — La Blanchisseuse, — La Fontaine. Deux pièces faisant pendant, gravées par C. N. Cochin (E. B., 6 et 21).
Belles épreuves.

2063 — La Bonne Education, par Le Bas (E. B., 7).
Très belle épreuve. Marge.

2064 — Les Bouteilles de savon, par Fillœul (E. B., 8), —
L'Instant de la méditation, par L. Surugue (E. B., 26).
Deux pièces.
Belles épreuves.

2065 — Dame prenant son thé, — Le Faiseur de châteaux de
cartes. Deux pièces faisant pendant, gravées par Fillœul
(E. B., 13 et 20).
Très belles épreuves.

CHARDIN (J. B. S.), d'après

2066 — Le Dessinateur, par J. J. Flipart (E. B., 14).
Très belle épreuve.

067 — Etude du dessin, par Le Bas (E. B., 18).
Superbe épreuve du 1er état, avant toutes lettres.

068 — L'Ecureuse, — Le Garçon cabaretier. Deux pièces par C. N. Cochin (E. B., 16 et 22).
Belles épreuves.

2069 — La Gouvernante, par Lépicié (E. B., 24).
Très belle épreuve.

2070 — L'Inclination de l'âge, par P. L. Surugue (E. B., 25).
Belle épreuve. Marge.

2071 — Le Jeu de l'Oie, par P. L. Surugue (E. B., 27).
Très belle épreuve. Grandes marges.

2072 — Jeune Fille à la raquette, par Lépicié (E. B., 29).
Très belle épreuve. Marge.

2073 — Le Jeune soldat, par C. N. Cochin (E. B., 30).
Belle épreuve. Rare.

2074 — La Mère laborieuse, par Lépicié (E. B., 35).
Belle épreuve.

2075 — La Maîtresse d'école, par Lépicié (E. B., 38).
Très belle et rare épreuve, avec la date de 1740, à la suite du nom de Lépicié. Marge.

2076 — Le Négligé ou Toilette du matin, par Le Bas (E. B., 38).
Belle épreuve.

2077 — L'Econome, par Ph. Le Bas (E. B., 39).
Très belle épreuve.

2078 — L'Ouvrière en tapisserie, par J. J. Flipart (E. B., 40).
Très belle épreuve avec marge.

2079 — La Pourvoyeuse, par Lépicié (E. B., 45).
Belle épreuve.

2080 — La Ratisseuse, par Lépicié (E. B., 46. C.),
Belle épreuve.

CHARDIN (J. B. S.), d'après

2081 — La Serinette, par L. Cars (E. B., 47).
Belle épreuve.

2082 — Le Souffleur, par Lépicié (E. B., 48).
Belle épreuve.

CHARPENTIER (d'après)

2083 — L'Emplette inutile, par N. de Launay.
Très belle épreuve.

CHASTEAU

2084 — Les Saisons. Suite de quatre pièces, d'après Boulogne,
Tournière et Berge.
Très belles épreuves. Marge.

CHEREAU (A Paris, chez la veuve de F.)

2085 — Le Financier, — Le Petit-Maître. Deux pièces faisant
pendant.
Très belles épreuves.

CHEVALIER (d'après)

2085 *bis* — Le Diable à quatre, opéra-comique, gravé par
J. B. Michel.
Belle épreuve.

CHEVILLET

2086 — La jeune coquette, — La Beauté dangereuse. Deux
pièces d'après Raoux et Santerre.
Très belles épreuves.

2087 — La Santé portée, — La Santé rendue. Deux pièces faisant pendant, d'après Terburg.
Très belles épreuves.

CHODOWIECKI (D.)

2088 — Cabinet d'un peintre.
Superbe épreuve.

COCLERS (L. B.), d'après

2089 — Aspettare e. etc...., par L. A. Claessens.
Très belle épreuve.

2090 — Commerce du soir, par L. A. Claessens.
Très belle épreuve avant toutes lettres. Marges.

COCHIN (C. N.), d'après

2091 — Le Camouflet, — Le Château de cartes. Deux pièces gravées par N. Dupuis.
Très belles épreuves.

2092 — Le Château de cartes, par N. Dupuis.
Très belle épreuve avant toutes lettres, et avant beaucoup de travaux.

2093 — La Charmante Catin, par Madeleine Cochin.
Belle épreuve.

2094 — Le Chanteur de Cantiques, par Madeleine Cochin.
Très belle épreuve.

2095 — Concours pour le prix de l'Étude des têtes et de l'expression... par J. J. Flipart.
Très belle épreuve. Marge.

2096 — École de dessin, par B. L. Prevost.
Très belle épreuve.

2097 — L'Enfance, — L'Adolescence, — L'Age viril, — La Vieillesse. Suite de quatre pièces gravées par Cochin, Schmidt, Dubos et Bauvais.
Très belles épreuves.

2098 — Histoire de l'Enfant Prodigue. Suite de quatre pièces en largeur.
Très belles épreuves.

2099 — Le jeu d'échecs. Composition de deux figures. Gravé à la sanguine.
Très belle épreuve.

2100 — L'Ouvrière en dentelle, par Aveline.
Belle épreuve.

2101 — La Petite Charrière en couche, gravé par Saint-Non.
Rare épreuve avant beaucoup de travaux.

COCHIN (C. N.), d'après

2102 — Le Plaisir des bonnes gens, par Mme Lingée.
Très belle épreuve. Marge.

2103 — La Ravaudeuse, par Ravenet.
Très rare épreuve à l'état d'eau-forte, plus une épreuve terminée avec la lettre. Deux pièces.

2104 — La soirée, par Gallimard.
Très belle et rare épreuve à l'état d'eau-forte, avant toutes lettres.

2105 — Le Tailleur pour femmes.
Très belle et rare épreuve à l'état d'eau-forte, avant toutes lettres. Marge.

2106 — Vue perspective de l'illumination de la rue de la Ferronerie, par Bailleul.
Très belle épreuve.

2107 — Bataille de Fontenoy, gravé par Soubeyran.
Belle épreuve avant la lettre.

2108 — Les Chats de Mme du Deffant. Jolie pièce en largeur
Très belle épreuve. Marge.

2109 — Louis XV, buste dans un médaillon entouré d'amours et d'ornements. Jolie pièce en largeur.
Très belle épreuve avant la lettre.

2110 — Le Médecin observateur, — Réunion d'amateurs regardant des tableaux et des estampes. Deux pièces.
Très belles épreuves, une est à l'eau-forte.

2111 — Les Nymphes de Diane, gravé par Chedel, — Cythère assiégée, gravé par Cochin, d'après Boucher. Deux vignettes in-4. Épreuves doubles, avant et avec la lettre.
Très belles épreuves.

2112 — Les Nymphes de Diane, gravé par Chedel.
Deux épreuves, dont une avant la lettre.

2113 — Psyché changée en Négresse, gravé par St.-Aubin et le Veau.
Deux très belles épreuves avant la lettre.

2114 — Silvie délivrée par Aminte, gravé par Martini.
Très belle épreuve. Grandes marges.

COCHIN (C. N.), d'après

2115 — Suite de six vignettes in-8, gravées par De Launay, Simonet, Masquelier, Saint-Aubin et Née, pour l'origine des grâces.

Belles épreuves.

2116 — Cinq pièces doubles de la suite précédente.

Belles épreuves, dont trois avant la lettre.

2117 — Vignettes in-8, gravées par Le Mire, Saint-Aubin, etc., pour les Aventures de Télémaques. Paris, Didot, 1790. Huit pièces, dont plusieurs doubles.

Très belles épreuves avec marges, quatre sont avant la lettre.

2118 — Vignettes in-8 et in-4 pour les œuvres de l'Arioste. Douze pièces.

Très belles épreuves, avant et avec la lettre, une est à l'eau-forte.

2119 — Suite de vignettes in-4, gravées par Dambrun, Trière, Le Mire, Thomas, N. Delaunay, pour les œuvres de J.-J. Rousseau. Dix pièces.

Très belles épreuves. Grandes marges.

2120 — Vignettes, fleurons. En-têtes de page, etc. pour illustration d'ouvrages du XVIIIe siècle. Cent vingt-quatre pièces.

Belles épreuves, beaucoup sont avant la lettre.

COCHIN (C. N.) ?

2121 — Le Jeu de Comète, gravé par M... Jolie pièce publiée chez Huquier.

Très belle épreuve.

COLSON (d'après)

2122 — Le Repos, — l'Action. Deux pièces faisant pendant, gravées par N. Dupuis.

Très belles épreuves. Marges.

COPLEY (J. S), d'après

2122 — Trois jeunes filles représentées jouant dans un jardin. In-fol.

Très belle épreuve avant la lettre.

COR

2124 — Chez moi. Jolie pièce en couleur représentant une
jeune femme debout, se promenant dans un jardin.
Très belle épreuve.

CORNEILLE (M.)

2125 — Sainte Famille (R. D., 13).
Très belle épreuve du 1er état.

COTES (F.), d'après

2126 — Bridges (Lady Francis), par J. Watson.
Superbe épreuve, avec marge.

2127 — Une dame debout, vue jusqu'aux genoux, la main
gauche appuyée sur un vase de marbre, par V. Green.
Superbe épreuve, avant la lettre. Marge.

COYPEL (Antoine)

2128 — Judith, gravé à l'eau-forte par Coypel et terminé au
burin par Simonneau (R. D., 2).
Très rare épreuve du 1er état, avant toutes lettres, [plus une épreuve
avec la lettre. Deux pièces.

2129 — La Vierge et l'Enfant Jésus (R. D., 3). — Jésus-Christ
dans le linceul R. D., 6). Deux pièces.

2130 — Bacchus et Ariane (R. D., 9),
Très belle épreuve du 1er état, avant toutes lettres.

2131 — Pan vaincu par les amours (R. D. 10).
Deux très belles épreuves, dont une du 1er état, avant l'année 1692.

COYPEL (Ant.), d'après

2132 — L'Amour réfugié dans la maison d'Anacréon, — Renaud et Armide, — L'Amour et Psyché, — l'Evanouis-
sement d'Esther. Quatre pièces gravées par Audran, Dupuis et Desplaces.
Belles épreuves.

2133 — Le jeune Faune amoureux, par Marie A. Croisier.
Très belle épreuve.

2134 — Rebecca à la fontaine, par P. Drevet.
Belle épreuve.

COYPEL (ANT.), d'après

2135 — Renaud et Armide, — Le triomphe de Galathée, — L'Alliance de Bacchus et de l'Amour, — La toilette de Diane, — Jupiter et Junon. Cinq pièces gravées par Duchange. J. Audran.

Belles épreuves.

2136 — Suzanne surprise au bain par les Vieillards, par L. Simonneau.

Très belle épreuve avant toutes lettres.

2137 — Vénus sur les eaux, — Le Triomphe de Vénus, — Vénus endormie etc. Quatre pièces gravées par Desplaces, Simonneau et Duchange.

Belles épreuves.

COYPEL (N. N.), d'après

2138 — Galatée, — Nymphe surprise par un satyre, — Cimon nourri par sa fille, etc. Cinq pièces gravées par Baumont, Tronchon, le Bas.

Belles épreuves.

2139 — Le Bain de Diane, — L'Alliance de Bacchus et de Vénus. Deux pièces gravées par Duverbrec et Le Bas.

Belles épreuves.

2140 — Les Saisons, suite de quatre pièces en largeur gravées par A. R. Tronchon.

Très belles épreuves.

COYPEL (CH.), d'après

2141 — Les Aventures de Don Quichotte, 22 pièces gravées par Surugue, Poilly, Beauvais, Silvestre, Ravenet, Cochin, Joullain, Tardieu, et Lépicié.

Très belles épreuves. Grandes marges.

2142 — Suite d'Estampes des principaux sujets des comédies de Molière, gravées sur les esquisses de Charles Coypel, dédiée au public en 1726, gravé par F. Joullain. Quatre pièces et un titre.

Très belles épreuves. Rares.

COYPEL (Ch.), d'après

1743 — L'Air grave que je fais paraître... par Lépicié. — Le même sujet gravé en plus petit, par Caylus. Deux pièces.
> Belles épreuves.

2144 — L'Amour de village, ou l'amour naïf. — L'Amour de ville, ou l'amour coquet. Deux pièces faisant pendant, gravées par Lépicié.
> Belles épreuves.

2145 — Un berger assis, jouant de la vielle, — Jeune femme pinçant de la guitare. Deux pièces faisant pendant, gravées par F. Botet.
> Très belles épreuves.

2146 — Le château de cartes, — Jeux d'enfants. Deux pièces gravées par F. Joullain.
> Belles épreuves.

2147 — Costumes d'hommes. Quatre pièces imprimées sur une même feuille.
> Très belles épreuves. Marges.

2148 — Daphnis, par L. Surugue.
> Très belle épreuve. Marge.

2149 — Education sèche et rebutante donnée par une prude. — Entre deux mouvements sans cesse partagé..., — Le négligé galant. Trois pièces gravées par Desplaces, Lépicié et Carmona.
> Belles épreuves.

2150 — La folie pare la décrépitude des ajustements de la jeunesse, par L. Surugue.
> Très belle épreuve.

2151 — Jeu d'Enfants, gravé par Lépicié.
> Très belle épreuve.

2152 — La Jeunesse sous les habillements de la Décrépitude, par R. Elis. Marlié Lépicié.
> Belle épreuve.

COYPEL (Ch.), d'après

2153 — Persée délivre Andromède, — Apollon et Issé, — l'Amour, etc. Cinq pièces gravées par J. Daullé, Desplaces, Ravenet, Poilly et Surugue.

Belles épreuves.

2154 — Testament de Mme Deshoulières en faveur de son chat, gravé à l'eau-forte par Caylus.

Très belle épreuve.

2155 — Thalie chassée par la Peinture, par Lépicié.

Très belle épreuve avant la lettre.

COYPEL (Les)

2156 — Compositions diverses, gravées par Desplaces, Audran, Surugue, Cochin, Duchange, etc. vingt-six pièces.

DAULLÉ (J.)

2157 — Latone, d'après Jouvenet.

Très belle épreuve avant toutes lettres. Marge.

DANDRÉ-BARDON (d'après)

2158 — La Naissance, — L'Éducation. Deux pièces faisant pendants, gravées par J. Balechou.

Belles épreuves.

DANLOUX (d'après)

2159 — La surprise agréable, gravé par Jonxis.

Très belle épreuve avant la dédicace. Marge.

DEBUCOURT (P. L.)

2160 — Annette et Lubin, en couleur.

Très belle épreuve.

2161 — Les bouquets, ou la fête de la grand'maman, — Les compliments, ou la matinée du jour de l'an. Deux pièces faisant pendants, en couleur.

Très belles épreuves.

2162 — Frascati, pièce curieuse pour les costumes. En couleur.

Superbe épreuve de la plus grande fraîcheur. Toutes marges.
Rare dans cet état.

DEBUCOURT (P. L.)

2163 — La noce au château, en couleur.

Très belle épreuve.

2164 — La promenade publique, 1792; pièce capitale du maître.

Superbe épreuve.

2165 — Chacun son tour, — Inutile précaution. Deux pièces en couleur, d'après Vernet.

Belles épreuves.

2166 — La marchande d'eau-de-vie. En couleur, d'après Vernet.

Belle épreuve.

2167 — La Bénédiction paternelle ou le départ de la mariée.

Très belle épreuve avant la lettre. Rare.

2168 — La croisée.

Très belle épreuve. Marge.

2169 — Le carnaval 1810.

Très belle épreuve.

2170 — La coquette et ses filles, ou Une mère à la mode.

Très belle épreuve. Marge.

2171 — l'Enfant soldat, ou les amusements de la famille.

Superbe et rare épreuve avant toutes lettres.

2172 — La femme et le mari, ou les Epoux à la mode.

Très belle épreuve. Marge.

2173 — Les galants surannés, ou les petits papas à la mode.

Belle épreuve. Marge.

2174 — Le grand-papa.

Très belle épreuve.

2175 — Il est pris, — Elle est prise. Deux pièces faisant pendant.

Très belles épreuves.

2176 — Ils sont heureux.

Très belle épreuve.

DEBUCOURT (P. L.)

2177 — Jouis, tendre mère.
>Très belle épreuve.

2178 — Minet aux aguets.
>Très belle épreuve.

2179 — L'Orange ou le moderne jugement de Pâris.
>Très belle épreuve. Grandes marges.

2180 — Oui, son arrivée fera notre bonheur.
>Très belle épreuve.

2181 — La Rose mal défendue.
>Très belle épreuve.

2182 — Les Visites, Publié le premier jour du xixe siècle.
>Belle épreuve.

DEBUCOURT (P. L.), d'après

2183 — Les Voisines laborieuses, gravé par Moitte.
>Belle épreuve.

DE LA RUE (F.)

2184 — Bacchanales, suite de six pièces gravées à l'eau-forte.
>Très belles épreuves.

DEMARTEAU

2185 — Vénus et les Amours, d'après Boucher, à la sanguine.
>Belle épreuve.

2186 — Bustes de femmes, gravés aux trois crayons, d'après Watteau.
>Très belles épreuves.

2187 Jeune femme assise sur une chaise, jouant de la mandoline, à la sanguine, d'après Watteau.

DENON

2188 — Portraits, croquis et études gravées à l'eau-forte, neuf pièces.
>Superbes épreuves. Rares.

DESCAMPS (J. B.), d'après

2189 — Le Négociant, par J. Ph. Le Bas.

Belle épreuve.

2190 — La Pupille, par N. Le Mire.

Très belle épreuve avec marge.

DESENNE (Alexandre)

2191 — Suite complète de soixante-dix sujets et dix portraits en pied, in-8, pour les œuvres de Voltaire. Édition Beuchot.

Très belles épreuves sur chine. Cinq pièces sont doubles, avant la lettre. En tout quatre-vingtcinq pièces.

DESFOSSÉS (d'après M.)

2192 — La Reine Marie-Antoinette annonçant à Mme de Belle-garde, des juges et la liberté de son mari. par J. Duclos.

Superbe épreuve avant la lettre. Rare.

DESHAYES (d'après)

2193 — Erigone vaincue, par P. C. Levesque. — La Résistance par B. A. Nicollet. Deux pièces, la première est avant la lettre.

Belles épreuves.

DIVERS

2194 — Compositions d'après Coypel, Detroy, de Favanne, Surugue etc. Neuf pièces.

Belles épreuves.

2195 — Compositions gravées d'après Fragonard, Huet, Trin-quesse, Sicardi, Duplessis-Bertaux, etc. huit pièces.

DUGOURE (d'après)

2196 — Le Lever de la mariée, par P. Trière.

Très belle et rare épreuve à l'eau-forte.

2197 — La même estampe.

Très belle épreuve avant toutes lettres.

2198 — La Poule au pot, gravé par A. Fr. David.

Belle épreuve.

DUMESNIL (P. L.), d'après

2199 — La Chantre à table, — Le Traitant. Deux pièces gravées par N. Dupuis et Lucas.
> Très belles épreuves.

2200 — La Cuisinière, — Le Garçon cabaretier. Deux pièces faisant pendants, gravées par Cl. Duflos.
> Très belles épreuves, avec marges.

2201 — Le Déjeuné de l'Enfant, par E. C. Tournay.
> Très belle épreuve.

2202 — L'Ouye, — Le Goût, — L'Odorat. — La Vue. — Le Toucher. Suite de cinq estampes gravées par De Lorraine Le Vasseur, et J. B. Tilliard.
> Très belles épreuves.

2203 — La Poupée et le volant. — Les deux amants. Deux pièces gravées par F., et Ch. Dupuis.
> Belles épreuves.

2204 — Le Prêtre du catéchisme, — La Dame de charité. Deux pièces faisant pendants, gravées par E. C. Tournay.
> Très belles épreuves.

2205 — Le Studieux, — La fainéante. Deux pièces faisant pendants, gravées par Ch. Letellier.
> Belles épreuves.

2206 — La vieille coquette, par Elisabeth Claire Tournay.
> Très belle épreuve. Marge.

DUPLESSIS-BERTAUX

2207 — Scènes des campagnes d'Italie et d'Égypte. 12 pièces.
> Très rares épreuves à l'état d'eau-forte.

DUPLESSIS-BERTAUX (d'après)

2208 — L'Instant de la gaieté, — La perte irréparable, — La Réflexion tardive, — La Chambrière instruite. Suite de quatre pièces publiées en Angleterre.
> Très belles épreuves. Marges.

2209 — Le Charlatan allemand, — Le Charlatan français. Deux pièces pendants, gravés par Helman.
> Très belles épreuves avant la dédicace.

ÉCOLE ANGLAISE

2210 — Danaé, gravure sans noms d'artistes, imprimée en bistre.

Très belle épreuve avant la lettre. Marge.

2211 — Portraits et compositions gracieuses en noir et en couleur gravées par Ogborne, Dickinson, Ward, Bartolozzi, Smith, Gardiner etc. 16 pièces.

Belles épreuves.

ÉCOLE FRANÇAISE DU XVIIIᵉ SIÈCLE

2212 — Vénus et l'Amour, — Saintes Familles, — La Charité, — Jésus mis au tombeau, etc. Onze pièces gravées à l'eau forte.

Très belles épreuves. Rares.

2213 — Saintes Familles, saints et saintes, Paysages et sujets mythologiques, par Scalberge, Perier, Chauveau. B. Picart, Subleyras, Boguet, de la Rive, etc. 57 pièces.

Belles épreuves.

2214 — Une soirée d'enfants. In-fol. en hauteur.

Très belle épreuve avant toutes lettres.

2215 — L'Heureuse famille, pièce grauée au pointillé.

Très belle épreuve, sans lettres.

2216 — Vignette satyrique sur Pankouke, avec cette inscription: *Historiæ naturalis tabula secunda Bibliopolæ effigies, Naturam quoque amplectitur omnem Panckoucke.*

Très belle épreuve. Rare.

2217 — Le Chat malade, — L'Opérateur Barri, — Le Peintre — Le Chantre à table, — Le Traitant, — Le Lecteur, etc. huit pièces par divers graveurs, d'après Watteau, Jeaurat, Coypel, Aubert, Dumesnil, Vleughels et Gravelot.

Belles épreuves.

2218 — Compositions d'après Pœlenbourg, Horemans, Moucheron, Ruisdael, Wynants, K. du Jardin, Van Velde, P. de Laer, Swanevelt, Pinaker, Vandermer, etc. Trente-sept pièces par divers graveurs.

Belles épreuves.

ÉCOLE FRANÇAISE DU XVIIIᵉ SIÈCLE

2219 — Compositions diverses, d'après Dumont, Fouché, Lépicié, Cazes, Vanloo, Natoire, Le Moine, Vleughels,
Nattier, Tremollière, etc. trente-six pièces, par divers
graveurs.

2220 — Compositions diverses, d'après C. Vanloo, Desportes,
Raoux, Lajoue, Eisen, Silvestre, Pierre, Parrocel. Hallé.
Tremollière, Dumont, Mondon et Huet. Trente-six pièces.

2221 — Vignettes, en-tête et fleurons, d'après Moreau, Marillier, etc., pour Pygmalion, les œuvres de Dorat, la Pucelle etc. soixante-deux pièces.

Belles épreuves.

EISEN (F.), d'après

2222 — Amusements de la Jeunesse. Deux pièces faisant pendants, gravées par M. S. Carmona.

Très belles épreuves. Marges.

2223 — L'Attente du moment, par Halbou.

Très belle épreuve.

2224 — Le Beau commissaire, — La Jolie Charlatane. Deux
pièces faisant pendants, gravées par Halbou.

Belles épreuves.

2225 — Déguisements enfantins, — La Malice enfantine. Deux
pièces gravées par N. Dupuis.

Très belles épreuves.

2226 — Les Dragons de Vénus, — L'Amour en ribote. Deux
pièces faisant pendants gravées par Halbou.

Très belles épreuves.

2227 — L'École Hollandaise, — L'École Flamande. Deux pièces faisant pendants, gravées par J. Ouvrier.

Très belles épreuves. Marges.

2228 — La Folie du siècle, par A. Martinet, fᵐᵉ Dupuis.

Belle épreuve.

2229 — La Jolie charlatane, — Le Beau commissaire. Deux pièces faisant pendants, gravées par L. Halbou.

Très belles épreuves. Marge.

EISEN (F.), d'après

2230 — La Marchande de chansons, par P. L. Cor.

Belle épreuve.

2231 — La Marchande de plaisirs, — La Marchande de chansons. Deux pièces gravées par P. L. Cor.

Belles épreuves avec marges.

2232 — L'Optique, — L'Espièglerie. Deux pièces faisant pendant, gravées par B. L. Henriquez.

Très belles épreuves. Grandes marges.

2233 — Le Petit Espiègle, par L. J. Cathelin.

Belle épreuve.

2234 — Le Plaisir malin, — L'Attente du moment. Deux pièces faisant pendant, gravées par L. Halbou.

Très belles épreuves.

EISEN (Ch.), d'après

2235 — L'Accord de Mariage, par R. Gaillard.

Très belle épreuve avec marge.

2236 — L'Accord de Mariage, par R. Gaillard.

Très belle épreuve.

2237 — Le Bouquet, par R. Gaillard.

Très belle épreuve. Marge.

2238 — La Comète, par J.-P. Le Bas.

Très belle épreuve avec marge.

2239 — Le Concert champêtre, — Les Amusements champêtres, — Le Bal champêtre, — Les Plaisirs champêtres. Suite de quatre pièces gravées par De Longueil.

Belles épreuves.

2240 — Le Concert mécanique, par De Longueil.

Très belle et rare épreuve à l'état d'eau-forte, avant toutes lettres.

2241 — La même estampe.

Très belle épreuve avant toutes lettres. Rare.

2242 — La même estampe.

Belle épreuve avec le lustre effacé.

EISEN (Ch.), d'après

2243 — La Dame de Charité, par Voyez l'aîné.

Superbe épreuve avant toutes lettres.

2244 — La Double fécondité, par De Fehrt.

Très belle épreuve.

2245 — La Jolie Fermière, — La Belle Nourrice. Deux pièces gravées par De Longueil.

Très belles épreuves.

2246 — Le Matin, — Le Midi, — L'Après-Midi, — Le Soir. Suite de quatre pièces gravées par De Longueil.

Très belles épreuves. Marges.

2247 — Le Mouton favori, par Gaillard.

Belle épreuve.

2248 — La Nuit, gravé par Patas.

Superbe épreuve avant toutes lettres.

2249 — Le Jour, gravé par Patas.

Très belle épreuve.

2250 — Pastorales. Suite de cinq pièces gravées par le Veau, de Ghendt, le Gouaz, etc.

Très belles épreuves.

2251 — Les Quatre Saisons. Suite de quatre pièces gravées par De Longueil.

Très belles épreuves.

2252 — Le Soir, gravé par De Longueil.

Très belle et rare épreuve avant toutes lettres. Marge.

2253 — Le Tric-Trac, gravé par J.-B. Le Bas.

Très belle épreuve du 1er état, avec l'adresse du graveur.

2254 — La même estampe.

Très belle épreuve, avec l'adresse de Buldet.

2255 — La Vertu sous la garde de la Fidélité, — Les Désirs satisfaits. Deux pièces faisant pendant, gravées par Patas.

Belles épreuves.

EISEN (Ch.), d'après

2256 — Vignettes in-8, pour les contes de Lafontaine. Édition dite des fermiers généraux. Soixante-quatre pièces.

Belles épreuves. Le cas de conscience est découvert.

2257 — Vingt-cinq pièces doubles du numéro précédent, y compris le portrait d'Eisen, par Ficquet.

Belles épreuves. Le cas de conscience est découvert.

2258 — Neuf pièces pour le même livre. (Refusées).

Belles épreuves.

2259 — La Fontaine, couronné par les Grâces et les Amours, titre pour une édition de La Fontaine, 1774, gravé par N. de Launay.

Très belle épreuve.

2260 — Gravures in-4, gravées par N. De Launay, pour les chefs-d'œuvre dramatiques de Marmontel. Trois pièces.

Belles épreuves.

2261 — Vignettes et En-têtes de page, gravées par de Longueil, Binet, etc., pour divers ouvrages. Cinq pièces.

Belles épreuves avant la lettre, dont deux à l'eau-forte.

2262 — Vignettes, fleurons et En-tête pour le Temple de Gnide, Ovide, Les Baisers, l'Arioste, etc. Cent-trente-sept pièces.

Belles épreuves, avant ou avec la lettre.

EISEN et BOUCHER (d'après)

2263 — L'Amour Européen, — Le Peintre. Deux pièces.

FRAGONARD (H.)

2264 — L'Armoire (P. de B., 2).

Superbe épreuve du 1er état, avant toutes lettres. Marges.

2265 — Les Traitants (P. de B., (1), — Les Deux Femmes à cheval (5), — Le Parc (4), copie. Première leçon d'équitation, par Mlle Gérard. Quatre pièces.

2266 — Quatre Bacchanales (P. de B., 6-9).

Très belles épreuves.

FRAGONARD (H.)

2267 — Estampes gravées à l'eau-forte, d'après les maîtres
Italiens, Tintoret, Carrache, Tiepolo, Castiglione, etc.
Dix pièces.

Belles épreuves.

FRAGONARD (H.) d'après

2268 — L'Amour en sentinelle, par Miger.

Très belle épreuve.

2269 — Les Beignets, — Le Petit prédicateur, — L'Education
fait tout. Trois pièces gravées par N. De Launay.

Belles épreuves.

2270 — Le Baiser amoureux, — Le Baiser dangereux, — Annette à l'âge de vingt ans, — Le Chiffre d'amour, — Intérieur villageois. Cinq pièces par Godefroy, Miger, et
Charpentier.

2271 — La Bascule, — Le Colin-Maillard. Deux pièces faisant
pendant, gravées par Beauvarlet.

Très belles épreuves.

2272 — La Bascule, par Beauvarlet.

Épreuve avec le nom de Boucher.

2273 — La Bonne mère, par N. de Launay.

Très belle épreuve.

2274 — La Bonne mère, gravée en couleur, par Audebert.

Très belle épreuve.

2275 — La Chemise enlevée, par Guersant.

Superbe épreuve avec une grande marge. Rare.

2276 — La même estampe.

Très belle épreuve, doublée.

2277 — Ma Chemise brûle, par Legrand.

Belle épreuve.

2278 — Le Contrat, — Le Verrou. Deux pièces faisant pendant, gravées par Blot.

Belles épreuves.

FRAGONARD (H.), d'après

2279 — La Coquette fixée, par Dambrun.
Superbe épreuve à l'état d'eau-forte. Grande marge.

2280 — La Culbute, gravé au bistre, par Charpentier.
Très belle épreuve, avec marge.

2281 — L'Enfant chéri, par Regnault et Vidal.
Belle épreuve.

2282 — La Famille du fermier, gravé à l'eau-forte par C.-P.
Marillier, et terminé au burin par L. Romanet.
Très belle épreuve avant la lettre.

2283 — La Famille du fermier, par Beauvarlet.
Belle épreuve.

2284 — La Fontaine d'amour, — Le Songe d'Amour. Deux
pièces faisant pendant, gravées par N.-F. Regnault.
Belles épreuves.

2285 — Fontaine d'Amour, — Serment d'Amour. Deux pièces
gravées en couleur par Audebert.
Très belles épreuves.

2286 — La Gimblette, par Bertony.
Belle épreuve.

2287 — Les Hasards heureux de l'escarpolette, par N. de
Launay.
Très belle et rare épreuve à l'état d'eau-forte, avant toutes lettres.

2288 — L'Inspiration favorable, par Halbou.
Belle épreuve.

2289 — Les Jeunes Sœurs, par Vidal.
Superbe épreuve avant toutes lettres.

2290 — Le Pot au lait, par N. Ponce.
Très belle et rare épreuvre à l'état d'eau-forte, avant toutes lettres.
Marge.

2291 — Sacrifice de la Rose, par H. Gérard.
Très belle épreuve.

2292 — Le Verre d'eau, par N. Ponce.
Très belle et rare épreuve, à l'état d'eau-forté, avant toutes lettres.

FRAGONARD (H.), d'après

2293 — Un Enfant portant des poupées, gravé par Mlle Gérard.

> Très belle épreuve avant la lettre. Marge.

2294 — Un Génie et des Amours sur des nuages. Jolie pièce en hauteur.

> Très rare épreuve à l'état d'eau-forte, avant toutes lettres. Marges.

2295 — Portrait d'homme, représenté en pied, assis sur une chaise, gravé au crayon rouge, par Demarteau.

> Très belle épreuve. Rare.

ESTAMPES POUR ILLUSTRATIONS DES CONTES DE LA FONTAINE

2296 — Joconde (le départ).

> Très belle et rare épreuve avant toutes lettres, à l'état d'eau-forte. Grandes marges.

2297 — Le Muletier.

> Très rare et belle épreuve avant toutes lettres, à l'état d'eau-forte. Grandes marges.

2298 — La Gageure des trois commères (Le Poirier).

> Très rare et belle épreuve avant toutes lettres, à l'état d'eau-forte. Grandes marges.

2299 — La Gageure de trois commères (Le Fil).

> Très rare épreuve, à l'état d'eau-forte. Grandes marges.

2300 — La Fiancée du roi de Garbe (Le Serment).

> Très rare épreuve à l'état d'eau-forte. Grandes marges.

2301 — La Fiancée du roi de Garbe (Le Chevalier).

> Très rare et belle épreuve à l'état d'eau-forte. Grandes marges.

2302 — La Clochette, par Dambrun.

> Très rare et belle épreuve à l'état d'eau-forte. Grandes marges.

2303 — Les deux Amis.

> Très belle et rare épreuve à l'état d'eau-forte. Grandes marges.

2304 — Le Juge de Mesle, par Dambrun.

> Très belle et rare épreuve à l'état d'eau-forte. Grandes marges.

2305 — Alix malade.

> Très rare et belle épreuve à l'état d'eau-forte. Grandes marges.

2306 — Sœur Jeanne, par Patas.

> Très belle et rare épreuve avant la lettre. Grandes marges.

FRAGONARD (H.), d'après

Estampes pour illustration des Contes de La Fontaine

2307 — Imitation d'Anacréon.

Très belle et rare épreuve à l'état d'eau-forte. Grandes marges.

2308 — L'Hermite.

Très belle et rare épreuve à l'état d'eau-forte. Grandes marges.

2309 — Contes et nouvelles en vers par Jean de La Fontaine. A Paris chez Delafosse, Saint-Aubin et Tilliard, l'an III de la République, 1795. 2 vol. in-4 ornés de vingt figures, d'après les dessins de Fragonard, cartonnés, non rognés.

Manque le titre et le faux titre du deuxième volume.

2310 — Vignettes in-4, gravées par divers artistes pour illustrer les contes de La Fontaine. Édition in-4. de Didot. 1795. Seize pièces.

Très belles épreuves.

FREUDEBERG (S.), d'après

2311 — Le Coucher, par Duclos et Bosse.

Très belle épreuve à l'état d'eau-forte, avant toutes lettres et avant la bordure. Grandes marges. Très rare.

2312 — L'Événement au bal, par Duclos et Ingouf.

Très belle épreuve à l'état d'eau-forte, avant toutes lettres et avant la bordure. Grandes marges. Très rare.

2313 — La Promenade du soir, par Ingouf.

Très belle et rare épreuve avant toutes lettres, seulement le nom du graveur, tracé à la pointe.

2314 — Le Lever, par A. Romanet.

Très belle épreuve.

2315 — Le Bain, par A. Romanet.

Très belle épreuve avant le numéro.

2316 — La Toilette, par Voyez l'aîné.

Très belle épreuve.

2317 — L'Occupation, par Lingée.

Très belle épreuve, avant le numéro.

2318 — La visite inattendue, par Voyer l'aîné.

Très belle épreuve. Marge.

FREUDEBERG (S.), d'après

2319 — La Promenade du matin, par Lingée.
Très belle épreuve.

2320 — Le Boudoir, par P. Maleuvre.
Très belle épreuve.

2321 — Les Confidences, par C. L. Lingée.
Belle épreuve.

2322 — La Promenade du soir, par Ingouf.
Très belle épreuve. Marge.

2323 — La Soirée d'hiver, par Ingouf.
Belle épreuve.

2324 — L'Événement au bal, par Duclos et Ingouf.
Belle épreuve.

2325 — Le Coucher, par Duclos et Bosse.
Très belle épreuve. Marge.

2326 — L'Heureuse union, par Bosse.
Très belle épreuve avant la réduction de la planche.

2327 — Les Mœurs du Temps, par Ingouf l'aîné.
Très belle épreuve avant la réduction de la planche.

2328 — Le Petit jour, par N. de Launay.
Très belle épreuve.

2329 — La Complaisance maternelle, par N. de Launay.
Belle épreuve.

2330 — La crainte enfantine, — La confiance enfantine. Deux
pièces faisant pendant, gravées en couleur par Janinet.
Très belles épreuves. Marge.

2331 — Départ du soldat suisse, — Retour du soldat suisse.
Deux pièces faisant pendants, en couleur.
Très belles épreuves.

2332 — La Gaieté conjugale, par N. de Launay.
Belle épreuve.

2333 — L'Instant favorable, par F. Voyez.
Très belle épreuve avec marge.

FREUDEBERG (S.), d'après

2334 — La petite Fête imprévue, — Les Chanteuses du mois
de may. Deux pièces faisant pendant, en couleur.

Très belles épreuves.

2335 — Le Présent du fermier, par le Beau, — La Petite Famille suisse, par Dunker et Eichler. Deux pièces.

Belles épreuves.

2336 — La Propreté villageoise, — La Toilette champêtre.
Deux pièces faisant pendants, en couleur.

Très belles épreuves.

2337 — Le Soldat en semestre, par Ingouf.

Belle épreuve.

2338 — La Visite au Chalet, — L'Hospitalité suisse. Deux pièces
en couleur.

Très belles épreuves.

GARNIER (M.), d'après

2339 — La Leçon de musique, par Mariage.

Très belle épreuve.

GÉRARD (Mlle), d'après

2340 — Le Bouquet inattendu, par H. Gérard.

Très belle épreuve avant la lettre.

2341 — L'élève intéressante, — Le Triomphe de Minette. Deux
pièces faisant pendants, gravées par Vidal.

Très belles épreuves.

2342 — L'Indécision, par H. Gérard.

Belle épreuve.

2343 — Le Présent, — Je m'occupais de vous. Deux pièces
gravées par Vidal.

Très belles épreuves.

2343 *bis* — Les Regrets mérités, par N. de Launay.

Belle épreuve.

GILLOT (Cl.)

2344 — Fête de Diane, troublée par des Satyres, — Fête du
dieu Pan, célébrée par des Sylvains et des Nymphes, —

Fête de Faune, dieu des forêts, — Fête de Bacchus, célébrée par des Satyres et des Bacchantes. Suite de quatre
pièces.

Très belles épreuves.

2345 — Fête de Faune, dieu des forêts, — Fête du Dieu Pan,
célébrée par des Sylvains et des Nymphes. Deux pièces.

Très rares et belles épreuves avant les vers. Marges.

2346 — La Naissance, — L'Éducation. Deux pièces en largeur.

Belles épreuves.

2347 — L'Enfance, — L'Adolescence, — La Virilité et la Vieillesse. Suite de quatre estampes en hauteur, gravées par
Joullain.

Très belles épreuves.

2348 — La Passion des Richesses, — La Passion de l'Amour,
— La Passion de la Guerre, — La Passion du Jeu. Suite
de quatre pièces en largeur.

Très belles épreuves.

2349 — Réunion de diables et de sorciers. Deux pièces en
largeur.

Très belles épreuves.

2350 — Dessus de clavecin gravé par Caylus, d'après le dessin
original inventé par Gillot.

Très belle épreuve.

GLUME

2351 — Leçon de musique, composition de deux figures. Jolie
pièce gravée à l'eau-forte.

Très belle épreuve. Rare.

GRAVELOT (H.), d'après

2352 — Le Concert, gravé par Saint-Non.

Superbe épreuve à l'état d'eau-forte, avant toutes lettres.

2353 — Le Lecteur, par R. Gaillard.

Très belle et rare épreuve à l'état d'eau-forte, avant toutes lettres.
Grandes marges.

GRAVELOT (H.), d'après

2354 — La même estampe.

Très belle épreuve.

2355 — Le Roi et le Fermier, gravé en bistre, par Janinet.

Très belle épreuve. Marge.

2356 — Ninet à la Cour, gravé en bistre, par Janinet.

Très belle épreuve. Marge.

2357 — Le Repas des Moissonneurs, gravé en bistre, par Janinet.

Très belle épreuve. Marge.

2358 — La Course de chevaux, — Le Jeu de la crosse, — La main-chaude, etc. Huit pièces.

Belles épreuves.

2359 — Inauguration de la statue de Louis XV, par Aug. de Saint-Aubin.

Très belle épreuve avant la lettre.

2360 — Buste de Louis XV, couronné par Apollon et une muse. In-4.

Très belle épreuve. Marge.

2361 — Mlle Clairon, couronnée par Melpomène, gravé par N. Le Mire. In-4.

Très belle épreuve.

2362 — Vignettes in-8, par divers graveurs, pour les œuvres de Corneille. Édit. de 1764. Vingt-deux pièces.

Très belles épreuves du premier tirage, avant la bordure.

2363 — Cinq pièces doubles de la suite précédente.

Belles épreuves avec la bordure.

2364 — Suite de 23 gravures in-8, gravées par Baquoy, Lemire, Le Veau, etc., pour Les contes moraux de Marmontel.

Très belles épreuves.

2365 — Dix-sept pièces doubles de la suite précédente.

Très belles épreuves.

GRAVELOT (H.), d'après

2365 *bis* — Vignettes in-8, par Pasquier, Fessard Aveline, etc.,
pour Tom Jones. Seize pièces.

Belles épreuves.

2366 — Vignettes in-8, tirées de l'Almanach utile et agréable
de la loterie de l'école militaire. Trente-six pièces imprimées sur quatre feuilles. Rares.

2367 — Vingt-neuf gravures in-4, par divers graveurs, pour
les œuvres de Voltaire. Édition de Genève 1768, 30 vol.
in-4.

Très belles épreuves.

2368 — Le Fanatisme. Acte IV, scène 4, gravé par Simonet.

Très rare épreuve à l'état d'eau-forte. Marge.

2369 — Six pièces doubles de la suite précédente.

Belles épreuves.

2370 — Vignettes in-8 et in-4, pour les œuvres de Rousseau,
de Falbaire de Quingey, La Secchia rapita, la Jérusalem
délivrée, etc. Quatre-vingt-treize pièces.

Très belles épreuves, beaucoup sont avant la lettre.

GRAVELOT et COCHIN

2371 — Iconologie par figures, ou traité complet des allégories, emblèmes, etc., Ouvrage utile aux artistes, aux
amateurs, et peuvent servir à l'éducation des jeunes personnes, par MM. Gravelot et Cochin. Figures des tomes I
et II. Cent pièces, dont deux titres.

Très belles épreuves.

GRAVELOT, EISEN, COCHIN (d'après)

2372 — Vignettes in-8 et in-4, pour les œuvres de Rousseau,
l'Art d'Aimer, Les Œuvres de Voltaire, etc. Quarante-
deux pièces.

Belles épreuve.

GREUZE (J. B.), d'après

2373 — *Greuze* (J.-B.), peintre du Roi, gravé par J.-J. Flipart.

Très belle épreuve.

GREUZE (J. B.), d'après

2374 — Annette, par L. Binet.
>Très belle épreuve.

2375 — L'Aveugle trompé, par Le Bas.
>Très belle et rare épreuve avant toutes lettres, à l'état d'eau-forte. Marge.

2376 — La même estampe.
>Très belle épreuve avant toutes lettres.

2377 — Le Baiser envoyé, par A. de Saint-Aubin.
>Très belle épreuve avant la lettre. Marge.

2378 — La Belle-Mère, par J.-C. Levasseur.
>Belle épreuve.

2379 — La même estampe.
>Belle épreuve.

2380 — La Bonne éducation, — La Paix du Ménage. Deux pièces faisant pendant, gravées à l'eau-forte, par Moreau et terminées au burin par Ingouf.
>Très belles et rares épreuves à l'état d'eau-forte, avant toutes lettres.

2381 — Les mêmes estampes.
>Très belles épreuves. Marges.

2382 — La Bonne mère, par Malœuvre.
>Très rare épreuve à l'état d'eau-forte, avant toutes lettres. Marges.

2383 — La même estampe.
>Très belle épreuve avant toutes lettres.

2384 — La Blanchisseuse, par Danzel.
>Très belle épreuve.

2385 — Costumes d'Italie. Deux pièces, par Moitte.
>Rares épreuves à l'état d'eau-forte, avant toutes lettres.

2386 — La Cruche cassée, par J. Massard.
>Superbe épreuve, signée au verso Greuze et Massard.

2387 — Diane et Calisto. Deux pièces gravées par Gaillard.
>Belles épreuves.

2388 — La Diseuse de Bonne aventure, — La Mélancolie, — La Grand'mère. Trois pièces, fac-similés de dessins. Rares.

GREUZE (J. B.), d'après

2389 — Les Écosseuses de pois, par J. Ph. Le Bas.
Très belle épreuve.

2390 — L'Éducation d'un jeune Savoyard, par Aliamet.
Très belle épreuve avant la lettre.

2391 — La même estampe.
Très belle épreuve.

2392 — L'Enfant gâté, par Malœuvre.
Superbe épreuve avant toutes lettres. Marge.

2393 — Étude du tableau de la Dame de Charité, faite d'après
Mme Greuze, par Massard.
Très belle épreuve.

2394 — Études de têtes, gravées par Ingouf. Douze pièces.
Belles épreuves, en partie avant les numéros.

2395 — Les Fermiers brûlés, par A.-L. de Lalive.
Très belle épreuve.

2396 — La Fille confuse, par Ingouf.
Superbe épreuve avant la dédicace.

2397 — La Fille grondée, gravé par C.-F. Letellier
Belle épreuve.

2398 — Le Geste Napolitain, par P.-E. Moitte.
Très rare épreuve à l'état d'eau-forte, avant toutes lettres, imprimée au
recto et au verso. Marge.

2399 — La même estampe.
Très belle épreuve avant la lettre.

2400 — La Jeunesse studieuse, par C. Le Vasseur.
Belle épreuve, avec marge.

2401 — La Lecture de la Bible, — La Grand-Maman, — La
Pelotonneuse. Trois pièces gravées par Martenasie, Binet
et Flipart.
Belles épreuves.

2402 — Le Malheur imprévu, par R. de Launay.
Très belle et rare épreuve avant toutes lettres et avant beaucoup de
travaux.

GREUZE (J. B.), d'après

2403 — La même estampe.
Très belle épreuve avant la dédicace.

2404 — La Marchande dn marrons, par Beauvarlet
Belle épreuve.

2405 — Le Mènage ambulant, par Binet.
Superbe épreuve avant toutes lettres. Grandes marges.

2406 — La Mère de Famille. par A.-L. de Lalive.
Belle épreuve.

2407 — Les Œufs cassés, par P.-E. Moitte.
Superbe épreuve avant toutes lettres.

2408 — Offrande à l'Amour, par Macret.
Très belle épreuve avant la lettre.

2409 — Le Paralytique servi par ses enfants, par R. de Launay.
Belle épreuve avant la lettre.

2410 — La Paresseuse, par P.-E. Moitte.
Superbe épreuve avant la lettre. Grandes marges.

2411 — La Petite fille au chien, par Porporati.
Très belle épreuve avec l'adresse rue Thibautaudé.

2412 — La Petite fille au capucin, par Ingouf.
Très belle épreuve.

2413 — La Petite sœur, par Hauer.
Belle épreuve.

2414 — La Philosophie endormie, gravé à l'eau-forte par Moreau et terminé par Aliamet.
Superbe et rare épreuve avant toutes lettres, à l'état d'eau-forte avancée. Dans cet état, le corsage est boutonné jusqu'au cou, tandis que dans les épreuves terminées, il est entr'ouvert et laisse apercevoir la chemise. Grandes marges.

2415 — La même estampe.
Très belle épreuve avant la dédicace et avant l'adresse d'Aliamet.

2416 — Les Premières leçons de l'amour, par Voyez l'aîné.
Très belle épreuve.

2417 — Le Ramoneur, — La Servante congédiée. Deux pièces faisant pendant, gravées par Voyez.
Belles épreuves.

GREUZE (J. B.), d'après

2418 — Retour de Nourrice, par Aubert.

Belle épreuve.

2419 — Retour sur soy-même, par L. Binet.

Très belle épreuve.

2420 — Les Sevreuses, par Tilliard et Ingouf.

Très belle et rare épreuve à l'état d'eau-forte, avant toutes lettres. Marge.

2421 — La même estampe.

Très belle épreuve. Marge.

2422 — Le Tendre Désir, par C...

Superbe épreuve avant la dédicace.

2423 — La Tricoteuse endormie, par Claude-Donat Jardinier.

Belle épreuve. Marge.

2424 — La Vertu chancelante, par Massard.

Très belle épreuve avant toutes lettres, seulement les noms d'artistes tracés à la pointe; signée au verso : Greuze et Massard.

2425 — La Dame bienfaisante, par Massard.

Belle épreuve, signée au verso : Greuze et Massard.

2426 — Le Gâteau des Rois, par Flipart.

Très belle épreuve avant toutes lettres, non entièrement terminée.

2427 — La Malédiction paternelle, par R. Gaillard.

Très belle épreuve avant la lettre et avant les armes, avec les noms des artistes.

2428 — Le Fis puni, par R. Gaillard.

Très belle épreuve avant la lettre et avant les armes, avec les noms d'artistes à la pointe. Marges. Signée au verso : Greuze et Gaillard.

2429 — La Mère bien aimée, par Massard.

Très belle épreuve avant la lettre, avec les noms d'artistes à la pointe. Marge.

2430 — La même estampe.

Belle épreuve.

2431 — La Mère en colère. Composition de six figures. Grand in-fol. en largeur, par R. Gaillard.

Très belle épreuve avant la lettre.

GREUZE (J. B.), d'après

2432 — Le Paralitique servi par ses enfants, par J.-J. Flipart.
Belle épreuve, remargée.

2433 — Le Testament déchiré, par Le Vasseur.
Belle épreuve avant la lettre.

2434 — La Veuve et son curé, par J.-C. Levasseur.
Belle épreuve.

HALLÉ (d'après)

2435 — Monseigneur le duc de Chartres, à Notre-Dame de Gournay, par Tardieu, — Jeune Mère amusant son enfant, par Françoise Beauvarlet. Deux pièces.
Belles épreuves.

HEILMANN (d'après)

2436 — Le Bon exemple, — Mademoiselle sa sœur. Deux pièces faisant pendant, gravées par Chevillet.
Belles épreuves.

HILL (Th.), d'après

2437 — *Cross* (M^rss), par Smith.
Très belle épreuve.

HOGARTH (W.)

2438 — Vingt-cinq pièces de son œuvre, dont la suite de l'Enfant prodigue.
Belles épreuves.

HOOGHE (R. de)

2439 — Vignettes-entête de pages, pour illustration des contes de Lafontaine. Cinquante-quatre pièces, plusieurs sont avant le texte au verso.
Belles épreuves.

HOPPNER (J.), d'après

2440 — *Benwell* (M^rrs), par W. Ward.
Très belle épreuve.

2441 — *Bouverie* (M^trs E.), par R. Smith.
Belle épreuve.

HUBERT-ROBERT (d'après)

2442 — La Dévideuse Italienne, par Chatelain.
>Très belle épreuve à l'état d'eau-forte. Marge.

HUET (J. B.), d'après

2443 — Le Chaudronnier, par J. Guelard.
>Très belle épreuve.

2444 — Le Départ d'une foire. En couleur, par Jubier.
>Très belle épreuve.

2445 — L'Eté, — Le Printemps. Deux pièces en couleur, par Demarteau.
>Très belles épreuves.

2446 — L'Espoir heureux, — La Bergère satisfaite. Deux pièces en couleur, par Bonnet.
>Très belles épreuves.

2447 — Jeune Femme assise dans un jardin, cousant, gravé en couleur par Demarteau.
>Très belle épreuve.

2448 — Jeune Mère avec son enfant, gardant des moutons. Aux trois crayons, par Demarteau.
>Très belle épreuve.

2449 — Nymphes au bain. En couleur, par Demarteau.
>Très belle épreuve. Marge.

2450 — Offrande à l'Amitié, — Offrande à l'Hymen. Deux pièces faisant pendant, gravées en couleur, par Jubier et Bonnet.
>Belles épreuves.

2451 — Le Plaisir des Amours, — Amours couchés. Trois pièces aux divers crayons, par Demarteau.
>Belles épreuves.

2452 — Le Retour à la ferme, par Jubier, en couleur.
>Belle épreuve.

2453 — Vénus caressée par l'Amour, — La Double surprise. Deux pièces à la sanguine, par Bonnet.
>Belles épreuves.

HUTIN (C. et F.)

2454 — Agar (P. de B., 2), — La Naissance de Jésus-Christ
(4), — Les Sept Œuvres de miséricorde (P. de B., 1-7).
Neuf pièces.
> Belles épreuves.

INGOUF l'aîné (d'après)

2455 — Zemire et Azor, par Ingouf le jeune.
> Très belle épreuve.

JANINET (F.)

2456 — Le Rendez-vous comique, d'après Watteau, en couleur,
> Très belle épreuve, avec marge.

JEAURAT (Ét.), d'après

2457 — L'Accouchée, — La Relevée. Deux pièces faisant pendant, gravées par Lépicié.
> Très belles épreuves.

2458 — L'Amour coquet. — L'Amour petit-maître. Deux
pièces faisant pendant, gravées par Jeaurat frère.
> Très belles épreuves.

2459 — L'Amour de la chasse, — L'Amour du vin. Deux
pièces faisant pendant, gravées par Surugue.
> Très belles épreuves.

2460 — La Belle rêveuse, — La Petite Jalouse, — Les Caresses réciproques, — Le Jeune symphoniste. Suite de
quatre pièces gravées par Gaillard, Jardinier et Sornique.
> Très belles épreuves.

2461 — Les Citrons de Javotte, par C. Levasseur.
> Très belle épreuve. Grandes marges.

2462 — La Coeffeuse, — La Couturière. Deux pièces gravées
par Balechou et Sornique.
> Très belles épreuves.

JEAURAT (Ét.), d'après

2463 — La Coquette, — L'Econome, — La Savante, — La Dévote. Suite de quatre pièces gravées par Michel Aubert.

Très belles épreuves.

2464 — Enlèvement de Police, — Déménagement d'un peintre. Deux pièces faisant pendant, gravées par Cl. Duflos.

Très belles épreuves. Grandes marges.

2465 — L'Eplucheuse de salade, par Leznado.

Très belle épreuve.

2466 — Espièglerie, — Tour d'Ecolier. Deux pièces faisant pendant, gravées par Elisabeth Marlié-Lépicié.

Très belles épreuves.

2467 — L'Exemple des mères, par Lucas.

Très belle épreuve.

2468 — Le Goûté, — La Servante congédiée. Deux pièces faisant pendant, gravées par Balechou.

Très belles épreuves.

2469 — Les Jeunes physiciens? Jolie pièce en hauteur. Composition de deux figures.

Belle épreuve avant toutes lettres.

2470 — La Jeunesse, — La Vieillesse. Deux pièces faisant pendant, gravées par Lépicié.

Belles épreuves.

2471 — Le Joli dormir (Portrait de Mme de Lalive d'Epinay), par Mme Tardieu.

Très belle épreuve. Marge.

2472 — Le Mari jaloux, — L'Opérateur Barri. Deux pièces faisant pendant, gravées par Balechou.

Très belles épreuves. Grandes marges.

2473 — Le Matin, — Le Midi, — L'Après-dînée. Trois pièces gravées par Balechou.

Belles épreuves.

JEAURAT (Ét.), d'après

2474 — La Place Maubert, par Aliamet.

Très belle épreuve. Grandes marges.

2475 — La Poésie, — La Géographie, — Le Dessin, — Découverte d'Achille, etc. Huit pièces, d'après S. Le Clerc.

2476 — Le Remède, — Le Fiacre. Deux pièces gravées par Aliamet et Pasquier.

Très belles épreuves.

2477 — La Servante congédiée, par Balechou.

Très belle et rare épreuve avant toutes lettres.

2478 — Le Transport des filles de Joie à l'hôpital, — Le Carnaval des rues de Paris, — La Place des Halles. Trois pièces, gravées par Aliamet et Le Vasseur.

Belles épreuves.

2479 — Vénus et Adonis, — Le Repos de Diane, — Naissance de Vénus. Trois pièces gravées par Gaillard, Charpentier et Aubert.

Belles épreuves.

JOLLAIN (N. R.), d'après

2480 — La Nymphe Erigone, par Muller.

Très belle épreuve.

JULIEN (Simon)

2481 — Deux planches d'études faites à Rome en 1764 (P. de B., 7-8).

Très belles épreuves.

KAUFFMANN (Angelica), d'après

2482 — Génie de l'architecture, — Le Conseil des Grâces. Deux pièces gravées par Macret et Sandoz.

Belles épreuves.

KETTLE (J.), d'après

2483 — *Barrington* (M^{rss}), par J. Watson.

Très belle épreuve. Marge.

KNELLER (G.), d'après

2484 — Gibbons (Grinlin), — *Henley* (Antoine). Deux portraits
gravés par Smith.
>Belles épreuves.

LAGRENÉE (d'après)

2485 — Triomphe de la peinture, — Pygmalion amoureux de
sa statue. Deux pièces faisant pendant, gravées par Der-
nel.
>Très belles épreuves avant la lettre.

LA HYRE (L. DE)

2486 — Saintes familles, — Saints, — Sujets profanes, Paysages, etc. Vingt-deux pièces gravées à l'eau-forte (R. D.,
t. I, p. 75).
>Très belles épreuves. L'œuvre complet du maître est de 35 pièces.

LAIRESSE (GÉRARD DE)

2487 — Son OEuvre composé de cent trente-trois pièces, sujets
historiques, allégories, sujets religieux et mythologiques.
Portraits, etc.
>Très belles épreuves.

2488 — Son œuvre, en quatre-vingt-dix-sept pièces à l'eau-
forte.
>Très belles épreuves.

LANCRET (N.), d'après

2489 — Les Quatre Ages de la vie. Suite de quatre pièces en
largeur, gravées par de Larmessin (E. B., 1, 28, 45, 86).
>Très belles épreuves.

2490 — A Femme avare, galant escroc, par N. de Larmessin
(E. B., 2).
>Très belle épreuve avant l'adresse de Buldet. Marges.

2491 — Les Agréments de la campagne, par Joullain (E.
B., 3).
>Très belle épreuve.

LANCRET (N.), d'après

2492 — Les Quatre Eléments. Suite de quatre pièces en hauteur, gravées par C. N. Cochin, N. Tardieu, L. Desplaces et B. Audran (E. B., 4-27-34-75).
Très belles épreuves. Marges.

2493 — Les Amours du Bocage, par N. de Larmessin (E. B., 8).
Très belle épreuve.

2494 — Les Quatre Heures du jour. Suite de quatre pièces en largeur, gravées par de Larmessin (E. B., 10-49-50-74).
Superbes épreuves du 1er état, avant l'adresse de Crépy, adresse qui plus tard fut ajoutée à celle de Larmessin. Belles marges.

2495 — Les Quatre Saisons. Suite de quatre pièces en largeur par de Larmessin (E. B., 12-30-39-63).
Belles épreuves.

2496 — Les Quatre Saisons. Suite de quatre pièces en hauteur gravées par B. Audran, G. Scotin, N. Tardieu et Ph. le Bas (E. B., 13, 31, 40, 64).
Très belles épreuves, l'épreuve de l'automne est avec remarque le titre écrit : Autonne. Grandes marges.

2497 — La Belle Grecque, par G.-F. Schmidt (E. B., 15).
Très belle épreuve du 1er état.

2498 — Le Berger indécis, par J. Tardieu (E. B., 16).
Belle épreuve.

2499 — Mademoiselle Camargo, par L. Cars (E. B., 17).
Très belle et rare éqreuve à l'état d'eau-forte, avant toutes lettres.

2500 — La même estampe.
Très belle épreuve.

2501 — Le Concert pastoral, par L. Joullain (E. B., 19). — Récréation champêtre, par Joullain (E. B., 68). Deux pièces.
Belles épreuves.

2502 — Conversation galante, par P. le Bas (E. B., 20).
Très belle épreuve.

2503 — La Coquette de village, par de Larmessin (E. B., 21).
Très belle épreuve. Marge.

LANCRET (N.), d'après

2504 — *Dans cette aimable solitude...,* — *Par une tendre chansonnette...* Deux pièces faisant pendant, gravées par C. N. Cochin (E. B., 24 et 58).

Belles épreuves.

2505 — Les Deux amis, par De Larmessin (E. B., 25).

Très belle épreuve avant l'adresse de Buldet. Marge.

2506 — *D'un Baiser que Tirsis caché dans ces beaux lieux...,* — *Que le cœur d'un amant est sujet à changer...* — Deux pièces faisant pendant, gravées par S. Silvestre (E. B., 26 et 66).

Belles épreuves.

2507 — Les Deux amis, — Pâté d'Anguille, — Le petit Chien qui secoue de l'argent et des pierreries, — Les Rémois, — La Servante justifiée (E. B., 25, 59, 60, 69, 73). Cinq pièces gravées par de Larmessin.

Très belles épreuves avant l'adresse de Buldet.

2508 — Le Faucon, par de Larmessin (E. B., 32).

Très belle épreuve avant l'adresse de Buldet. Grandes marges.

2509 — Le Gascon puni, par de Larmessin (E. B., 35).

Très belle épreuve avant l'adresse de Buldet. Grandes marges.

2510 — Le Glorieux, par N. Dupuis (E. B., 37).

Très belle épreuve.

2511 — Grandval, par Ph. le Bas (E. B., 38).

Très belle épreuve.

2512 — L'Hiver, par J. P. Le Bas (E. B., 40).

Superbe épreuve du 1er état, avant toutes lettres. Marge.

2513 — Le Jeu de cache-cache mitoulas, — Le Jeu des quatre coins. Deux pièces faisant pendant, gravées par De Larmessin (E. B., 41, 44).

Très belles épreuves.

2514 — Le Jeu du Colin-Maillard, par C. N. Cochin (E. B., 42).

Très belle et rare épreuve à l'état d'eau-forte, avant toutes lettres. Marge.

2515 — La même estampe.

Belle épreuve.

LANCRET (N.), d'après

2516 — Le Jeu du pied-de-bœuf, par De Larmessin (E. B. 43)
Très belle épreuve.

2517 — L'Occasion fortunée, — La Joye du théâtre. Deux pièces gravées, par Crepy et Scotin (E. B., 46 et 54).
Belles épreuves.

2518 — *Lise s'en va changer d'humeur et de visage..., — Quand vous voulez toucher quelque cœur amoureux..., — Près de vous, belle Iris..., — Quoi! n'avoir pour vous trois qu'une seule bouteille...* Suite de quatre pièces gravées par M. Hortemels (E. B., 47-63-63-67).
Très belles épreuves.

2519 — Le Maître galant, par P. Le Bas (E. B., 48).
Très belle épreuve.

2520 — La musique champêtre, par Fessard.
Très belle épreuve. Marge.

2521 — Nicaise, par De Larmessin (E. B., 53).
Très belle épreuve avant l'adresse de Buldet. Grandes marges.

2522 — Nicaise, — Le Gascon puni. Deux pièces par De Larmessin.
Belles épreuves.

2523 — L'Occasion fortunée, par G. Scotin (E. B., 54).
Très rare épreuve à l'eau-forte.

2524 — On ne s'avise jamais de tout, par De Larmessin (E. B., 55).
Très belle épreuve avant l'adresse de Buldet. Grandes marges.

2525 — Les Oies de frère Philippe, par de Larmessin (E. B., 56).
Très belle épreuve avant l'adresse de Buldet. Grandes marges.

2526 — La même estampe.
Belle épreuve du même état.

2527 — Partie de plaisir, par P. E. Moitte (E. B., 57).
Belle épreuve.

2528 — Le Philosophe-marié, par C. Dupuis (E. B., 61).
Très belle épreuve. Marge.

LANCRET (N.), d'après

2529 — Repas italien, par J. P. Le Bas (E. B., 70).

Belle épreuve.

2530 — Mademoiselle Sallé, par N. de Larmessin (E. B., 71).

Très belle épreuve.

2531 — Second livre de pièces de clavecin, — Troisième livre de pièces de clavecin. Deux pièces gravées par Cochin et Thomassin (E. B., 72 et 81).

Très belles épreuves.

2532 — Le Théâtre-Italien, par Schmidt (E. B., 79).

Très belle épreuve.

2533 — Les Troqueurs, par De Larmessin (E. B., 83).

Très belle épreuve avant l'adresse de Buldet. Grandes marges.

2534 — *Veux-tu d'une inhumaine emporter la tendresse...*, par S. Silvestre (E. B., 85).

Belle épreuve.

2535 — *Voiés comme Scaramouche embrasse cette fille...*, par C. F. King (E. B., 87).

Très belle épreuve.

2536 — Les charmes de la conversation, — Les Gentilles baigneuses, — La Joie du Théâtre. Trois pièces gravées par Petit, Moitte et Crepy.

LAVREINCE (Nicolas), d'après

2537 — L'Accident imprévu, par Darcis (E. B., 1). — La Sentinelle en défaut, par Darcis (E. B., 58).

Très belles épreuves avant toutes lettres, seulement les noms d'artistes tracés à la pointe.

2538 — Les Apprêts du ballet, par Tresca (E. B., 1).

Très belle et rare épreuve avant toutes lettres, seulement les noms des artistes tracés à la pointe.

2539 — L'Assemblée au concert, — L'Assemblée au Salon. Deux pièces faisant pendant, gravées par Dequevauviller (E. B., 5 et 6).

Superbes épreuves avant la dédicace. Très rares.

LAVREINCE (Nicolas), d'après

2540 — L'Assemblée au concert, par Dequevauviller (E. B., 5).
Belle épreuve.

2541 — L'Assemblée au Salon, par Dequevauviller (E. B., 6).
Très belle épreuve avant toutes lettres et avant beaucoup de travaux. État non décrit. Très rare.

2542 — La même estampe.
Très belle épreuve, avec marge.

2543 — L'Aveu difficile, gravé en couleur, par Janinet (E. B., 8).
Très belle épreuve, mais rognée.

2544 — La Balançoire mystérieuse, par Vidal (E. B., 9).
Très belle épreuve avant le flot. Rognée.

2545 — Le Billet doux, — Qu'en dit l'abbé?... Deux pièces faisant pendant, gravées par N. de Launay (E. B., 10 et 51).
Superbes épreuves.

2546 — Le Concert agréable, gràvé par C. N. Varin (E. B., 13).
Belle épreuve d'un état non décrit, avec l'adresse de Depeuille et sans l'indication des qualités à la suite du nom du peintre.

2547 — La Consolation de l'absence, par N. de Launay (E. B., 14).
Très belle épreuve.

2548 — Le Contre-Temps, par F. Dequevauviller (E. B., 15).
Très belle épreuve à l'état d'eau-forte, avant toutes lettres et avant l'encadrement, avec marge. Très rare.

2549 — La même estampe.
Très belle épreuve avec la première adresse, celle de Dequevauviller.

2550 — Le Coucher des ouvrières en modes, par F. Dequevauviller (E. B., 16).

2551 — Le Déjeuner anglais, par Vidal. (E. B. 17).
Très belle épreuve. Marge.

2552 — Le Directeur des toilettes, par Voyez l'aîné (E. B. 21.)
Très belle épreuve.

2553 — L'Ecole de danse; par F. Dequevauviller, (E. B. 22).
Superbe épreuve à l'état d'eau-forte, avant toutes lettres. Grandes marges. De la plus grande rareté. État non décrit.

LAVREINCE (Nicolas), d'après

2553 (bis) — La même estampe.

Très belle épreuve, avec marge.

2554 — L'Heureux Moment, par N. de Launay. (E. B. 28.)

Très belle épreuve. Grandes marges.

2555 — La même estampe.

Très belle épreuve.

2556 — L'Indiscrétion, gravé en couleur par Janinet (E. B. 30.)

Très belle épreuve.

2557 — L'Innocence en danger, par Caquet. (E. B., 31).

Très belle épreuve à l'état d'eau-forte, avant toutes lettres. Très rare.

2558 — La même estampe.

Belle épreuve.

2559 — La Leçon interrompue, par Vidal. (E. B. 35.)

Très belle épreuve. Marge.

2560 — Le Lever des ouvrières en modes, par F. Dequevauviller (E. B., 36.)

Très belle épreuve à l'état d'eau-forte, avant toutes lettres. **Marges.**
Très rare.

2561 — La même estampe.

Très belle épreuve.

2562 — La Marchande à la toilette, par Vidal. (E. B., 37).

Très belle épreuve à l'état d'eau-forte, avant toutes lettres, avec marge.
Très rare.

2563 — La même estampe.

Belle épreuve.

2564 — Le Mercure de France, par Guttenberg. (E. B., 38).

Superbe épreuve avant toutes lettres, seulement les noms d'artistes
tracés à la pointe.

2565 — Le Mercure de France, par Guttenberg (E. B., 38).

Belle épreuve.

2566 — M^rss Merteuil and Miss Cecille Volange, par B. Girard.
(E. B. 39).

Très belle épreuve.

LAVREINCE (Nicolas), d'après)

2567 — Les Nymphes scrupuleuses, par Vidal. (E. B. 42).
Très belle épreuve.

2568 — Les offres séduisantes, par J. L. Delignon. (E. B. 43.)
Très belle épreuve à l'état d'eau-forte, avant toutes lettres et avant la bordure, avec marge. Très rare.

2569 — La même estampe.
Très belle épreuve.

2570 — La Partie de musique, par V. Langlois (E. B. 46.)
Belle épreuve.

2571 — Le Repentir tardif, par Le Vilain (E. B. 52.)
Très belle épreuve à l'état d'eau-forte, avant toutes lettres. Marge. Très rare.

2572 — Le Restaurant, par Deni. (E. B. 53.)
Très belle épreuve à l'état d'eau-forte, avant toutes lettres et avant l'encadrement. De la plus grande rareté, état non décrit.

2573 — Le même estampe.
Très belle épreuve avec la lettre. Marge.

2574 — Le Retour trop précipité, par J. A. Pierron (E. B. 54).
Belle épreuve.

2575 — Le Roman dangereux, par Helman. (E. B. 56.)
Très belle épreuve à l'état d'eau-forte, avant toutes lettres. Grandes marges. Très rare.

2576 — La même estampe.
Très belle épreuve.

2577 — Le Serin chéri, par Denargie. (E. B. 59). En couleur.
Très belle épreuve.

2578 — Les Soins mérités, par de Launay le jeune. (E. R. 60).
Très belle épreuve.

2579 — La Soubrette confidente, par G. Vidal. (E. B., 61.)
Très belle épreuve.

2580 — Jeune femme représentée debout, devant un bureau, jouant de la mandoline, vers la gauche un fauteuil renversé, gravé par Janinet. Pièce non décrite.
Très rare épreuve avant toutes lettres, au verso est imprimée en couleur, une épreuve de la Comparaison, par les mêmes artistes.

LAVREINCE (Nicolas), d'après

2581 — Le Séducteur. (E, B. 7, des pièces attribuées à Lawrence).

    Superbe épreuve à l'état d'eau-forte, avec marge. Très rare.

LAWRENCE (sir Th.), d'après

2582 — Comtesse Grey, — Comtesse Gower, — Lady Dover, — Miss Croker, — Comtesse Grosvenor, — M^{rss} Littleton, — Sir Th. Lawrence, etc quinze portraits gravés en partie, par Samuel Cousins.

    Très belles épreuves, plusieurs sont doubles, avant la lettre.

LE BARBIER (d'après)

2583 — Vignettes in-8 et in-4, par divers graveurs, pour les Chansons de Laborde et les œuvres de J.J. Rousseau.

    Belles épreuves.

LE BAS (J. P.)

2484 — L'Amant aimé, — Le Temps mal employé, — Pierrot et sa progéniture. Trois pièces dessinées et gravées par Le Bas.

    Très belles épreuves.

2585 — Colin-Maillard.

    Belle épreuve.

2586 — La marchande de beignets, — Les gentilles villageoises, — Les belles vendangeuses. Trois pièces dessinées et gravées par Le Bas.

    Belles épreuves.

LE BOUTEUX (d'après)

2587 — Le Berger curieux, par N. J. B. de Poilly.

    Très belle épreuve. Marge.

LE CLERC (d'après)

2388 — L'Abbé en conquête. A. Paris, chez Bonnart.

    Très belle épreuve à l'état d'eau-forte, avant toutes lettres. Marge.

2589 — La même estampe.

    Très belle épreuve. Marge.

LE CLERC (d'après)

2590 — Le Bon Logis. — A beau cacher. Deux pièces gravées à la sanguine, par L. Bonnet.

Très belles épreuves. Rares.

2591 — L'homme entre deux âges et ses deux maîtresses, par M. Aubert.

Très belle épreuve.

2592 — Jeune femme assise et lisant. — Le maître d'Ecole. Deux pièces gravées à la sanguine.

Belles épreuves.

2593 — La Vie de l'Enfant prodigue, suite de six pièces gravées par Gaillard, Basan, Teucher, de F..., Moitte, et Bazin.

Très belles épreuves.

2594 — Costume de femme de l'époque Louis XVI.

Rare épreuve à l'état d'eau-forte.

LE GRAND (Aug.)

2595 — Almeïda. Jolie pièce en couleur de forme ronde.

Très belle épreuve.

LE MESLE (P.), d'après

2596. — Le Cuvier, par Fillœul.

Belle épreuve, avant l'adresse de Buldet.

LE MOINE (F.), d'après

2597 — Adam et Ève tentés par le serpent, — Adam et Ève chassés du Paradis. Deux pièces faisant pendant, gravées par L. Cars.

Très belles épreuves, une est avant la lettre.

2598 — L'Annonciation à la Vierge, par L. Cars.

Belle épreuve. Grandes marges.

2599 — L'Enlèvement d'Europe, — l'Aurore et Céphale, — Ubalde et le chevalier danois se présentant devant Renaud, etc.

Belles épreuves, dont une avant la lettre et une à l'eau-forte.

LE MOINE (F.), d'après

2600 — Hercule et Omphale, — Le Temps enlève la Vérité.
Deux pièces gravées par L. Cars.

Très belles épreuves avant toutes lettres, une est à l'état d'eau-forte,
plus une double avec la lettre. Trois pièces.

2601 — Jacob se fait connaître à Rachel, par Cochin.

Très rare épreuve à l'état d'eau-forte, avant toutes lettres. Marge.

2602 — Psyché punie, — Vénus au bain, — Persée et Andromède. Quatre pièces gravées par L. Cars et Basan.

Belles épreuves, une est double, avant la lettre.

LEMPEREUR (L.)

2603 — L'Attente du plaisir, d'après A. Carrache.

Belle épreuve.

LÉPICIÉ (d'après)

2604 — Jeune femme représentée assise, lisant dans un livre
posé sur ses genoux, gravé par Schultze.

Très belle épreuve avant toutes lettres. Marge.

LE PEINTRE (d'après)

2605 — *Chartres* (le duc de), son épouse et ses enfants, gravé
par A. de Saint-Aubin et H. Helman.

Superbe et très rare épreuve avant toutes lettres et avant beaucoup de
travaux.

2606 — La même estampe.

Belle épreuve.

2607 — Le Danger de la bascule, par de Monchy.

Belle épreuve.

LE PRINCE (J. B.), d'après

2608 — L'Amour à l'espagnole, par A. de Saint-Aubin.

Très belle épreuve avant la lettre. Le titre manuscrit.

2609 — Le Corps de garde, gravé par Le Veau.

Très belle épreuve avant la dédicace.

2610 — L'Amour du travail, gravé par Chevillet.

Très belle épreuve.

LE PRINCE (J. B.), d'après

2611 — La Crainte, gravé par N. le Mire.

Très belle épreuve.

2612 — L'Enfant chéri, — Le Bonheur du ménage. Deux
pièces faisant pendant, gravées par N. Delaunay.

Belles épreuves.

2613 — La Leçon inutile, par Helman.

Belle épreuve avant la dédicace.

2614 — Le Marchand de lunettes, par Helman.

Belle épreuve.

2615 — Le Médecin clairvoyant, par Helman.

Très belle épreuve avant la dédicace.

2616 — La Précaution inutile, par Helman.

Belle épreuve.

2617 — Usage des Russes après le mariage et avant la noce,
par Saint-Aubin.

Très rare épreuve à l'état d'eau-forte.

LOUTHERBOURG (d'après)

2618 — L'Agneau chéri, — La Bonne petite sœur. Deux
pièces, la première gravée par Le Veau.

Belles épreuves.

2619 — Compositions diverses gravées par et d'après Loutherbourg. Douze pièces.

MALLET (d'après)

2620 — Julie ou le premier baiser de l'amour, par Copia.

Très belle épreuve avant la lettre.

2621 — La Musique, — Le Travail. Deux pièces faisant pendant, gravées par Romain Girard.

Belles épreuves.

MARILLIER (d'après)

2622 — Les Regrets inutiles, — Les Désirs réciproques. Deux
pièces faisant pendant, gravées par Mme Chevery.

Très belles épreuves.

MARILLIER (d'après)

2623 — La Dormeuse, par Duclos. Epreuve avant la lettre, —
Le même sujet gravé en contre-partie, par Schmid, sous
ce titre : *Le sommeil interrompu.* Deux pièces.

Belles épreuves.

2624 — Titres pour les œuvres de Rousseau, — Têtes de
pages et vignette in-8° pour Dorat, frontispice pour :
Histoire de la ville de Bordeaux, etc. Huit pièces.

Très belles épreuves avant la lettre et à l'eau-forte.

2625 Vignettes in-8° tirées des Voyages imaginaires, le Cabinet des fées, les Œuvres de Lesage, etc. cent trente pièces.

Belles épreuves.

2626 — Vignettes in-8°, fleurons et têtes de pages pour les
Œuvres de Dorat, de Regnard, etc. Soixante-quinze pièces.

Très belles épreuves, dont beaucoup avant la lettre.

MARTINI (P. A.)

2627 — Coup d'œil exact de l'arrangement des Peintures au
Salon du Louvre en 1785.

Très belle épreuve.

2628 — Exposition au Salon du Louvre en 1787.

Très belle épreuve, lettres grises.

2629 — L'Exposition de l'Académie royale à Londres en 1787,
d'après Ramberg.

Très belle épreuve avant la lettre (lettres tracées).

2630 — Portraits de Leurs Majestés et de la famille royale
visitant l'Exposition de l'Académie royale à Londres en
1789, d'après Ramberg.

Très belle épreuve avant la lettre (lettres tracées).

MARTINI et EISEN (d'après)

2631 — Vignettes in-8° avec titres, gravé par Baquoy, Gaucher
Patas et Ponce, pour l'Art d'aimer et Phrosine et Mélie-
dore. Deux suites complètes. Huit pièces.

Belles épreuves, avec marges.

MERCIER (P.), d'après

2632 — La Belle dormeuse, par J. J. Avril.
Très belle épreuve.

2633 — Le Jeune éveillé, gravé par J. J. Avril.
Belle épreuve.

2634 — La Promenade. Composition de cinq figures.
Belle épreuve.

2635 — Scènes familières. Huit pièces publiées en Angleterre gravées à la manière noire par Faber et au burin par Ravenet.
Très belles épreuves.

MONDON (d'après)

2636 — Les quatre parties du jour. Suite de quatre pièces gravées par Aveline.
Très belles épreuves.

MONNET (C.), d'après

2637 — Jupiter et Io, par Vidal.
Très belle épreuve avant la lettre, découverte.

2638 — Vignette-frontispice gravée par Saint-Aubin pour les Fables de Boisard.
Très rare épreuve avant la lettre. Marge.

MONSIAU (d'après)

2639 — Les Adieux de Louis XVI, à sa famille, par Alex. Tardieu.
Très belle épreuve. Marge.

2640 — Suite complète de cinq figures et un frontispice, gravés par Colibert, etc. pour la Mort d'Abel. Paris, Defer de Maisonneuve, 1793. Gr. in-8°.
Très belles épreuves, en couleur. Marges.

MONSIAU, COCHIN, VINCENT et RENAUD (d'après)

2641 — Suite complète de 35 gravures, grand in-4° par divers graveurs, pour les Œuvres de J.-J. Rousseau. Paris, Defer de Maisonneuve, 1793-1800.
Très belles épreuves, grandes marges, en grande partie avant la lettre.

MONSIAU, COCHIN, VINCENT et **RENAUD** (d'après)

2642 — Lettres sur les spectacles, frontispice. — Héloïse, partie I, lettre 14. — Héloïse, partie 1, lettre 63. — Narcisse. Quatre pièces gravées par Pauquet, Trière et Giraud, faisant partie de la suite ci-dessus.

Très rares épreuves à l'état d'eau-forte. Marges.

2643 — Neuf pièces réductions petit in-4°, de la suite précédente.

Très belles épreuves. Marges.

MOREAU (J. M.)

2644 — Décoration du sacre de Louis XVI, roi de France et de Navarre, à Reims, le 11 juin 1775.

Très belle épreuve.

2645 — Le Bal masqué, — Le Festin royal, fêtes données au roi et à la reine par la ville de Paris. Deux pièces faisant pendant.

Superbes épreuves avant la lettre. Très rares.

2646 — Fondation pour marier dix filles, d'après Gravelot.

Très belle épreuve.

2647 — Promenade du matin, — Promenade de l'après-dîner, — L'Officier en promenade du midi. Trois pièces tirées des ports de France, peints par Vernet, gravées par Moreau et Le Bas.

Belles épreuves.

2648 Promenade du soir, groupe tiré du port de Bordeaux, d'après Vernet, gravé par Moreau et Le Bas.

Superbe épreuve avant toutes lettres. Marges.

MOREAU (J. M.), d'aprè

2649 — Couronnement de Voltaire sur le Théâtre-Français le 30 mars 1778, après la sixième représentation d'Irène, gravé par Gaucher.

Très rare épreuve, avant beaucoup de travaux, sans marge.

2650 — Exemple d'humanité, donné par Madame la Dauphine, le 16 octobre 1773, gravé par Godefroy.

Très belle épreuve.

MOREAU (J. M.), d'après

2651 — Les dernières paroles de J.-J. Rousseau, par H. Guttemberg.

Belle épreuve.

2652 — Déclaration de la grossesse, par P. A. Martini.

Très belle épreuve avec les lettres A. P. D. R. Marge.

2653 — Les Précautions, par P. A. Martini.

Très belle épreuve avec les lettres A. P. D. R. Marge.

2654 — J'en accepte l'heureux présage, par Ph. Trière.

Très belle épreuve avec les lettres A. P. D. R. Marge.

2655 — N'ayez pas peur, ma bonne amie, par Helman.

Très belle épreuve avec les lettres A. P. D. R. Marge.

2656 — C'est un fils, Monsieur ! par C. Baquoy.

Très belle épreuve avec les lettres A. P. D. R. Marge.

2657 — Les Petits parrains, par C. Baquoy et F. Patas.

Très belle épreuve avec les lettres A. P. D. R. Marge.

2658 — Les Délices de la Maternité, par Helman.

Très belle épreuve avec les lettres A. P. D. R. Marge.

2659 — L'Accord parfait, par Helman.

Très belle épreuve avec les lettres A. P. D. R. Marge.

2660 — Le Rendez-vous pour Marly, par Guttenberg.

Très belle épreuve avec les lettres A. P. D. R. Marge.

2661 — Les Adieux, par De Launay le jeune.

Très belle épreuve avec les lettres A. P. D. R. Marge.

2662 — La Rencontre au bois de Boulogne, par Guttenberg.

Très belle épreuve avec les lettres A. P. D. R. Marge.

2663 — La Dame du palais de la Reine, par P. A. Martini.

Très belle épreuve avec les lettres A. P. D. R. Marge.

2664 — Le Lever, par L. Halbou.

Très belle épreuve. Marge.

2665 — Le Petite toilette, par P. A. Martini.

Très belle épreuve. Marge.

2666 — La Grande toilette, par A. Romanet.

Très belle épreuve.

MOREAU (J. M.), d'après

2667 — La Matinée par Bosse, d'après Freudeberg.
Belle épreuve.

2668 — La Course de chevaux, par Guttenberg.
Très belle épreuve. Marge.

2669 — Le Pari gagné, par Camligue.
Belle épreuve. Marge.

2670 — La Partie de whist, par J. Dambrun.
Très belle épreuve. Marge.

2671 — Oui ou non, par N. Thomas.
Très belle épreuve. Marge.

2672 — La Surprise, par Ingouf, d'après Freudeberg.
Belle épreuve. Marge.

2673 — La Petite Loge, par Patas.
Très belle épreuve. Marge.

2674 — La Sortie de l'Opéra, par Malbeste.
Très belle épreuve. Marge.

2675 — Le Souper fin, par Helman.
Très belle épreuve. Marge.

2676 — Le Seigneur chez son fermier, par J. L. Delignon.
Très belle épreuve avant la lettre. Marge.

2677 — Le Vrai bonheur, par Simonet.
Belle épreuve. Marge.

2678 — La Course de chevaux, par Guttenberg.
Belle épreuve, sans marge.

679 — La Confiance des belles âmes, par A. J. Duclos.
Très rare et belle épreuve avant la lettre, avant beaucoup de travaux.
Marge. Cette pièce et les quatre suivantes sont tirées des œuvres de
Rousseau. Édition in-4, 1774-1783.

2680 — Saint-Preux, Mylord Édouard et M. d'Orbe, dans une
chambre.
Très rare épreuve à l'état d'eau-forte. Marge.

2681 — La même estampe.
Très belle épreuve avant la lettre. Marge.

MOREAU (J. M.), d'après

2682 — L'Amour maternel, par E. J. Duclos.
Très belle épreuve à l'état d'eau-forte. Marge.

2683 — L'Enfance par J. B. Simonet.
Très belle épreuve à l'eau-forte.

2684 — Le Marché aux bouquets, gravé par de Launay. (Vignette pour les chansons de Laugeon.
Très belle épreuve.

2685 — Bienfaisance de la Reine Marie-Antoinette, gravé par A. J. Duclos.
Belle épreuve, toutes marges.

2686 — Vignette in-8 gravée par D. Née, pour les Métamorphoses d'Ovide.
Belle épreuve avant la lettre. Marge.

2687 — Frontispice allégorique, œuvres de Rousseau 1774-1783 gravé par A. J. Duclos.
Très belle épreuve.

2688 — Suite complète de cinquante et une gravures in-8, dont trois portraits, pour les œuvres de Gessner, publiée par Renouard, 1799.
Très belles épreuves, non rognées.

2689 — Suite complète de huit gravures in-4, par divers graveurs, et un portrait de La Fontaine, gravé par Audoin, d'après Rigaud, pour Psyché et Adonis. édition in-4. Paris, de l'Imprimerie de Didot le jeune, 1795.
Très belles épreuves avant la lettre.

2690 — Toute cette cour prit le chemin de l'Olympe. Planche VI, de la suite précédente.
Très rare épreuve à l'état d'eau-forte.

2691 — La même suite, réduction in-18, gravées par Delvaux pour l'édition de 1797. 2 vol. in-8.
Belles épreuves avec marges, manque une pièce pour que la suite soit complète.

2692 — Suite complète de trente gravures et un portrait in-8, gravées par divers artistes pour les œuvres de Molière, publiées sans texte, par Renouard.
Très belles épruuves. Grandes marges.

MOREAU (J. M.), d'après

2693 — Suite de cent treize gravures in-8, par divers graveurs pour les œuvres de Voltaire, Édition Renouard.

Belles épreuves.

2694 — Vignettes in-8, gravées par Delignon, Langlois, Trière. Patas, Halbou et de Longueil, pour les œuvres de Regnard, six pièces.

Belles épreuves.

2695 — Vignettes in-4, gravées par Le Mire. Duclos, Simonet, etc. pour les œuvres de Rousseau. Édition in-4. 1774-1783 vingt-cinq pièces.

Très belles épreuves.

2696 — Vignettes in-8, pour les œuvres de Molière. Edition de Bret. Quatre pièces.

Belles épreuves.

2697 — Vignettes in-8 et in-4, pour les œuvres de Voltaire, les chansons de Laujon, les chansons de Laborde, etc. Vingt-cinq pièces.

Belles épreuves.

MORLAND (G.), d'après

2698 — The Anglers Repast, gravé par W. Ward.

Belle épreuve.

2699 — A Visit to the child at Nurse. — A Visit to the Boarding-School. Deux pièces faisant pendant. gravées par Ward.

Superbes épreuves.

MOUCHET (d'après)

2700 — L'Illusion. gravé par R. et D.

Très belle épreuve.

2701 — Le Réveil importun, par L. Darcis.

Très belle épreuve. Grandes marges.

MOUCHERON (I. de)

2702 — Paysages avec figures dans le style historique. Sept pièces.

Belles épreuves.

NATTIER (J. M.), d'après

2703 — La Belle Source (Mme de Châteauroux), par Méliny.
In-fol.
Belle épreuve.

2704 — Madame de *** en Flore, (Mme de Pompadour), par
Voyez le jeune.
Superbe épreuve, avec marge.

2705 — La Comédie, par Fessard.
Belle épreuve.

2706 — Galathée sur les eaux, par Henriquez.
Belle épreuve avant la lettre.

NATOIRE (Ch. F.)

2707 — Sainte Famille (R. D., 2).
Très belle épreuve.

2708 — L'Automne (R. D., 6).
Très rare épreuve du 1er état, à l'eau-forte.

NATOIRE (Ch.), d'après

2709 — L'Alliance de la Poésie et de la Musique, — Diane au
Bain, — Le Triomphe d'Amphitrite, — Le Triomphe
de Bacchus, etc. Cinq pièces gravées par Cl. Duflos,
Moitte, Desplaces et Pelletier.
Belles épreuves.

2710 — Les Eléments. Suite de quatre pièces en hauteur,
gravées à l'eau-forte par De Lalive de Jully.
Belles épreuves.

2711 — Les Eléments. Suite de quatre estampes en largeur,
gravées par Aveline.
Très belles épreuves, avec marges.

2712 — La Terre, par Aveline.
Très rare épreuve à l'état d'eau-forte.

2713 — Léda. — Enlèvement d'une sabine, — Amphi-
trite, — Femme couchée, etc. Six pièces gravées par
Fessard, Bonnet, Pelletier et Desplaces.
Belles épreuves.

NAUDET (A Paris, chez)

2714 — La Désolation des filles de joie. Pièce gravée à l'eau-
forte.

Superbe et rare épreuve avant toutes lettres. Marge.

OUDRY (J. B.)

2715 — Frontispice, — Le Chevreuil forcé, — Le Renard
vaincu, — Le Loup aux abois, suite de quatre pièces
(R. D., 1-4).

Très belles épreuves avec l'adresse de Gautrot au premier morceau et
avant les numéros.

2716 — Le Chien braque en arrêt, (R. D., 5).

Belle épreuve.

OUDRY (J. B.), d'après

2717 — La Chasse au sanglier, — Le Cerf aux abois, — Le
Cerf en arrêt. Trois pièces gravées par Huquier.

Très belles épreuves.

2718 — L'Homme entre deux âges, et ses deux maîtresses, —
La Jeune veuve, — Daphnis et Alcimadure. 3 pièces des
Fables de Lafontaine, gravées par Cochin, Marvie et
B. L. Prevost.

Très rares épreuves à l'état d'eau-forte.

PARVILLÉE (A Paris, chez)

2719 — Intérieur du Cabaret de Ramponaux. En bas, son
portrait.

Très belle épreuve.

PARROCEL (d'après)

2720 — Halte des Gardes Suisses. — Détachement de Cavalerie. Deux pièces gravées par J. P. Le Bas.

Belles épreuves.

2721 — Repos de chasse, gravé par Surugue.

Très belle épreuve.

PATER

2722 — Campement de militaires. Pièce gravée à l'eau-forte.

Très belle épreuve. Rare.

PATER (J. B.), d'après

2723 — L'Aimable entrevue, par J. Tardieu.

Très belle épreuve.

2724 — Mademoiselle Dangeville la jeune, par Ph. Le Bas.

Très belle épreuve.

2725 — Les Amants heureux, — L'Amour et le badinage.
Deux pièces faisant pendant, gravées par Fillœul.

Très belles épreuves. Marges.

2726 — Le Bain rustique, gravé par Tardieu.

Très belle épreuve avant toutes lettres.

2727 — Le Bain rustique, par Ant. Cardon.

Très belle épreuve. Marge.

2728 — Le Baiser donné, — Le Baiser rendu. Deux pièces
gravées par Fillœul.

Belles épreuves.

2729 — La Belle Bouquetière, — L'Agréable Société. Deux
pièces faisant pendant, gravées par Fillœul.

Très belles épreuves.

2730 — La Belle Bouquetière, par Fillœul.

Très belle épreuve avant le numéro et avec l'adresse du graveur.

2731 — Le Collin-Maillard, — Le Concert amoureux, — La
Conversation intéressante. — La Danse. Suite de quatre
pièces gravées par Fillœul.

Très belles épreuves avec la première adresse, celle du graveur, une
est avant le numéro.

2732 — La Courtisane amoureuse, — Le Savetier, — Les
Aveux indiscrets, — Le Cocu battu et content. Quatre
pièces gravées par Fillœul.

Belles épreuves.

2733 — Le Dénicheur de moineaux, par Cl. du Bosc.

Très belle épreuve. Marge.

2734 — Le Désir de plaire, — Les Plaisirs de l'Été. Deux
pièces faisant pendant, gravées par L. Surugue.

Superbes épreuves avec l'adresse de Surugue. Grandes marges.

PATER (J. B.), d'après

2735 — La Feste Italienne. — Le Bain. Deux pièces gravées par Cl. Duflos.

Belles épreuves.

2736 — Le Glouton, par Fillœul.

Très belle épreuve avec l'adresse du graveur. Marge.

2737 — Marche comique, — L'Orchestre de Village. Deux pièces faisant pendant, gravées par Ravenet.

Très belles épreuves.

2738 — Vivandières de Brest, — L'Officier galant. Deux pièces gravées par Le Bas.

Belles épreuves.

2739 — Tentes de Vivandières du quartier Général, **gravé** par Baudouin.

Belle épreuve.

2740 — Six pièces faisant partie de la suite de seize du Roman Comique de Scarron, gravées par Surugue père et fils. Lépicié et Audran.

Superbes et rares épreuves avant toutes lettres.

2741 — Deux pièces faisant partie de la même suite.

Rares épreuves à l'état d'eau-forte.

2742 — Sept pièces faisant partie de la même suite.

Très belles épreuves.

PETERS (d'après)

2743 — The fortune Teller, — The Gamesters, Deux pièces faisant pendant, gravées par Smith et W. Ward.

Très belles épreuves.

PIERRE (J. B. M.)

2744 — La Paysanne Italienne (P. de B. 16), — La Mascarade chinoise (27), — La fête de Village (28), — Le Bal improvisé (29). Quatre pièces.

Belles épreuves.

PIERRE (J. B. M.), d'après

2745 — Bacchante endormie, par H. Schmitz.

Très belle épreuve avant la lettre.

2746 — Léda, par N. Delaunay.

Superbe épreuve avant toutes lettres, marge, plus une épreuve avec la lettre. Deux pièces.

2747 — La Maîtresse d'Ecole, gravé par Caylus, — Vieillard assis. Deux pièces.

Belles épreuves.

2748 — Titon et l'Aurore, par L. Lempereur.

Très rare épreuve à l'état d'eau-forte, plus une épreuve avec la lettre. Deux pièces.

PORPORATI

2749 — Le Coucher, d'après J. Vanloo.

Belle épreuve.

PRUD'HON (P. P.), d'après

2750 — Constitution française, par Copia.

Épreuve avant la lettre.

2751 — Le Cruel rit des pleurs qu'il fait verser, — La Vengeance de Cérès. Deux pièces gravées par Copia.

Belles épreuves, une est avant la lettre.

2752 — Le Désir.

Très belle épreuve. Grandes marges.

2753 — La Loi, par Copia.

Belle épreuve, avec marge.

2754 — Mange mon petit, mange, — Oh ! les jolis petits chiens ! Deux pièces faisant pendant, gravées par Roger.

Belles épreuves.

2755 — Phrosine et Mélidor, — En jouir. Deux pièces gravées par Prud'hon et Copia pour l'Art d'aimer.

Très belles épreuves avant la lettre. Grandes marges.

2756 — Choisir l'objet, — L'enflammer. Deux pièces de la suite ci-dessus, gravées par Buisson.

Belles épreuves, grandes marges.

PRUD'HON (P. P.), d'après

2757 — Trois vignettes grand in-4, gravées par Roger, appartenant à l'édition de Daphnis et Chloé, donnée par Didot en l'an VIII.

Très belles épreuves avant la lettre. Grandes marges.

2758 — Suite de cinq vignettes in-8, gravées par Copia pour une édition de la Nouvelle Héloïse, — Abrocome E. Anzia, —La Grotte, etc. Neuf pièces.

Belles épreuves.

2759 — Joseph et Putiphar, — La Justice, — La Justice et la Vengeance divine poursuivant le crime, — Une Famille malheureuse, — Le Zéphir, — Marguerite, — L'Enlèvement de Psyché, — L'Étude guide l'essor du Génie, etc. Onze pièces lithographiées par Le Roux, J. Boilly, Marin-Lavigne, Aubry-Lecomte, Grevedon, etc.

Très belle épreuve.

PRUD'HON et Mlle **MAYER** (d'après)

2760 — L'Amour séduit l'Innocence, le Plaisir l'entraîne, le Repentir suit, — L'Innocence préfère l'Amour à la Richesse. Deux pièces faisant pendant, gravées par Roger.

Très belles épreuves avant la lettre. Marges.

RANC (Jean), d'après

2761 — Vertumne et Pomone, par N. Edelinck.

Très belle épreuve.

RANSONNETTE ?|

2762 — L'heureuse famille, composition de quatre figures dans un riche intérieur Louis XVI. In-fol. en largeur.

Très rare épreuve à l'état d'eau-forte.

2763 — La même estampe.

Très belle épreuve, terminée, avant toutes lettres.

RAOUX (J.), d'après

2764 — La Lecture, par Beauvarlet.

Très belle épreuve avant la lettre.

2765 — Le Jaloux. In-fol.

Très belle épreuve avant toutes lettres.

RAOUX (J.), d'après

2766 — Jeune femme appuyée à une fenêtre, par J. B. de Poilly.

Très belle épreuve.

2767 — Jeune fille faisant manger un oiseau, par J. Chereau.

Très belle épreuve.

2768 — Les Vestales, par Ionxis.

Très belle épreuve.

REGNAULT (N. F.)

2769 — Le Matin, — La Nuit. Deux pièces faisant pendant.

Très belles épreuves.

2770 — Junon empruntant la ceinture de Vénus, — Jupiter enlève Io. Deux pièces, gravées par Blot et Miger.

Belles épreuves avant la dédicace.

RESTOUT (J. B.)

2771 — Saint Bruno (P. de B., 1).

Très belle épreuve.

REYNOLDS (SIR JOSHUA), d'après

2772 — Son portrait, gravé par Et. Fessard.

Très belle épreuve avant la lettre.

2773 — La Foi, — l'Espérance, — La Charité, — La Justice, — La Tempérance, — La Force, — La Prudence. Suite de sept pièces gravées par Facius.

Très belles épreuves, avec marges.

2774 — La Justice, — L'Espérance. Deux pièces gravées par J. G. Facius.

Belles épreuves.

2775 — *Abington* (Mrs), en pied, par Watson.

Très belle épreuve. Marge.

2776 — *Addington* (Sir W), représenté assis dans un fauteuil.

Superbe épreuve avant toutes lettres.

2777 — *Amherst* (Sir Jeffery), — *Markham* (W.), archevêque d'York. Deux pièces gravées par Smith et Watson.

Belles épreuves.

REYNOLDS (SIR JOSHUA), d'après

2778 — *Ancaster* (Marie, duchesse d'), en pied, par Houston.
Superbe épreuve.

2779 — *Ashburton* (Lord), par Bartolozzi.
Très belle épreuve. Grandes marges.

2780 — *Baccelli* (M^llo), par J. R. Smith.
Très belle épreuve.

2780 *bis* — *Joseph Banks* Esq., par W. Dickinson.
Très belle épreuve.

2781 — *Baretti* (Joseph), par J. Watson.
Belle épreuve.

2782 — *Bartolozzi*, célèbre graveur, par J. Watson.
Superbe épreuve avant la lettre. Grandes marges.

2783 — His Grace the Duke of Bedford with his Brothers Lord
John Russel, Lord Will. Russel et Miss Vernon, représentés
sur une même feuille, par V. Green.
Superbe épreuve.

2784 — Mrs *Beresford*, Mrs *Gardiner* et Anne, vicomtesse
Tovonshend, représentées sur une même planche, par
Th. Watson.
Belle épreuve.

2785 — Lady *Betty-Delme*, par V. Green. En pied.
Belle épreuve.

2786 — *Miss Bingham*, par Bartolozzi.
Très belle épreuve.

2787 — Joseph Deane *Bourke*, archevêque, par Smith.
Très belle épreuve. Marge.

2788 — *Braddyll* (Master), par J. Grozer.
Très belle épreuve.

2789 — *Broughton* (Lady). En pied, par T. Watson.
Très belle épreuve.

2790 — *Buccleugh* (Elizabeth, duchesse de), et Lady Mary
Scott, représentées en pied, par J. Watson.
Superbe épreuve. Marge.

17

REYNOLDS (sir Joshua), d'après

2791 — Charles, William, Henri, fils du duc de *Buccleugh*,
par V. Green.
Très belle épreuve, avec marge.

2792 — *Bunbury* (M^{rs}), par J. Watson.
Superbe épreuve, avec marge.

2793 — *Cadogan* (Lady), par J. Dean.
Très belle épreuve.

2794 — *Cardiff* (Lord), par E. Fischer.
Belle épreuve.

2795 — *Carlisle* (Caroline, comtesse de), vue jusqu'aux ge-
noux, le bras droit appuyé sur un tronc d'arbre, gravé par
Watson.
Superbe épreuve avant la lettre.

2796 — *Carnac* (M^{rs}), par J. R. Smith, en pied.
Très belle épreuve, avec marge.

2797 — *Cavendish* (Lord Richard), par J. R. Smith.
Très belle épreuve.

2798 — *Cholmondley* (M^{rs}), par Corbutt.
Belle épreuve.

2799 — *Chomley* (Miss), en pied, tenant un petit chien dans ses
bras, par Marchi.
Très belle épreuve.

2800 — *Cornwallis* (Jemima, comtesse), par J. Watson.
Très belle épreuve. Marge.

2801 — *Crosbie* (Diana, vicomtesse), en pied, par Dickinson.
Très belle épreuve.

2802 — *Cumberland* (Her Royal Highness Anne, Duchesse of),
en pied, par J. Watson.
Superbe épreuve, avec marge.

2803 — Lady *Dashwood* et Child, par Hodges.
Très belle épreuve, lettres tracées. Marge.

2804 — *Dawson* (Lady Ann.), par J. M. Ardell.
Belle épreuve.

REYNOLDS (SIR JOSHUA), d'après

2805 — *Derby* (Elisabeth, comtesse de), en pied, par Dickinson.

Superbe épreuve.

2806 — *Devonshire* (Georgina, duchesse de), en pied, par V. Green.

Superbe épreuve. Grandes marges.

2807 — *Devonshire* (la duchesse de), tenant sa fille Georgina Cavendish assise sur ses genoux, par G. Keating.

Très belle épreuve.

2808 — *Edgcumbe* (lord), par E. Fisher.

Belle épreuve.

2809 — *Eliott* (le général), par R. Earlom.

Très belle épreuve.

2810 — Lady Gertrude *Fitz-Patrich*, par J. R. Smith.

Très belle épreuve.

2811 — *Fortescue* (lady), par J. M. Ardell.

Belle épreuve.

2812 — *Foster* (lady E.), gravée en bistre, par Bartolozzi.

Très belle épreuve avant la lettre.

2813 — *Fox* (Charles Thomas), par J. Jones.

Très belle épreuve.

2814 — Le prince Serge et la princesse Barbara *Gagarine*, par C. Watson.

Belle épreuve avant la lettre. Marge.

2815 — *Galles* (le prince de), en pied, en habit de cérémonie, par J. Jones.

Belle épreuve.

2816 — George, prince de *Galles*, représenté en pied, près de son cheval, par F. Haward.

Belle épreuve.

2817 — Mr Garrick in the character of Kitely, par Finlayson.

Belle épreuve, avec marge.

REYNOLDS (sir Joshua), d'après

2818 — *Garrick* entre la Comédie et la Tragédie, par C. Corbutt.

Très belle épreuve.

2819 — Lady *Gideon*, par Watson.

Superbe épreuve, avec marge.

2820 — *Gordon* (Jane, duchesse of), par Dickinson, — O'Brien (Miss Nelley), par S. Okey. Deux pièces.

Belles épreuves.

2821 — *Grantham* (lord), et Frédéric et Philippe *Robinson*, représentés sur une même feuille, par Bartolozzi.

Belle épreuve.

2822 — *Hale?* (M^{rss}), représentée debout, le bras gauche étendu et de la main droite relevant sa robe. In-fol. en pied.

Superbe épreuve avant la lettre, une petite restauration sur la poitrine.

2823 — *Halliday* (lady Jane), en pied, par V. Green.

Très belle épreuve. Marge.

2824 — *Hamilton* (sir William), représenté en pied, assis, feuilletant un livre, par Hudson.

Superbe épreuve.

2825 — *Hannibal*, par Townley.

Très belle épreuve. Marge.

2826 — *Harcourt* (Mary, comtesse d'), par S. W. Reynolds.

Belle épreuve.

2827 — *Harrington* (Jane, comtesse de), avec ses enfants, par Bartolozzi.

Très belle épreuve.

2828 — *Harrington* (Jane, countess of), par V. Green.

Superbe épreuve.

2829 — *Harris* (the honorable miss), par J. Crozer.

Belle épreuve.

2830 — *Hastings* (lady Selina), par Houston.

Belle épreuve. Marge.

REYNOLDS (SIR JOSHUA), d'après

2831 — Master *Herbert*, sous la figure de Bacchus, par R. Smith.

Très belle épreuve.

2832 — *Hoare* (Master Henry), par Wilkin.

Très belle épreuve. Toutes marges.

2833 — Miss *Hope*, par Fisher.

Belle épreuve, sans lettres.

2834 — *Hope* (Mistress William), par Hodges. In-fol.

Belle épreuve.

2835 — *Hope* (Henri), par Hodges.

Belle épreuve.

2836 — *Horneck* (Miss), par R. Dunkarton.

Très belle épreuve.

2837 — *Howard* (lady Carolina), représentée assise par terre dans un jardin, par V. Green. In-fol.

Belle épreuve avant la lettre.

2838 — *Howard?* (lady Carolina), par V. Green. In-fol. à mi-corps, avec un fichu moucheté sur les épaules.

Très belle épreuve avant la lettre.

2839 — *Hutchinson* (John Hely), par J. Watson.

Superbe épreuve, avec marges.

2840 — *Kauffmann* (Angelica), par Bartolozzi.

Très belle épreuve avant la lettre. Marge.

2841 — *Kennedy* (miss), par T. Watson. In-fol.

Très belle épreuve. Marge.

2842 — *Keppel* (Elisabeth), comtesse d'Albemarle, en pied, par Fisher.

Très belle épreuve.

2843 — Kingsley (William), par Houston.

Belle épreuve.

2844 — Mistress *Lascelles*, tenant sur ses genoux un jeune enfant qui l'embrasse, par J. Watson.

Belle épreuve.

REYNOLDS (sir Joshua), d'après

2845 — *Lee* (lady Elisabeth), fille de Simon, comte d'Harcourt, par Fisher.
Très belle épreuve.

2846 — *Leinster* (Emilie, duchesse de), par Dickinson.
Belle épreuve.

2847 — *Lifford* (the Right honorable James Hewitt, viscount), par Dunkarton.
Superbe épreuve.

2848 — *Manchester* (la duchesse de), sous la figure de Diane désarmant l'Amour, en pied, par James Watson.
Superbe épreuve.

2849 — *Manners* (lady), comtesse *Dysart*, par Knigt.
Très belle épreuve avant la lettre. Marge.

2850 — Manners (lady Catherine), par Gaugain, en couleur.
Très belle épreuve. Marge.

2851 — *Mansfield* (le comte de), par Bartolozzi. In-fol. à mi-corps.
Très belle épreuve avant la lettre.

2852 — *Marlborough* (La Duchesse de), tenant son enfant sur ses genoux, par Watson.
Très belle épreuve avant la lettre.

2853 — Mathew (M^rs), en pied, par W. Dickinson.
Superbe épreuve. Marge.

2854 — *Melbourne* (Lady Elisabeth), représentée assise, tenant son enfant dans ses bras, par Th. Watson.
Superbe épreuve.

2855 — *Meyer* (Miss), sous la figure d'Hébé, en pied, gravé par J. Jacobi.
Superbe épreuve avant la lettre. Grandes marges.

2856 — Newson (Th.,) évêque de Bristol.
Superbe épreuve avant la lettre. Grandes marges.

2857 — *Omai*, Debout en costume oriental, par J. Jacobi.
Très belle épreuve.

REYNOLDS (SIR JOSHUA), d'après

2858 — *Orléans* (Louis-Philippe-Joseph, duc d'), représenté
en pied dans l'uniforme de colonel général des Hussards,
par J.-R. Smith.
    Belle épreuve.

2859 — *Palmor* (Miss), par J.-R. Smith.
    Très belle épreuve.

2860 — *Parker* (M^rs), en pied, par Th. Watson.
    Très belle épreuve.

2861 — *Pelham-Clinton* (Lady Catherine), par J.-R. Smith.
    Très belle épreuve.

2862 — *Pembroke* (Henry-Herbert Earl of), avec sa femme et
son fils, par J. Watson.
    Belle épreuve.

2863 — Portland (le duc de), par J. Murphy.
    Belle épreuve.

2864 — *Robinson* (Richard), archevêque d'Armargh, par
Houston.
    Très belle épreuve, avec marge.

2865 — Lord Robert *Romney*, en pied, par Finlayson.
    Belle épreuve.

2866 — *Russell* (Lady Caroline), — *Montagu* (Lady Elisabeth).
Deux pièces par J.-M. Ardell.
    Très belles épreuves.

2867 — *Rutland* (Charles, duc de), en pied, par Dickinson.
    Très belle épreuve.

2868 — *Rutland* (Mary-Isabella, duchesse de).
    Très belle épreuve.

2869 — *Salisbury* (Emily-Mary, comtesse de), par V. Green.
    Belle épreuve.

2870 — *Saunders* (Charles), vice-amiral, par M. Ardell.
    Très belle épreuve.

2871 — George *Seymour-Conway*, par Fisher.
    Très belle épreuve, avec marge.

REYNOLDS (sir Joshua), d'après

2872 — *Smith* (Lady) et ses enfants, par Bartolozzi.
Très belle épreuve.

2873 — *Spencer* (Lady Charles), vêtue en amazone, debout près de son cheval, par Dickinson.
Très belle épreuve.

2874 — *Spencer* (Lady Charles), par Finlayson.
Superbe épreuve, avec marge.

2875 — *Spencer* (Lady Georgina, comtesse), avec sa fille Miss Georgina, par J. Watson.
Superbe épreuve. Marges.

2876 — *Spencer* (Lady), par Hodges. In-fol.
Belle épreuve avant la lettre, mais doublée.

2877 — The youg fortune teller (Lord Henry et Lady Charlotte *Spencer*), par John Jones.
Très belle épreuve.

2878 — *Stanhope* (M^{rs}). En couleur, par Watson.
Très belle épreuve.

2879 — *Stanhope* (The Hon. M^{rs}), par J.-R. Smith.
Très belle épreuve.

2880 — *Strafford* (Lady Ann. Campbell. countess of), par J.-M. Ardell.
Belle épreuve.

2881 — *Talbot* (The Right Honorable Lady), en pied, par V. Green.
Superbe épreuve, avec marges.

2882 — Le Colonel *Tarleton*, en pied, par R. Smith.
Très belle épreuve.

2883 — *Tavistock* (le Marquis de), par J. Watson.
Très belle épreuve avant la lettre.

2884 — *Thomas* (le docteur John), évêque de Rochester.
Belle épreuve.

2885 — *Waldegrave* (Maria, countess of), par J.-M. Ardell. En buste.
Très belle épreuve.

REYNOLDS (sir Joshua), d'après

2886 — Lady Elisabeth Laura, Lady Charlotte Maria, **Lady Anne Horatia**, Daughters to James, late Earl of Waldegrave, Knight of the Garter, gravé par V. Green.
Très belle épreuve, avec marge.

2887 — Waren Hastings Esq., gouverneur général du Bengale, par Th. Watson.
Très belle épreuve.

2888 — The Affectionate Brothers, par Bartolozzi.
Belle épreuve.

2889 — A Contemplative Youth, par Hodges.
Très belle épreuve avant la lettre, lettres tracées.

2890 — Cornelia and her Children, par C. Wilkin.
Très belle épreuve.

2891 — Cupidon, par J. Dean.
Très belle épreuve avant la lettre. Marge.

2892 — Felina, par J. Collyer.
Très belle épreuve. Marge.

2893 — The fortune Teller, par Shervin.
Belle épreuve.

2894 — Guardian Angels, gravé par Hodges.
Superbe épreuve avant la lettre (lettres tracées). Grandes marges.

2895 — Hébé, en pied, par Hodges.
Superbe épreuve.

2896 — A. Lady and Child, par J. Grozer.
Très belle épreuve.

2897 — Madona col Bambino, par J.-R. Smith.
Très belle épreuve avant la lettre.

2898 — Jeune Femme à mi-corps, avec grande coiffure, la main droite pendante et la gauche posée sur la hanche, par J. Dickinson. In-fol.
Très belle épreuve avant la lettre. Grandes marges.

2899 — Jeune Femme à mi-corps, vue de face, avec grande coiffure, la main gauche derrière le dos, par V. Green, 1778. In-fol.
Très belle épreuve avant la lettre.

REYNOLDS (sir Joshua), d'après

2900 — Deux Jeunes Filles debout dans un jardin et tenant chacune un pigeon : elles sont suivies d'un petit chien, par Fisher.

Superbe épreuve, avec marge.

2901 — Jeune femme assise par terre dans un jardin, le bras droit appuyé sur une butte recouverte d'une draperie, par J. Dean. In-fol.

Belle épreuve. Marge.

2902 — Deux Jeunes dames debout dans un jardin et se tenant embrassées, l'une d'elles porte une corbeille de fleurs, par Dixon, in-fol.

Très belle épreuve. Marge.

2903 — Jeune Seigneur anglais en grand costume de cour, représenté en pied, descendant un escalier, in-fol.

Belle épreuve avant la lettre.

2904 — Portrait d'un jeune homme en pied, vêtu dans le costume du temps de Henri VIII, par R. Smith.

Très belle épreuve.

2905 — Elisabeth, comtesse *Berkley*, — Mrs Barrington, — Lord Morpeth, — Mrs Siddons, — Miss Nelly O'Brien, — Sir James Harris. etc., quatorze pièces par M. Ardell, Houston, Watson, Fisher.

Belles épreuves.

2906 — Le Prince W. Frédéric, — Philip Yorke, — Mrs Abbington. — The Girl and Kittern, — Collina, etc. sept pièces par Watson, Bartolozzi, Sherwin, Jones.

Belles épreuves.

2907 — *Reynolds* (Sir Joshua), — Le Marquis de *Rockingham*. — Richard Scheridan, — portraits et compositions diverses. Huit pièces gravées par Watson, Caldwall, Bond, Smith, etc.

Belles épreuves.

RIGAUD (J.)

2908 — La Bastide, — La Boule. Deux pièces faisant pendant.

Belles épreuves.

ROMANET (A.)

2909 — Le Sommeil d'Erigone, d'après Le Titien.

Très belle épreuve avant la lettre.

SAINT-AUBIN (G. DE), d'après

3910 — Ballet dansé au théâtre de l'Opéra, dans le carnaval du Parnasse. — La Guinguette, divertissement-pantomime du théâtre Italien. Deux pièces faisant pendant, gravées par Basan.

Très belles épreuves.

2911 — Réunion de Seigneurs et Dames dans un parc, vers la gauche, plusieurs sont assis autour d'une table; de la droite arrive une jeune dame en grand costume avec paniers, accompagnée d'un jeune seigneur, composition d'un grand nombre de figures.

Très rare épreuve avant toutes lettres, à l'état d'eau-forte.

2912 — Parade sur le devant d'un théâtre des boulevards, à Paris, gravé par Duclos.

Très rare épreuve avant toutes lettres, à l'état d'eau-forte.

SAINT-AUBIN (AUG. DE)

2913 — Jupiter et Léda, d'après Paul Véronèse.

Très belle épreuve avant la lettre, plus le même sujet gravé une seconde fois par le même artiste, pour la galerie du Palais-Royal, avant la lettre. Deux pièces.

SAINT-AUBIN (AUG. DE), d'après

2914 — Le Bal paré, par A. J. Duclos. (E. B., 402).

Très rare épreuve à l'état d'eau-forte.

2915 — Le Concert, par A. J. Duclos (E. B., 403).

Très belle épreuve, rognée.

2916 — La promenade des remparts de Paris, par P. F. Courtois (E. B., 382).

Superbe et très rare épreuve avant toutes lettres et avant quelques travaux. Grandes marges.

2917 — La Promenade des remparts de Paris, — Tableau des portraits à la mode. Deux pièces faisant pendant, gravées par P. F. Courtois. (E. B., 378 et 382).

Très belles épreuves.

SAINT-AUBIN (Aug. de), d'après

2918 — The first come best served, gravé par Sergent.
Très belle épreuve, imprimée en bistre.

SANTERRE (d'après)

2919 — La Curieuse, — Silvie. Deux pièces gravées par B. Picart et Surugue, une est double, avec différences. Trois pièces.
Très belles épreuves.

2920 — *Quand le masque d'Iris cachait ses traits divins... A me voir j'ai les traits d'une beauté divine...* Deux pièces gravées par Chasteau.
Belles épreuves.

2921 — Suzanne au bain, par Porporati.
Belle épreuve.

SAVOGE (E.)

2922 — La Famille de Washington, grande pièce en largeur.
Belle épreuve.

SCHENEAU

2923 — Achetez mes petites eaux-fortes. Six pièces gravées à l'eau-forte.
Belles épreuves.

SCHENEAU (d'après)

2924 — L'Amour distribuant ses dons, par C. A. Littret.
Très belle épreuve.

2925 — La Bonne amitié, — Leçon de botanique. Deux pièces gravées par Chevillet.
Très belles épreuves.

2926 — Le Colin-Maillard, — Les modernes connaisseurs. Deux pièces faisant pendant, gravées par Varin.
Belles épreuves.

2927 — La Crédulité sans réflexion, gravé par L. Halbou.
Belle épreuve.

2928 — Image de la Beauté, par Chevillet.
Très belle épreuve avant la lettre.

SCHENEAU (d'après)

2929 — La Marchande de hannetons, — Plaisirs de l'enfance.
Deux pièces faisant pendant, gravées à la sanguine, par
J. Varin.

Très belles épreuves.

2930 — L'Origine de la peinture, ou les portraits à la mode,
— La Lanterne magique. Deux pièces faisant pendant,
gravées par J. Ouvrier.

Très belles épreuves.

2931 — Le Pardon général, — Les Mariés selon la coutume, —
La Naissance de l'Amour, — Le Fossé de scrupule. Suite
de quatre pièces gravées par Louise Gaillard.

Belles épreuves.

SCHULTZE (C. G.)

2932 — Portrait de femme assise, appuyée sur une colonne,
d'après Kauffmann.

Très belle épreuve avant la lettre.

SLODTZ (M. A.), d'après

2933 — Bal du May, donné à Versailles, pendant le carnaval
de l'année 1763, par N. Martinet.

Très belle et ancienne épreuve. Marge.

SMITH (J. R.)

2934 — Narcissa, — Flirtilla. Deux pièces gravées en couleur,
faisant pendant.

Très belles épreuves.

2935 — A Visit to the Grand father, gravé par W. Ward.

Superbe épreuve.

2936 — Deux jeunes femmes dans un intérieur, une lisant, et
l'autre se regardant dans une glace. En couleur.

Très belle épreuve.

SUBLEYRAS (d'après)

2937 — La Courtisane amoureuse, gravé à l'eau-forte par
Pierre.

Belle épreuve.

SUBLEYRAS (d'après)

2938 — Le Faucon, — Le frère Luce, Deux pièces gravées par Elluin et Le Bas.

Belles épreuves.

SURUGUE (L.)

2939 — Madame de... en habit de bal (Mme de Pompadour), d'après Ch. Coypel. In-fol.

Très belle épreuve.

TAUNAY (d'après)

2940 — Noce de village, gravé en couleur par Descourtis.

Belle épreuve avec les armes.

2941 — Le Tambourin. — La Rixe. Deux pièces gravées en couleur, par Descourtis.

Belles épreuves.

TENIERS (D.), d'après

2942 — Fêtes Flamandes, Tabagies, Paysages, sujets religieux, etc. Trente et une pièces gravées par Le Bas, Lépicié, Truchy, Chenu, Basan, etc.

Belles épreuves.

2943 — Fêtes de village. — Réjouissances Flamandes, — Les Œuvres de miséricorde. Trois pièces gravées par J. P. Le Bas.

Très belles épreuves.

2944 — Les Philosophes bacchiques, — Le Chimiste, — Le Trictrac, — L'Amoureux buveur, — La Boudinière, — Les Francs-Maçons Flamands en loge, — Retour de guinguette, — La Ferme, La Conversation, — La Tentation de saint Antoine, etc. Douze pièces gravées par Le Bas, Canot, Lépicié, Laurent, etc.

Belles épreuves.

TIEPOLO, LONGHI, MAIOTTO, etc.

2945 — Scènes de mœurs Italiennes, du xviiie siècle. Neuf pièces par divers graveurs.

Belles épreuves.

TOUZÉ (d'après)

2946 — Les Amusements dangereux, par Voyez le jeune.
Très belle épreuve.

TROOST (d'après)

2947 — Dix pièces de son œuvre, gravées par Tangé.
Belles épreuves.

TROY (J. B. F. DE) d'après

2948 — Bethsabée au bain, par L. Cars.
Très rare épreuve à l'état d'eau-forte, plus une avec la lettre. Deux pièces.

2949 — Diane changeant Actéon en cerf. — L'Enlèvement de Proserpine. Deux pièces faisant pendant, gravées par le Vasseur.
Très belles épreuves avant la dédicace, plus les deux mêmes estampes avec. Quatre pièces.

2950 — Jupiter en pluie d'or, — Jupiter et Sémélé, — Vénus se venge de Psyché, — Triomphe de Galathée, — La Naissance de Vénus. Cinq pièces gravées par Fessard. Le Vasseur, Avril, Duflos et Daullé.
Belles épreuves.

2951 — Pan et Syrinx, par B. L. Henriquez.
Très belle épreuve avant la lettre.

2952 — Compositions religieuses, historiques et mythologiques, gravées par Le Lorrain, Hutin, Beauvarlet, Galimard, Fessard, Daullé, L. Cars, Lempereur, etc. Seize pièces.
Belles épreuves.

2953 — L'Aimable accord, par Elis. Cath. Le Tournay.
Très belle épreuve.

2954 — L'Amant sans gêne, par C. N. Cochin.
Très belle et rare épreuve à l'état d'eau-forte, avant toutes lettres.

2955 — La même estampe.
Très belle épreuve. Marge.

2956 — Le Jeu du Pied-de-bœuf, par C. N. Cochin.
Très belle et rare épreuve à l'état d'eau-forte, avant toutes lettres.

TROY (J. B. F. DE) d'après

2957 — La même estampe.

Très belle épreuve. Marge.

2958 — *Fuyez, Iris, fuyez : Ce séjour est à craindre...*, par C. N. Cochin.

Très belle et rare épreuve à l'état d'eau-forte, avant toutes lettres.

2959 — La même estampe.

Très belle épreuve.

2960 — Jeune femme lisant une lettre, par J. Chéreau.

Belle épreuve.

2961 — Une Jeune fille prenant du café, par J. Chéreau.

Très belle épreuve.

2962 — Toilette pour le Bal, — Retour du Bal. Deux pièces faisant pendant, gravées par J. Beauvarlet.

Très belles épreuves.

VANLOO (C.), d'après

2963 — Agar présentée à Abraham, par Desplaces.

Épreuve avant la lettre.

2964 — Les Arts libéraux. Suite de quatre estampes gravées par A. Fessard.

Belles épreuves.

2965 — La Comédie, — La Tragédie. Deux pièces faisant pendant, gravées par Salvador.

Très belles et rares épreuves à l'état d'eau-forte, avant toutes lettres.

2966 — L'Élève dessinateur, par Angélique Brégeon.

Très belle épreuve. Marge.

2967 — Les *Grâces*, — Jupiter et Antiope, — Les Baigneuses, — Le Triomphe de Silène. Quatre pièces gravées par Lempereur, Fessard et Pasquier.

Belles épreuves.

2968 — Halte d'officiers, gravé par Ravenet.

Belle épreuve.

2969 — Le Mariage de la Vierge, — La Nativité, — La fuite en Egypte. Trois pièces gravées par L. Cars et N. Dupuis.

Très belles épreuves, avec marges.

VERNET (Joseph)

2970 — La Plage à la grosse tour (P. de B.), — Le Retour
de la pêche (2). Deux pièces gravées à l'eau-forte.
Belles épreuves.

VERNET (J.), d'après)

2971 — La Grecque sortant du bain, par J. Daullé.
Très belle épreuve. Marge.

2972 — Le Matin, — Pêcheurs. Deux pièces gravées par
Benazech et Aliamet.
Très belles épreuves à l'état d'eau-forte, une est double, avec la lettre.
Trois pièces.

2973 — Paysages d'Italie et de France. Dix-huit pièces gra-
vées par Aliamet, Le Veau, Chenu, Cathelin, Duret,
Daudet etc.
Belles épreuves.

VIEN (M. J.)

2974 — Caravane du Sultan à la Mecque. Mascarade Turque
donné à Rome par Messieurs les Pensionnaires de l'Académie de France et leurs amis au carnaval de l'année
1748. Suite de trente pièces et un titre. (P. de B. 8-39).
Très belles épreuves.

VINKELES (R.)

2975 — Auditoire, — Salle de Concert, — Salle de Physique
dans l'édifice de la Société Félix Meritis à Amsterdam.
Trois pièces d'après Kuyper.
Très belles épreuves.

2976 — Le Festin royal, gravé par Foke.
Très belle épreuve avant la lettre.

VLEUGHELS (d'après)

2977 — Le Bast, par de Larmessin.
Très belle épreuve avant l'adresse de Buldet. Marge.

2978 — La Jument du compère Pierre, — Frère Luce, —
Le Villageois qui cherche son veau. Trois pièces gravées
par de Larmessin.
Belles épreuves avant l'adresse de Buldet.

WATTEAU (Ant.)

2979 — Figures de Modes dessinées et gravées par Watteau et terminées au burin par Thomassin le fils. Suite de sept pièces et un titre (R. D. 1-7)

Belles épreuves.

2980 — La Troupe Italienne, (R. D. 8.).

Très belle épreuve, avec l'adresse de Sirois.

WATTEAU (Ant.) d'après

2981 — Figures Françaises et comiques. Dix pièces gravées par Cochin, Desplaces, Jeaurat, Thomassin, etc.

Belles épreuves.

2982 — L'Abreuvoir, — Le Marais. Deux pièces faisant pendant, gravées par L. Jacob.

Très belles épreuves, avec marge.

2983 — L'Accord parfait, par Baron.

Bonne épreuve avant la lettre, manque de conservation.

2984 — L'Accord parfait, par Baron.

Belle épreuve.

2985 — L'Accordée du village, par N. de Larmessin.

Très belle et rare épreuve avant toutes lettres et avant beaucoup de travaux, avec marge, mais doublée.

2986 — La même estampe.

Très belle épreuve. Marge.

2987 — Les Agréments de l'Été, par Joulain.

Très belle épreuve.

2988 — Les Agréments de l'Été, par J. de Favannes.

Très belle épreuve. Marge.

2989 — L'Alliance de la musique et de la comédie, par J. Moyreau.

Très belle épreuve.

2990 — Alte, par J. Moyreau.

Très belle épreuve. Marge.

2991 — L'Amante inquiète, — La Villageoise. Deux pièces gravées par Aveline.

Belles épreuves.

WATTEAU (Ant.), d'après

2992 — L'Amant repoussé, par P. Mercier.
Très belle épreuve.

2993 — L'Amour désarmé, par B. Audran.
Superbe et rare épreuve avant la lettre. Marge.

2994 — L'Amour au Théâtre-Italien, par C. N. Cochin.
Très belle épreuve.

2995 — L'Amour au Théâtre-Français, par C. N. Cochin.
Superbe et très rare épreuve à l'état d'eau-forte, avant toutes lettres.

2996 — La même estampe.
Superbe épreuve, avec marge.

2997 — L'Amour paisible, par Baron.
Belle épreuve.

2998 — Amusements champêtres, par B. Audran.
Superbe épreuve. Grandes marges.

2999 — Amusements champêtres. Deux pièces faisant pendant, sans nom de graveur.
Belles épreuves. Rares.

3000 — Les Amusements de Cythère, par L. Surugue.
Très belle épreuve.

3001 — Arlequin, Pierrot et Scapin, par Surugue.
Très belle épreuve.

3002 — Assemblée galante, par Le Bas.
Superbe épreuve. Grandes marges.

3003 — L'Aventurière, — L'Enchanteur. Deux pièces gravées
par B. Audran.
Belles épreuves.

3004 — *Au faible Effort que fait Iris pour se défendre...* par
C. N. Cochin.
Belle épreuve.

3005 — La même estampe. Contre-épreuve avant la lettre.

3006 — Le Bal champêtre.
Très belle épreuve, Grandes marges.

WATTEAU (ANT.), d'après

3007 — Bathing (Le Bain), gravé par Aliamet, pièce publiée
en Angleterre.

Très belle épreuve. Rare.

3008 — Jeune femme assise au bord d'une rivière, derrière elle
deux figures, gravé par Aliamet, fait pendant au numéro
précédent.

Très belle épreuve avant la lettre Rare.

3009 — Bathing (Le Bain), grande composition de treize figures, gravée par Picot.

Très belle épreuve avant la lettre. Lettres tracées.

3010 — Le Berger empressé, arabesque gravée par Huquier.

Belle épreuve.

3011 — Bon voyage, par B. Audran.

Très belle épreuve. Marge.

3012 — Le Bosquet de Bacchus, par C. N. Cochin.

Très rare épreuve à l'état d'eau-forte. Sans marge.

3013 — Le Bosquet de Bacchus, par C. N Cochin.

Très belle épreuve.

3014 — La Boudeuse, par P. Mercier.

Superbe épreuve. Très rare.

3015 — Camp volant, par N. Cochin.

Épreuve à l'état d'eau-forte, avant toutes lettres. Manque de conservation.

3016 — La même estampe.

Très belle épreuve.

3017 — La Cascade, par G. Scotin.

Très belle épreuve.

3018 — Les Champs-Élysées, par N. Tardieu.

Très belle épreuve.

3019 — Les charmes de la vie, par P. Aveline.

Belle épreuve.

3020 — Le Chat malade, par Liotard.

Belle épreuve.

WATTEAU (Ant.), d'après

3021 — La même estampe. Contre-épreuve.

3022 — La Collation, par Moyreau.
Très rare épreuve avant toutes lettres, à l'état d'eau-forte.

3023 — La Collation, par Moyreau.
Très belle épreuve.

3024 — La Collation, par P. Mercier.
Belle épreuve, sans marge.

3025 — Comédiens français, par M. Liotard.
Belle épreuve.

3026 — Comédiens italiens, par Baron.
Très belle épreuve.

3027 — Le Concert champêtre, par B. Audran.
Superbe épreuve. Grandes marges.

3028 — Le Conteur, par P. Mercier.
Très belle épreuve.

3029 — La Contredanse, par Brion.
Très belle épreuve, avec marge.

3030 — La Conversation, par Liotard.
Très belle épreuve.

3031 — *Coquettes, qui pour voir galants au rendez-vous...*, par
Thomassin.
Très belle épreuve. Marge.

3032 — La même estampe.
Belle épreuve.

3033 — Les deux Cousines, par Baron.
Très belle épreuve. Marge.

3034 — La Danse paysanne, par B. Audran.
Très belle épreuve.

3035 — Le Danseur aux castagnettes, par P. Mercier.
Superbe épreuve. Très rare, marge.

3036 — Départ des Comédiens italiens, par L. Jacob.
Superbe épreuve. Grandes marges.

WATTEAU (Ant.), d'après

3037 — Départ de garnison, par Ravenet.
Belle épreuve.

3038 — Défilé, par Moyreau.
Très belle épreuve. Marge.

3039 — Diane au bain, par P. Aveline.
Belle épreuve.

3040 — La Diseuse d'Aventure, par Cars.
Belle épreuve.

3041 — L'Embarquement pour Cythère, par Tardieu.
Superbe épreuve avec marge.

3042 — L'Enlèvement d'Europe, par P. Aveline.
Belle épreuve.

3043 — L'Enseigne, par P. Aveline.
Superbe épreuve.

3044 — Les Enfants de Bacchus, — Les Enfants de Silène, — L'Amour mal accompagné. Trois pièces gravées par Dupin et Fessard.
Belles épreuves.

3045 — L'Emploi du bel âge, par Aveline.
Belle épreuve.

3046 — Entretiens amoureux, par Liotard.
Très belle épreuve.

3047 — Entretiens amoureux, par Liotard.
Belle épreuve.

3048 — Escorte d'équipages, par Cars.
Très rare épreuve à l'état d'eau-forte, avant toutes lettres.

3049 — La même estampe.
Très belle épreuve.

3050 — La Famille, par B. Audran.
Très belle et rare épreuve avant toutes lettres.

3051 — La même estampe.
Très belle épreuve. Marge.

WATTEAU (Ant.), d'après

3052 — Les Fatigues de la guerre, — Les Délassements de la guerre. Deux pièces faisant pendant, gravées par G. Scotin.

Belles épreuves.

3053 — Fêtes au Dieu Pan, par M. Aubert.

Très belle épreuve.

3054 — Fêtes vénitiennes, par L. Cars.

Superbe épreuve avec marges.

3055 — La Finette, par B. Audran.

Belle épreuve.

3056 — La Game d'Amour, par J.-P. Le Bas.

Superbe épreuve. Grandes marges.

3057 — La Game d'Amour, par J.-P. Le Bas.

Très belle épreuve.

3058 — Harlequin Jaloux, par Chedel.

Belle épreuve.

3059 — *Heureux âge! âge d'or...*, gravé par Tardieu.

Belle épreuve.

3060 — L'Indifférent, par G. Scotin,

Très belle épreuve. Grande marge.

3061 — L'Indiscret, par Aubert.

Superbe épreuve. Grandes marges.

3062 — L'Indiscret, — Départ des comédiens Italiens en 1697. Deux pièces gravées, par Aubert et L. Jacob.

Belles épreuves.

3063 — *Iris, c'est de bonne heure avoir l'air à la danse*, sans nom de graveur.

Belle épreuve. Rare.

3064 — L'Ile enchantée, par J.-P. Le Bas.

Très belle épreuve.

3065 — Les Jaloux, par G. Scotin.

Très belle épreuve.

WATTEAU (Ant.), d'après

3066 — Monsieur de Julienne, jouant du violoncelle près de Watteau, par Tardieu.

Très belle épreuve.

3067 — Leçon d'Amour, par C. Dupuis.

Très belle épreuve.

3068 — L'Ile de Cythère, par de Larmessin.

Très belle épreuve. Grandes marges.

3069 — Le Lorgneur, par G. Scotin.

Très belle épreuve du 1er état, avant : Du Cabinet de M. de Jullienne et avec privilège du Roi, à gauche. Marge.

3070 — Le Lorgneur, par G. Scotin.

Belle épreuve.

3071 — La Lorgneuse, par G. Scotin.

Très belle épreuve. Marge.

3072 — Louis XIV mettant le cordon bleu à Mgr le duc de Bourgogne, par N. de Larmessin.

Très belle épreuve.

3073 — La Mariée de village, par C.-N. Cochin.

Très belle et rare épreuve avant toutes lettres, à l'état d'eau-forte. Très bel état de conservation.

3073 *bis* — La même estampe.

Très belle épreuve. Marge.

3074 — Mercier et sa famille, par P. Mercier.

Très belle épreuve avant la lettre. Rare.

3075 — Mezetin, par B. Audran.

Très belle épreuve.

3076 — La Musette, par Moyreau.

Belle épreuve.

3077 — L'Occupation selon l'âge, par Dupuis.

Très belle épreuve.

3078 — La Partie carrée, par J. Moyreau.

Très belle épreuve.

3079 — Le Passe-temps, par B. Audran.

Superbe et très rare épreuve avant toutes lettre. Grandes marges.

WATTEAU (ANT.), d'après

3030 — La Peinture, — La Sculpture. Deux pièces **gravées** par Desplaces.

Belles épreuves.

3081 — La Perspective, par Crepy.

Très belle et rare épreuve avant toutes lettres, à l'état d'eau-forte.

3082 — La même estampe.

Très belle épreuve.

3083 — Le Petit poinçon, par G. Scotin.

Très belle épreuve. Rare.

3084 — Pierrot content, par E. Jeaurat.

Très belle épreuve.

3085 — Pillement d'un village, par l'ennemy, — La Revanche des païsans. Deux pièces faisant pendant, gravées par Baron.

Très belles épreuves.

3086 — Les Plaisirs du bal, par Scotin.

Très rare épreuve avant toutes lettres, à l'état d'eau-forte, rognée de quelques centimètres dans le haut.

3087 — La même estampe.

Superbe épreuve. Marge.

3088 — Le Plaisir pastoral, par N. Tardieu.

Très belle épreuve.

3089 — La Même composition, gravée à l'eau-forte, par le comte de Caylus.

Très belle épreuve. Grandes marges.

3090 — La plus belle des fleurs ne dure qu'un matin, par J.-M. Liotard.

Belle épreuve.

3091 — Pomone, par Boucher.

Très belle épreuve.

3092 — *Pour garder l'honneur d'une belle...— Belle, n'écoutez rien, Arlequin est un traitre....* Deux pièces gravées par Cochin.

Belles épreuves.

WATTEAU (Ant.), d'après

3093 — *Pour nous prouver que cette belle...*, par L. Surugue.
Très belle épreuve. Marge.

3094 — La même estampe.
Belle épreuve.

3095 — Promenade sur les remparts, par Aubert.
Belle épreuve.

3096 — La Proposition embarrassante, par N. Tardieu.
Très belle épreuve.

3097 — *Qu'ai-je fait, assassins, maudits, etc.*, gravé à l'eau-forte, par le comte de Caylus et terminé au burin, par F. Joullain.
Belle épreuve.

3098 — J.-B. Rebel, compositeur de la chambre du Roy, par J. Moyreau.
Très belle épreuve.

3099 — Récréatiou Italienne, par Aveline.
Très belle épreuve. Marge.

3100 — Récréation musicale, par J. Pye.
Très belle épreuve, avec marge. Rare.

3101 — Recrue allant joindre le régiment, — Retour de Guinguette. Deux pièces gravées par Thomassin et Chedel.
Belles épreuves.

3102 — Le Rendez-vous, par B. Audran.
Belle épreuve. Marge.

3103 — La même estampe.
Belle épreuve.

3104 — Le Rendez-vous, par P. Mercier, composition de cinq figures en hauteur.
Très belle épreuve. Marge.

3105 — Le Rendez-vous, — Le Tête-à-tête. Deux pièces faisant pendant, gravées par B. Audran.
Très belles épreuves. Marges.

WATTEAU (Ant.), d'après

3106 — Rendez-vous de chasse, par Aubert.

Belle épreuve.

3107 — Retour de campagne, par N. Cochin.

Très belle et rare épreuve à l'état d'eau-forte, avant toutes lettres.
Marge.

3108 — La même estampe.

Très belle épreuve.

3109 — La Rêveuse, par P. Aveline.

Très belle épreuve. Marge.

3110 — Antoine de La Roque, par Lépicié.

Très belle épreuve.

3111 — Les Quatre Saisons. Suite de quatre pièces en largeur, gravées par Brillon, Moyreau, J. Audran et N. de
Larmessin.

Très belles épreuves, avec marges.

3112 — La Sérénade italienne, par G. Scotin.

Superbe épreuve. Grandes marges.

3113 — Le Sommeil dangereux, par Liotard.

Très belle et rare épreuve à l'état d'eau-forte, avant toutes lettres.
Marge.

3114 — La même estampe.

Belle épreuve.

3115 — Sous un habit de Mezetin, — Le Qu'en dira-t-on, —
Le Bal champêtre, etc. Quatre pièces gravées par Thomassin, Couché et Crepy.

3116 — Spectacle français, par P. Dupin.

Très belle épreuve.

3117 — La Surprise, par B. Audran.

Très belle épreuve.

3118 — La Toilette du matin, par **P.** Mercier.

Très rare épreuve avant la lettre.

3119 — Le Triomphe de Cérès, par Crépy.

Très belle épreuve.

WATTEAU (Ant.), d'après

3120 — Le Triomphe de Vénus, par P. Mercier.
Très belle épreuve. Rare.

3121 — La Troupe italienne en vacances, par P. Mercier
Très belle épreuve.

3122 — *Voulez-vous triompher des Belles...*, par Thomassin.
Très belle épreuve. Marge.

3123 — **Arabesques**. Colombine et Arlequin, par J. Moyreau.
Très belle épreuve.

3124 — Danse autour d'un Mai, sans nom d'artiste.
Très belle épreuve, avec marge.

3125 — Le Duo champêtre, — La Coquette. Deux pièces gravées par Huquier et Boucher.
Belles épreuves.

3126 — L'Escarpolette, par L. Crépy.
Très belle épreuve.

3127 — Les Jardins de Bacchus, — Les Jardins de Cythère. Deux pièces faisant pendant, gravées par Huquier.
Très belles épreuves.

3128 — Le Pellerine altérée, par Huquier.
Très belle épreuve.

3129 — La Terre, — L'Air, — L'Eau, — Le Feu. Quatre pièces, gravées par Huquier.
Très belles épreuves.

3130 — La Voltigeuse, — La Danse bachique. Deux pièces faisant pendant, gravées par Huquier.
Très belles épreuves.

3131 — Diverses figures chinoises, peintes par Watteau. Suite de douze pièces, gravées par Boucher.
Très belles épreuves, avec marges.

WATSON (J.)

3132 — Jeune Femme en buste, à une fenêtre, d'après Rosalba. In-fol.
Très belle épreuve.

WARD (W.), d'après

3133 — The Lovely Brunette, gravé en couleur, par Williams.

Très belle épreuve.

WILLE (P. A.), d'après

3134 — Concert champêtre, — Goûter champêtre. Deux pièces faisant pendant, gravées par Halm.

Très belles épreuves.

3135 — Les Conseils maternels, — La Mère indulgente. Deux pièces faisant pendant, gravées par Lempereur.

Très belles épreuves.

3136 — Dédicace d'un poème épique, gravé par Dennel.

Superbe épreuve avant toutes lettres.

3137 — La Double récompense du mérite, par J. Avril.

Très belle épreuve avant la lettre.

3138 — L'Essai du corset, gravé par Dennel.

Très belle épreuve.

3139 — Joueuse de Cistre, par Muller.

Belle épreuve.

3140 — La Nouvelle affligeante, gravé par Cathélin.

Très belle épreuve avant la lettre.

ZOFFANI (J.), d'après

3141 — Vue de l'Académie royale des arts à Londres, par R. Earlom.

Très belle épreuve.

3142 — Charlotte, reine de la Grande-Bretagne, George III, roi de la Grande-Bretagne. Deux portraits faisant pendant gravés par Houston.

Très belles épreuves.

CATALOGUE

DES

LIVRES SUR LES BEAUX-ARTS

Provenant de la Bibliothèque de feu M. MAILAND

3143 — **Allier**. L'ancien Bourbonnais (histoire, monuments, mœurs, statistique), par Achille Allier, gravé et lithographié sous la direction de M. Aimé Chenavard, d'après les dessins et documents de M. Dufour par une société d'artistes. Moulins, imprimerie de Desrosiers fils, 1833-1838. Deux volumes in-fol., demi-rel. mar. vert, dos et coins. Le portrait de l'auteur, gravé par H. Dupont, sert de frontispice au premier volume.

3144 — **Aringhi** (P.). Roma subterranea novissima in qua post Antonium bosium antesignanum io : severanum congreg. oratori presbyterum, et celebris alios scriptores antiqua christianorum et precipue Martyrum Cæmeteria... Rome 1551. Deux vol. in-fol. velin, fig.

3145 — **L'Artiste**. Journal de la littérature et des beaux-arts. 1re série 15 vol., 2e série 8 vol., en tout 23 vol. In-4 demi-rel. mar. vert, dos et coins, fig. Les tomes 4 et 6 de de la première série sont cartonnés et de format plus petit. En plus, 6 volumes en livraisons des années 1856, 1857 et 1858.

3146 — **Aedes Barberinae** ad Quirinalem a comite hieronymo tetio perusino descriptae. Romae excudebat Mascardus, 1642. 1 vol. in-fol. veau, figures.

3147 — **De Barry.** Conférences de l'Académie royale de peinture et de sculpture, pendant l'année 1667. A Paris, chez Frédéric Léonard, 1669. 1 vol. in-4 velin.

3148 — **Bartoli.** Le Antiche Lucerne sepolcrali figurate raccolte dalle caue sotterranee, e Grotte di Roma. Nelle quali si contengono molte erudite memorie. Disegnate, ed intagliate nelle loro forme da Pietro Santi Bartoli. Divise in tre parti con l'Osservationi di Gio : Pietro Bellori. In Roma nella stamparia di Gio : Francesco Buagni. 1691. 1 vol. in-fol. veau, figures.

3149 — Picturæ antiquae Cryptarum Romanarum, et sepulcri nasanum delineate, e expressae ad Archetypa a Petro santi Bartholi et Francisco ejus filio descriptae vero, e illustratae a Johanne Petro Bellorio et Michaele-Angelo Causseo opus..... Romae anno Jubilaci 1936. 1 vol. in-fol. veau marbré, figures.

3150 — Gli antichi sepolcri, ovvero mausolei romani, ed etruschi trovati in Roma, ed in altri luoghi celebri ; nelli quali si Contengono molte erudite Memorie : Raccolti, disegnati, ed intagliati da Pietro santi Bartoli. In Roma, 1768. 1 vol. in-fol. demi-rel. veau.

3151 — **Bartolozzi.** Eighty-Tvvo prints, engraved by F. Bartolozzi, etc. From the original drawings of Guercino in the collection of his Majesty. London : published by John and Josiah Boydell, Cheapside ; and at the Shakspeare Gallery, Pall-Mall. 2 vol. in-fol., demi-rel. mar. rouge, fig. imprimées en bistre. Les estampes du 2° vol. au nombre de 73 sont gravées d'après Michel-Ange, Dominiquin, les Carraches, etc.

3152 — **Bartsch.** Le peintre graveur, par Adam Bartsch, Vienne, 1803-1805. Les cinq premiers volumes et le seizième. 6 vol. in-8 brochés.

3153 — **Baruffaldi.** Vite de Pittore e scultore ferraresi Scritte dall' arciprete Girolamo Barruffaldi, con annotazioni. Ferrera 1844-1846. 2 vol. in-8, demi-rel. mar., dos et coins.

3154 — **Basan**. Dictionnaire des graveurs anciens et modernes, depuis l'origine de la gravure avec une notice des principales estampes qu'ils ont gravées, par F. Basan. — Catalogue des estampes gravées d'après P. P. Rubens, par F. Basan, faisant suite au dictionnaire des graveurs anciens et modernes. Paris, 1767. 3 vol. in-8, veau.

3155 — **Baudoin**. Iconologie ou les principales choses qui peuvent tomber dans la pensée touchant les vices et les vertus, sont représentées sous diverses figures, gravées en cuivre par Jacques de Bie et moralement expliquées par J. Baudoin. 1 vol. in-4, veau marbré.

3156 — **Les Beaux-Arts** réduits à un même principe. Paris, chez Durand, 1746. 1 vol. in-8 veau, figures d'après Eisen.

3157 — **Bisi**. Pinacoteca del Palazzo reale delle scienze e delle arti di Milano publicata da Michele Bisi incisore col testo di Robustiano Gironi. Milano, 1833. 3 vol. in-fol. cartonnés, fig.

3158 — **Bonnard**. Costumes des XIIIe, XIVe et XVe siècles, extraits des monuments les plus authentiques de peinture et de sculpture, avec un texte historique et descriptif, par Camille Bonnard. 1re édition française. Paris 1829-1830. 2 vol. in-4 mar. rouge, fig. en couleur.

3159 — **Bonnardot**. Essai sur l'art de restaurer les estampes et les livres, par A. Bonnardot. Paris, 1858. 1 vol. in-8 broché.

3160 — **Bory de Saint-Vincent**. Expédition scientifique de Morée. Travaux de la section des sciences physiques. Ouvrage dédié au Roi, publié sous les auspices de M. Guizot, ministre de l'instruction publique, par M. Bory de Saint-Vincent, etc. A Paris et Strasbourg, chez Levrault, 1835, et 1836. 1 vol. in-fol., atlas, 1 vol. in-4 texte, demi-rel, veau.

3161 — **Bosse**. Traité des manières de dessiner les ordres de l'architecture antique en toutes leurs parties, avec plusieurs belles particularitez qui n'ont point paru jusques à présent touchant les Bastiments de Marque... par A. Bosse. A Paris, chez Claude Jombert. 1 vol. in-fol. veau fig. Les premiers feuillets un peu fatigués.

3162 — Traité des manières de graver en taille douce sur lairain par le moyen des eaues fortes et des vernix durs et mols, ensemble de la façon d'en imprimer les planches et d'en construire la presse, par A. Bosse. A Paris 1645, avec privilège du Roy. 1 vol. in-8, veau, figures.

3163 — **Bouchardon**. Études prises dans le bas peuple, ou les cris de Paris. Suite de 60 estampes divisées en cinq suites de chacune douze pièces, en 1 vol. in-fol. veau marbré.

3164 — **Bourgeois**. Vues d'Italie. Suite de 96 planches en un volume in-fol. cartonné, manque le titre.

3165 — **Brice** (Germain). Description de la ville de Paris et de tout ce qu'elle contient de plus remarquable, par Germain Brice. Paris, chez les libraires associés. 1752. 4 vol. in-8 veau, figures.

3166 — **Cailliaud**. Voyage à Méroé, au fleuve blanc, au delà de Fâzoql, dans le midi du royaume de Sennâr, à Syouah et dans cinq autres oasis, fait dans les années 1819, 1820, 1821 et 1822, par M. Frédéric Cailliaud..... Paris de l'imprimerie de Rignoux, 1823. 2 tomes en 1 vol. in-fol., demi-rel. veau, figures lithographiées.

3167 — **Campana**. Antiche opere in plastica discoperte, raccolte, e dichiarate dal Marchese G. Pietro Campana. Romano. Roma, 1851. Trois parties en 2 vol. in-fol. cartonnés, fig. lithographiées.

3168 — **Carracci**. Le arti de Bologna disegnate da Annibale Carracci ed intagliate da simone Guilini, con accertate notizie riguardanti gli stessi disegni, e la vita del medesimo Annibale. In Roma, 1776. 1 vol. in-fol. veau. fig. gravées à l'eau-forte.

3169 — **Catalogue** raisonné d'une précieuse collection d'estampes du cabinet de feu Charles de Valois, par Franc.

Leand, Regnault. Paris an 9 (1801).— Catalogue raisonné
du cabinet de feu M. Charles Léoffroy de Saint-Yves, par
F. L. Regnault. Paris, an XIII (1805). 2 tomes en 1 vol.
in-8 veau, avec prix manuscrits.

3170 — **Catalogue** des différents objets de curiosité dans
les sciences et arts, qui composaient le cabinet de feu
M. le Marquis de *Ménars*, par F. Basan et F. Ch. Joullain,
1781, — Catalogues Schilderyen, 1756 et 1763. 1 vol.
in-8 cart. figures.

3171 — Catalogue d'une riche collection de tableaux... du
cabinet de M**. A Paris, de l'imprimerie de Prault père,
1773. 1 vol. in-8. cartonné, avec prix manuscrits.

3172 — Catalogue raisonné des diverses curiosités du cabinet
de feu M. Quentin de Lorangere, par E. F. Gersaint. A
Paris chez Jacques Barois, 1744. 1 vol. in-8, veau frontispice par Cochin.

3173 — Catalogue raisonné des différents objets de curiosité
dans les sciences et arts qui composaient le cabinet de feu
M. Mariette.... par F. Basan. A Paris, chez l'auteur, 1775.
1 vol. in-8 cartonné. fig. et prix manuscrits.

3174 — Cabinet de M. Paignon-Dijonval. Etat détaillé et
raisonné des dessins et estampes dont il est composé....
rédigé par M. Bénard, peintre et graveur.... Paris, 1810
1 vol. in-4 broché.

3175 — Catalogue historique et raisonné de tableaux par les
plus grands peintres principalement des Ecoles d'Italie,
qui composent la rare et célèbre galerie du prince Gius-
tiniani, rédigé par Alex. Paillet et Hyp. Delaroche.
1 vol. in-8 broché.

3176 — **Catalogue** des tableaux composant la galerie de
feu son éminence le Cardinal Fesch. Rome, 1841, 1 vol.
in-4 cartonné.

3177 — Galerie de feu S. E. le Cardinal Fesch... ou catalogue
raisonné des tableaux de cette galerie etc. par George.
peintre, deuxième et troisième partie.... A Rome, 1844.
1 vol. in-8 demi-rel. veau.

3178 — Catalogues. Revil. 1845, — Debois 1843, — Gérard,
— Delbecq de Gand. 1845, — etc. 1 vol. in-8. cartonné.

3179 — Catalogues, Boucher de Crévecœur. 1845, — Brunet-
Denon, 1846, — Saint, 1846, — Paul Périer, 1846. —
etc. 1 vol. in-8, cartonné.

3180 — Catalogues, Deflorenne, 1849, — Kalkbrenner, 1850,
— Papety, 1850, — Marquis de Montcalm, 1850, —
Thévenin, 1851, — Alphonse Giroux, 1851. etc. 1 vol.
in-8. cartonné.

3181 — Catalogues d'Estampes, dessins et tableaux publiés
par MM. Defer, Vignères et Clément, de 1851 à 1861.
10 vol. in-8. cartonnés.

3182 — **Caylus**. Recueil d'antiquités Egyptiennes, Étrusques,
Grecques et Romaines. Paris. 1752, 1767. Sept vol. in-4.
veau marbré, nombreuses figures.

3183 — **Caylus**. Estampes gravées sur les dessins du cabinet
du Roy. 1 vol. in-fol. veau.

3184 — **Choiseul-Gouffier**. Voyage pittoresque de la
Grèce, tome premier. A Paris. 1782. 1 vol. in-fol. veau
figures.

3185 — **Clarac**. Musée de Sculpture antique et moderne ou
description historique et graphique du Louvre et de
toutes ses parties, des statues, bustes, bas-reliefs et
inscriptions du musée royal des antiques et des Tuileries.
etc... par le comte F. de Clarac. Paris 1840-1853. Six
vol. in-8. de texte, six vol. in-4. oblong, de planches
demi-reliure mar. vert. La reliure un peu fatiguée.

3186 — **Claude le Lorrain**. Liber veritatis : or a collection
of prints, after the original designs of. Claude le Lorrain,
in the collection of. his grace the Duke of Devonshire,
executed by Richard Earlom. London 1777. 1819. 3 vol.
in-fol. demi-rel. mar. rouge. non rognés.

3187 — **Claussin**. Catalogue raisonné de toutes les estampes
qui forment l'œuvre de Rembrandt et des principales
pièces de ses élèves, composé par les sieurs Gersaint,

Helle, Glomy et P. Yver. Nouvelle édition corrigée et considérablement augmentée par M. le Chev. de Claussin. Paris de l'imprimerie de Didot 1824, 1 vol. in-8 demi rel. veau.

3188 — **Clochar**. Palais, maisons et vues d'Italie mesurées et dessinées par P. Clochar, architecte. Publié à Paris, l'an 1809. 1 vol. in-fol. cartonné, figures gravées au trait.

3189 — **J. Coignet**. Etudes de paysages exécutées en 1828, 1829, 1830 et 1832. 1 vol. in-fol. demi-rel. Mar. vert, contenant 52 figures lithographiées.

3190 — **Costumes**. Recherches sur les costumes et sur les théâtres de toutes les nations, tant anciennes que modernes.... Avec des estampes en couleur et au lavis, dessinées par M. Chery, et gravées par P. M. Alix. Paris, Drouin. 1790. 2 vol. in-4 cartonnés.

3191 — **Couchaud**. Choix d'églises byzantines en Grèce, par A. Couchaud, architecte. Paris, Lenoir, 1842, 1 vol. gr. in-4 demi-rel. mar. vert, figures.

3192 — **Coupin** (P. A.). Œuvres posthumes de Girodet-Trioson, peintre d'histoire ; suivies de sa correspondance, précédées d'une notice historique et mises en ordre par P. A. Coupin. Paris, Jules Renouard, 1829, 2 vol. in-8 demi-rel. veau.

3193 — **Coussin**. Du génie de l'architecture et de la philosophie de cet art, par J. A. Coussin. Paris, de l'imprimerie de Didot. 1 vol. in-4 demi-rel. veau, dos et coins.

3194 — **Dandré-Bardon**. Histoire universelle traitée relativement aux arts de peindre et de sculpter ou tableaux de l'histoire, enrichis de connaissances analogues à ses talents, par Dandré-Bardon. Paris, Merlin, 1769, 3 vol. in-8 veau marbré. -

3195 — **David**. Recueil de têtes d'études d'après les tableaux des Sabines et des Thermopyles, par David. 1 vol. gr. in-fol. cartonné, provient de la bibliothèque du Palais-Royal.

3196 — **Demidoff**. Voyage dans la Russie méridionale et la Crimée par la Hongrie, la Valachie et la Moldavie, exécuté en 1837, sous la direction du prince Demidoff. 1 vol. in-fol. contenant 100 planches lithographiées par Raffet, en feuilles.

3197 — **Descamps** (J. B.). La Vie des peintres flamands Allemands et Hollandais avec des portraits gravés en taille-douce, une indication de leurs principaux ouvrages et des réflexions sur leurs différentes manières, par J. B. Descamps. Paris, chez Ant. Jombert, 1753-1763, 4 vol. in-8 veau, portraits gravés par Fiquet.

3198 — **Descamps**. Vie des peintres flamands et hollandais, par Descamps, réunie à celle des peintres italiens et français, par d'Argenville. Marseille, imprimerie et lithographie Jules Barile, 1842, 5 vol. in-8 brochés.

3199 — **Description** des principales pierres gravées du cabinet de S. A. S. Mgr. le duc d'Orléans, premier prince du sang. Paris, 1780-1784, 2 vol. petit in-fol. brochés, non rognés. Manque la vignette-frontispice au premier volume.

Les fleurons des deux volumes sont en grande partie gravés par Aug. de Saint-Aubin.

3200 — **Description** des bains de Titus ou collection des peintures trouvées dans les ruines des thermes de cet empereur, et gravées sous la direction de M. Ponce..... avec un avant-propos et un texte explicatif des planches. A Paris, chez l'auteur et chez Barjou, imprimeur-libraire, 1786, 1 vol. in-fol. veau marbré, figures.

3201 — **Deux** années à Constantinople et en Morée, 1825-1826, par M. C... D..., London et Paris, 1828. 1 vol. in-8 demi-rel., figures lithographiées par Collin, coloriées.

3202 — **Deville**. Tombeaux de la cathédrale de Rouen, par A. Deville. Deuxième édition ornée de 12 planches gravées. Rouen, 1837, 1 vol. in-8 demi-rel. veau.

3203 — **Droz**. Etudes sur le beau dans les arts, par Joseph Droz. Paris, 1815, 1 vol. in-8 demi-rel. veau.

3204 — **Dubois-Maisonneuve**. Peintures de vases antiques vulgairement appelés étrusques tirés de différentes
collections et gravées par A. Clenen, accompagnées d'explications par M. A. L. Millin, publiées par M. Dubois-
Maisonneuve. Seconde édition. A Paris, de l'imprimerie
de P. Didot l'aîné, 1816, 2 tomes en 1 vol. in-fol. demi-
reliure.

3205 — **Duchesne**. Voyage d'un iconophile. Revue des principaux cabinets d'estampes, bibliothèques et musées d'Allemagne, de Hollande et d'Angleterre, par Duchesne aîné.
Paris, 1834, 1 vol. in-8 demi-rel.

3206 — **Du Fresne**. Trattato della pittura di Lionardo da
Vinci, nuovamente dato in luce, colla vita dell' istesso
autore, scritta da Rafaelle Du Fresne .... In Parigi, appresso
Giacomo Langlois, 1651, 1 vol. in-fol. vélin, figures.

3207 — **Duplessis-Bertaux**. Recueil de 100 sujets de
divers genres composés et gravés à l'eau-forte, par J. Duplessis-Bertaux. Paris, 1814, 1 vol. in-4 oblong cart.
figures avant la lettre.

3208 — **Duplessis** (G.). Histoire de la gravure en France,
par Georges Duplessis. Paris, Rapilly, 1861, 1 vol. in-8
broché.

3209 — **Dupré**. Voyage à Athènes et à Constantinople ou
collection de portraits, de vues et de costumes grecs et
ottomans, peints sur les lieux, d'après nature, lithographiés et coloriés par L. Dupré, élève de David, accompagné d'un texte orné de vignettes. Paris, imprimerie de
Bondey-Dupré, 1825, 1 vol. in-fol. cartonné.

3210 — **Extrait** des différents ouvrages publiés sur la vie
des peintres, par M. P. D. L. F. Paris, Ruault, 1776,
2 vol. in-8 veau, avec vignettes, frontispice d'après J. M·
Moreau.

3211 — **Falconet**. Œuvres diverses concernant les arts, pa
M. Falconet. Nouvelle édition. Paris, 1787, 3 vol in-8
veau marbré.

3212 — **Falda.** Le Fontane di Roma nelle piazze e luoghi publici della città, con li loro prospetti, come sono al presente disegnate, ed intagliate da Giov. Battista Falda. Date in luce con direzione e cura da Gio. Giacomo di Rossi, etc. 1 vol. in-fol. oblong veau marbré.

3213 — Vues de Rome, divisées en quatre suites, renfermées en un vol. in-4 oblong, veau, contenant 142 estampes.

3214 — Plans et vues de la villa Pamphilia. 6 estampes en un vol. in-fol. veau.

3215 — **Félibien.** Entretiens sur les vies et les ouvrages des plus excellents peintres anciens et modernes, avec la vie des architectes, par M. Félibien. A Trévoux, 1725, 6 vol. in-8 veau. Manque le tome II.

3216 — **Fialetti.** Briefve histoire de l'institution de toutes les religions avec leurs habits, gravés par Odoard Fialetti, Bolognois. Paris, 1658, 1 vol. in-8 veau, figures gravées à l'eau-forte.

3217 — **Fiesole.** Le Couronnement de la Sainte Vierge et les miracles de saint Dominique, tableau de Jean de Fiesole publié en 15 planches par Guillaume Ternite. Avec une notice sur la vie du peintre et une explication du tableau par Auguste-Guillaume de Schlegel. Paris, 1817, in-fol. en portefeuille.

3218 — Le Pitture della cappella di Nicolo V, opere del beato Giovanni Angelico da Fiesole, esistenti nel Vaticano. Designate ed incise a contorni da Francesco Grangiacomo Romano in 16 rami. Roma, 1810, 1 vol. in-fol., figures gravées au trait.

3219 — **Forbin.** Un mois à Venise ou recueil de vues pittoresques dessinées par M. le comte de Forbin et M. Dujuine, et lithographiées par MM. Arnout, Aubry-Lecomte, etc. publié par Engelmann, 1825, 1 vol. in-fol. cartonné.

3220 — **Fortoul.** De l'art en Allemagne, par Hippolyte Fortoul. Paris, Jules Labitte, 1841-1842, 2 vol. in-8 demi-rel. mar. vert.

3221 — **Fragonard** (A.). Compositions dans le style antique*
1 vol. in-fol. oblong cart., contenant 60 estampes gravées
au trait.

3222 — **Franco.** Habiti d'Huomeni et Donne venetiane con
la processione della Ser. signora et altri particolari Cioë.
trionfi feste et cerimonie publiche della nobilissima cita
di Venezia. 1 vol. in-4, vélin. fig.

3223 — **Du Fresnoy**. L'Art de peinture de C.-A. Du Fresnoy, traduit en français, enrichy de remarques et augmenté d'un dialogue sur le coloris, seconde édition. A
Paris, chez Nicolas Langlois, 1673. 1 vol. in-12, figures
gravées par Sébastien Le Clerc.

3224 — **Gailhabaud**. Monuments anciens et modernes, collection formant une histoire de l'architecture des différents peuples à toutes les époques, publiée par Jules
Gailhabaud. Paris, librairie de Firmin-Didot frères, 1850.
4 vol. grand in-4, demi-rel., mar. violet, dos et coins.

3225 — L'Architecture du ve au xviie siècle et les arts qui en
dépendent, la sculpture, la peinture murale, la peinture
sur verre, la mosaïque, la ferronnerie, etc, publiés d'après
les travaux inédits des principaux architectes français et
étrangers, par Jules Gailhabaud. Paris, Gide, 1858. 4 vol.
grand in-4, demi-rel., mar. rouge, dos et coins, et 1 vol.
in-fol. de planches en noir et en couleur.

3226 — **Reale Galeria** di Firenze illustrata, Firenze, 1817.
Ouvrage divisé en cinq séries formant 13 vol. in-8, demi-
rel., mar. rouge. Figures gravées au trait.

3227 — **Galleria** Giustiniana del Marchese Vincenzo Gius-
tiniani. 2 vol. in-fol., veau. Figures.

3228 — **Galerie** systématique représentant en 226 planches,
près de 5,000 sujets classés méthodiquement et tirés de
ce qu'il y a de plus curieux dans l'histoire naturelle, la
physique, les sciences, etc., par une société de gens de
lettres et d'artistes. Paris, chez Herder et compagnie.
1 vol. in-4, demi-rel. veau. Figures.

3229 — **Gauthier**. Les plus beaux édifices de la ville de
Gênes et de ses environs. Recueil publié par M. P. Gauthier, architecte... et dédié à sa Majesté le roi de France.
A Paris, chez l'auteur, de l'imprimerie P. Didot l'aîné,
1818, 1822. 2 tomes en 1 vol. in-fol. demi-rel., mar.
rouge. Figures gravées au trait.

3230 — **Gavarni**. Le Carnaval à Paris. Suite de quarante
lithographes, reliées en un volume in-4 cartonné.
Très belles épreuves.

3231 — **Gazette des Beaux-Arts**. Courrier européen de
l'art et de la curiosité, 1864, 2 liv., 1865 ; 12 liv., 1866 ;
12 liv., 1868 ; 7 liv., 1869 ; 12 liv., 1870 ; 4 liv., 1872 ;
4 liv., 1873 ; 12 liv., 1874 ; 1 liv. En tout, 66 livraisons
in-8 brochées.

3232 — **Gell et Gandy**. Vues des ruines de Pompéi, d'après
l'ouvrage publié à Londres en 1819, par sir William Gell
et J.-P. Gandy, architecte. Paris, de l'imprimerie de
Didot, 1824. 1 vol. in-fol. demi-rel., mar. vert, dos et
coins. Figures lithographiées.

3233 — **Gevartius**. Pompa introitus Ferdinandi Austriaci,
Hispaniar infantis, etc., in ubem Antverpiam, iconibus
à P. P. Rubenio delineatis et comment. G. Gevartii illustrata. Antverpiæ, 1642. 1 vol. in-fol. vélin. Figures gravées, d'après Rubens. Manque le portrait de Gevaert et le
faux-titre.

3234 — **Ghiberti**. Porte principale du Baptistère de Florence
par Lorenza Ghiberti. Paris, Veith et Hauser. 1 vol. in-fol.
cart., figures au trait gravées sous la direction de Blan-
chard.

3235 — **Gilbert**. Description historique de la basilique mé-
tropolitaine de Paris, ornée de gravures, par A.-P.-M.
Gilbert. Paris, 1821. 1 vol. in-8 cartonné.

3236 — **Girault de Prangey**. Monuments arabes et mo-
resques de Cordoue, Séville et Grenade, dessinés et
mesurés en 1832 et 1833, par Girault de Prangey. 1 vol.
in-fol. cartonné. Figures lithographiées.

3237 — **Girodet**. Anacréon. Recueil de compositions dessinées par Girodet, et gravées par M. Chatillon, son élève,
avec la traduction en prose des odes de ce poète, faite
également par Girodet; publié par son héritier et par les
soins de MM. Becquerel et P.-A. Coupin. A Paris, chez
Chaillou-Potrelle, 1825. 1 vol. in-fol. demi-rel. mar.
vert.

3238 — Sapho, Bion, Moschus. Recueil de compositions dessinées par Girodet et gravées par M. Chatillon, son élève;
avec la traduction en vers, par Girodet, de quelques-unes
des poésies de Sapho et de Moschus; et une notice sur
la vie et les œuvres de Sapho, par M. P.-A. Coupin. A
Paris, chez Chaillou-Potrelle, 1829. 1 vol. in-fol. demi-
rel. mar. vert.

3239 — Eneïde. Suite de compositions dessinées au trait, par
Girodet, lithographiées par MM. Aubry Lecomte, Chatillon, etc..., chez Noël aîné, rue de Vaugirard. 1 vol.
in-fol. demi-rel. mar. rouge.

3240 — Les Amours des Dieux. Recueil des compositions dessinées par Girodet et lithographiées par MM. Aubry-Le
Comte, Chatillon, Counis, etc. A Paris, chez Engelmann,
1826 — 1 vol. in-fol. cartonné.

3241 — **Goya**. Les Caprices. Suite de 80 planches gravées à
l'eau-forte, en 1 vol. in-4 broché, non rogné.

Ancien exemplaire.

3242 — **Grandjean de Montigny**. Architecture toscane
ou palais, maisons, et autres édifices de la Toscane, mesurés et dessinés, par A. Grandjean de Montigny et A.
Famin. Paris, Salmon, 1846. 1 vol. in-fol. cart., figures
gravées au trait.

3243 — **Gruner**. Décorations de Palais et d'Eglises en Italie,
peintes à fresques ou exécutées en stuc, dans le cours du
xvᵉ et du xviᵉ siècle, avec descriptions par Louis Gruner..
avec un essai par Mons. J. J. Hittorff sur les arabesques
des anciens, -comparées à celles de Raphaël et de son
école. Nouvelle édition, considérablement augmentée.

Paris et Londres, 1854. 1 vol. in-fol. cart. figures en noir et en couleur.

3244 — **D'Hancarville**. Antiquités étrusques grecques et romaines, ou les beaux vases étrusques, Grecs et Romains et les peintures rendues avec les couleurs qui leur sont propres, gravées par F. A. David, avec leurs explications par d'Hancarville. Paris, 1787. 5 tomes en 2 vol. in-4, demi-rel. veau.

3245 — **Hay**. Illustrations of Caira, by Robert Hay, esq. Drawn on stone by J. C. Bourne, under the superin tendence of B. Carter, architect. London : published by Tilt and Bogue... 1840. 1 vol. in-fol. demi-rel. mar. vert. figures lithographiées.

3246 — **Hittorff**. Architecture moderne de la Sicile, ou recueil des plus beaux monuments religieux, et des édifices publics et particuliers les plus remarquables de la Sicile, mesurés et dessinés par J.J. Hittorff et L. Zanth. Paris, imprimé chez Paul Renouard, 1835, 1 vol. in-fol. demi-rel., mar. violet, figures.

3247 — **Hooghe**. Voyage de sa Majesté britannique en Hollande (Guillaume III). A La Haye chez Arnout Leers 1692. 1 vol. in-fol. oblong contenant 14 estampes gravées par R. de Hooghe et représentant les fêtes données à cette occasion. Très belles épreuves, grandes marges.

3248 — **Houel**. Voyage pittoresque des Isles de Sicile, de Malte et de Lipari, où l'on traite des antiquités qui s'y trouvent encore ; des principaux phénomènes que la nature y offre ; du costume des habitants, et de quelques usages par Jean Houel, peintre du Roi. A Paris, de l'imprimerie de Monsieur. 1782. 1787. 4 tomes en 3 vol. in-fol. veau, figures gravées, imprimées en bistre.

2249 — **Horeau**. Panorama d'Égypte et de Nubie avec un portrait de Méhémet-Ali et un texte orné de Vignettes par Hector Horeau, architecte. A Paris, chez l'auteur, 1841. 1 vol. in-fol. demi-rel., mar. rouge. fig. gravées et imprimées en bistre.

3250 — **Huber.** Notices générales des graveurs divisés par nations et des peintres rangés par écoles, précédées de l'histoire de la gravure et de la peinture depuis l'origine de ces arts jusqu'à nos jours, par M. Huber, Dresde et Leipzig 1787. 2 vol. in-8 veau, figures.

3251 — **Hubert.** Croquis et Études de paysages, dessinés et lithographiés par Hubert, 1 vol. in-fol. oblong demi-rel., contenant 100 planches numérotées.

3252 — **Il fuoco** eterno custodito dalle vestali drama musicale per la felicissima nascita della sereniss. arciduchessa Anna Maria, fille de l'Empereur Leopold et de l'Impératrice Claudia Felice... in Vienna d'Austria, 1674. 1 vol in-4. demi-rel., veau, figures.

3253 — **Jal.** Esquisses, croquis, pochades, ou tout ce qu'on voudra, sur le salon de 1827, par A. Jal, avec des dessins lithographiés. Paris, Ambroise Dupont et C°... 1828, 1 vol. in-8 cartonné.

3254 — **Jansen.** OEuvres complètes du chevalier Josué Reynolds, contenant ses discours académiques, ses notes sur le Poème de l'art de peindre de du Fresnoy, etc., précédées de sa vie. Le tout traduit de l'anglais sur la seconde édition. Paris Arthus-Bertrand 1806. 2 vol. in-8., demi-rel. veau.

3255 — **Jansen.** OEuvres complètes d'Antoine Raphaël Mengs, premier peintre du roi d'Espagne, contenant différents traités sur la théorie de la peinture, traduit de l'Italien. Paris, 1786, 2 tomes en 1 vol. in-4. Veau marbré.

3256 — **Journaux.** Le Charivari. Années 1833, 1834, 1835, et 1842. 6 vol. in-fol. et in-4, cartonnés, figures.

2257 — **Kératry.** Le beau dans les arts d'imitation, avec un examen raisonné des productions des diverses écoles de peinture et de sculpture. Paris, Audot, 1822. 2 vol. in-8, cartonnés.

3258 — **Kleiner.** Urbs augustorum sedes et patria, cresce ædibus augustus tolle vienna domos eccetuis novus, orbis amor, novus incola tectis imminet austriaci spes rediviva tari. 1 vol. in-fol. oblong cartonné.

3259 — **Krul.** Pampiere Wéreld ofte Wereldesche œffeninge, Wær in begrepen zijn meest alle de Rijmen, en Werken, van J. H. Krul. Al te zamen merkelijk doorhem verbetert, en met veel nieuwe Rijmen verrijkt, d'Oorgaens met Scoone Kapere platen verciert, afgezondert in vier Deelen. Tat Amsteldam, in't Iaer 1644. 1 vol in-fol. vélin figures.

3260 — **De Laborde**, Voyage de l'Asie-Mineure par MM. Alexandre de Laborde, Becker, Hall et Léon de Laborde rédigé et corrigé par Léon de Laborde. Paris, Firmin-Didot frères, 1838. 1 vol. in-fol. mar. vert. figures lithographiées et teintées.

3261 — **Lacombe.** Dictionnaire portatif des Beaux-Arts, ou abrégé de ce qui concerne l'architecture, la sculpture, la peinture, la gravure, la poésie et la musique, par Lacombe. Paris 1759. 1 vol. in-8. veau marbré.

3262 — **La Fontaine (J. de)** Fables choisies, mises en vers par J. de La Fontaine. Nouvelle édition gravée en taille-douce, les figures par le Sieur Fessard, le texte par le sieur Montulay, dédiées aux enfants de France. Paris, chez l'auteur 1765-1775. Six vol. in-8. demi-rel. veau.

3263 — **Lairesse.** Le grand livre des peintres, ou l'art de la peinture, considéré dans toutes ses parties et démontré par principes,.. par Girard de Lairesse. Auquel on a joint les principes du dessin du même auteur, traduit du Hollandais sur la seconde édition, avec 35 planches en taille douce. Paris, Moutard, 1787. Deux vol. in-4. veau.

3264 — **Lairesse.** (G. de), Trente-six estampes de l'œuvre gravé du maître, en 1 vol. in-fol. oblong, veau.

3265 — **Lanzi.** Histoire de la peinture en Italie, depuis la renaissance des beaux-arts, jusques vers la fin du xviiie siècle, par l'abbé Lanzi; traduite de l'Italien sur la 3e édition par Mme Armande Dieudé, Paris 1824, cinq vol. in-8. demi-rel. veau.

3266 — **Lasinio.** Pitture a fresco del campo santo di Pisa intagliate da Carlo Lasinio conservetore del Medesimo. Firenze, 1812, 1 vol. in-fol. demi-rel. mar. vert.

3267 — **Lebas et Debret.** Œuvres complètes de Jacques Barozzi de Vignole, publiées par H. Lebas et F. Debret, architectes. A Paris, de l'imprimerie de P. Didot l'aîné, 1815. 1 vol in-fol. demi-rel. figures gravées.

3268 — **Le Blanc.** Manuel de l'amateur d'Estampes, par Ch. Le Blanc, ouvrage destiné à faire suite au manuel du libraire et de l'amateur de livres, par J. Ch. Brunet. Paris, P. Jannet 1850-1859. Neuf livraisons in-8. brochées.

3269 — **Lebrun.** Galerie des peintres Flamands, Hollandais et Allemands; ouvrage enrichi de deux cent-une planches gravées d'après les meilleurs tableaux de ces maîtres, par les plus habiles artistes de France, de Hollande et d'Allemagne; avec un texte explicatif, etc. par M. Lebrun, Paris et Amsterdam, 1792-1796. 3 vol. in-fol. cartonnés, non rognés. très bel exemplaire, les gravures superbes d'épreuves.

3270 — **Lebrun.** Recueil de gravures au trait, à l'eau-forte, ombrées, d'après un choix de tableaux de toutes les écoles, recueillis dans un voyage fait en Espagne, au midi de la France et en Italie, dans les années 1807 et 1808, par M. Lebrun. A Paris, de l'imprimerie de Didot jeune, 1809. Deux vol. in-8, cartonnés.

3271 — **Lépicié.** Catalogue raisonné des tableaux du Roi, avec un abrégé de la vie des peintres fait par ordre de sa Majesté. A Paris, de l'imprimerie royale, 1752. Deux vol. in-4. veau marbré, aux armes du roi.

3272 — **Lessore et Wyld.** Voyage pittoresque dans la régence d'Alger, exécuté en 1833, et lithographié par E. Lessore et W. Wyld, dédié à M. Horace Vernet, 1835, publié et imprimé par Charles Motte. 1 vol. in-fol. demi-rel.

3273 — **Le Prince.** Œuvres de Jean-Baptiste Le Prince, peintre du Roi, conseiller en son académie royale de peinture et sculpture, contenant cent-soixante planches gravées à l'eau-forte, et à l'imitation des dessins lavés au bistre... A Paris, chez Basan frères. 1782. 1 vol in-fol. cartonné. Très bel exemplaire, en belles épreuves.

3274. — **Letarouilly** Edifices de Rome moderne, ou recueil des palais, maisons, églises, couvents, et autres monuments publics et particuliers les plus remarquables de la ville de Rome, dessinés, mesurés et publiés par P. Letarouilly. Tome premier. Paris, typographie de Firmin-Didot frères 1840. 1 vol. in-fol. demi-rel. mar. bleu, contenant 114 planches gravées.

3275 — **Leti**. Teatro belgico o vero ritratti historici, chronologici, politici, e geografici, delle sette provincie unite scritto da Gregorio Leti. Amsterdam, 1690. 2 vol. in-4, veau marbré, figures.

3276 — **Lewis's**. Illustrations of Constantinople, made during a residence in that city etc. in the years 1835-6. Arranged and drawn on stone from the original sketches of. Coke Smyth by John F. Lewis. 1 vol. in-fol. cart. figures lithographiées.

3277 — **Lewis**. Sketches and Drawings of the alhambra, made during a residence in Granada in the years 1833-4. Drawon en stone by J. D. Harding, R. J. Lane, A. R. A. W. Gauci et John Lewis. 1 vol. in-fol. Cart. figures lithographiées.

3278 — **Maître au Dé**. La fable de Psyché écrite par Apulée, d'après Raphaël, suite de trente-deux estampes. (B. 39-70). Belles épreuves du 2° état, avec l'adresse de Salamanca, en 1 vol. in-4 obl. broché.

3279 — **Malvasia**. Felsina pittrice vite de pittori Bolognesi, alla maesta christianissimo di Luigi XIIII... in Bologna 1678. 2 vol. in-4 vélin. figures.

3280 — **Mariette**. Traité des pierres gravées par P. J. Mariette. A Paris, de l'imprimerie de l'auteur 1750. 2 vol. petit in-fol. veau marbré, doré sur tranches. fig.

3281 — **Masaccio**. Le Pitture di Masaccio esistenti in Roma nello basilica di S. Clemente colle teste lucidate dal sig. Carlo Labruzzi e publicate da Giovanni dall'armi. Roma 1809. 1 vol. in-fol. cart., figures.

3282 — **Mazois**. Les Ruines de Pompéi, par F. Mazois, architecte, inspecteur général des bâtiments civils, chevalier de l'ordre royal de la Légion-d'honneur. Paris, Imprimerie et Librairie de Firmin Didot, 1824 — 1829. Quatre tomes en 2 vol. in-fol. demi-rel. veau figures. Le titre de la quatrième partie manque.

3283 — **Mérimée**. De la peinture à l'huile, ou des procédés matériels employés dans ce genre de peinture, depuis Hubert et Jean Van-Eyck jusqu'à nos jours, par J. F. L. Mérimée. Paris, Mme Huzard, 1830. 1 vol. in-8 demi-rel.

3284 — **Metz**. Schediasmata seleeta ex archetypis Polidori caravagiensis in musaeo Hon^i, viri à Hume Bar^i, conservatis, fideliter imitata auctore C. M. Metz. 1791. 1 vol. in-fol. oblong demi-rel. veau.

3285 — **Metz**. Imitations of ancient and modern dravings, from the restoration of the arts in italy, ta the present time. Together with a chronological account of the artits, and strictures on their Works, in english and french by, C. M. Metz. London, 1798. 1 vol. in-fol. mar-vert, filets. tranches dorées.

3286 — **Millin (A. L.)**. Dictionnaire des Beaux-Arts, par A. L. Millin, membre de l'Institut etc. Paris Desray. 1806. 3 vol. in-8. demi rel. veau.

3287 — **La Mode**. Revue des modes, — Galerie de mœurs, — Albums des salons. 1829. 1832. 12 vol. in-8. cartonnés.

3288 — **Molière**. Suite complète de trente-trois gravures in-4. d'après Boucher, gravées par Laurent Cars, pour illustration des œuvres de Molière. Superbes épreuves, avec grandes marges. En 1 vol. in-4. cartonné.

3289 — **Moreau**. Figures de l'histoire de France, dessinées par M. Moreau le jeune, et gravées sous sa direction, avec le discours de Monsieur l'Abbé Garnier. Ouvrage National dédié au Roi. A Paris, chez Moreau le jeune, 1785. 1 vol. in-4. contenant 154 estampes par les plus célèbres graveurs du XVIII° siècle.

3290 — **Morey**. Charpente de la cathédrale de Messine, dessinée par M. Morey, architecte, gravée et lithographiée par H. Roux aîné. Paris, typographie de Firmin Didot frères, 1841. 1 vol. in-fol. cartonné, figures en couleur.

3291 — **Mouradtja**. Tableau général de l'empire Ottoman, divisé en deux parties, dont l'une comprend la législation Mahométane ; l'autre, l'histoire de l'empire Ottoman. Dédié au roi de Suède, par M. de M. d'Ohsson, ouvrage enrichi de figures. A Paris, de l'imprimerie de Monsieur, 1787. 1790 2 vol. in-fol. demi-rel. mar. rouge.

3292 — **Museum** Odescalchum, sive thesaurus antiquarum gemmarum cum imaginibus in iisdem insculptis et ex isdem exculptis.... Romae 1751. Deux tomes en 1 vol. in-fol. veau marbré fig.

3293 — **Muxel**. Galerie Leuchtenberg, gravé au trait par N. Muxel, texte allemand par J. D. Passavant. Frankfurt am Main, 1851. 1 vol. grand iu-4. cartonné.

3294 — **Newcastle**. La Méthode nouvelle et invention extraordinaire de dresser les chevaux, les travailler selon la nature, et parfaire la nature par la subtilité l'art, laquelle n'a jamais été trouvée que par le très noble haut et très puissant prince Guillaume, marquis et comte de Newcastle A Anvers, chez Jacques Von Meurs, 1658. 2 vol. in-fol. veau. Figures gravées d'après Diepenbecke.

3295 — **Nolpe**. Begraeffenisse van syne hoogheyt Frederick Henrick, prince d'Orange... Gheteeckent en uytghegheven door Pieter Post. Amsterdam 1652. 1 vol. in-fol. vélin fig.

3296 — **Notices** sur les graveurs qui nous ont laissé des estampes marquées de monogrammes, chiffres, Rébus, Lettres initiales, etc. avec une description de leurs plus

beaux ouvrages et des planches en taille douce, contenant
toutes les remarques dont ils se sont servis, suivies d'une
table qui en donne l'explication. Besançon, 1807-1808.
2 vol. in-8. demi-rel. veau.

3297 — **Nouvelle** collection de vues et monuments les plus
remarquables de la Belgique dessinés et lithographiés par
divers artistes, publiée par Tessaro à Bruxelles. 1 vol.
in-fol. demi-rel. mar. figures teintées.

3298 — **Numismata** virorum illustrium ex Barbadica gente.
Patavii, ex typographia seminarii.... 1 vol. in-fol. cartonné, figures.

3299 — **Ottley.** A Series of plates, engraved after the pain-
tings and sculptures of the most eminent masters of the
early florentine school.... by William Young Ottley.
London, 1826. 1 vol. in-fol. cart. figures gravées.

3300 — **Palais,** maisons, et autres édifices modernes, dessinés à Rome, publiés à Paris, l'an 6 de la République
Française (1798). A Paris, chez Ducamp. 1 vol. in-fol.
cartonné, figures gravées au trait.

3301 — **Parmesan.** Imitation of drawings by Parmegiano
in the collection of his Majesty. London, 1790, 1 vol. in-fol.
oblong demi-rel. veau. — Raccolta di disegni originali
di Fr. Mazzola, detto il Parmegiano..., incisi da Benigno
Rossi... Parma, 1772, 1 vol. in-fol. demi-rel. veau.

3302 — Celleberrimi Francisci Mazzola Parmensis graphides
per Ludovicum inig. bononiæ collectæ editæque, anno
1788. 1 vol. in-fol. cart., fac-similé des dessins du Parmesan, par Rosaspina.

3303 — **Pastorales** par Claudine Stella. 17 gravures en
1 vol. in-fol. oblong cartonné.

3304 — **Percier et Fontaine.** Choix des plus célèbres
maisons de plaisance de Rome et de ses environs, mesurées et dessinées par Charles Percier et P. F. L. Fontaine.
A Paris, de l'imprimerie de P. Didot l'aîné, 1809, 1 vol.
grand in-fol. veau. Très bel exemplaire.

3305 — **Perrier** (F.). Les Bas-reliefs de Rome, suite de 55 estampes gravées à l'eau-forte (R. D., 142-195), en 1 vol. in-fol. cart. Très belles épreuves du troisième état.

3306 — **Piles** (de). Recueil de divers ouvrages sur la peinture et le coloris. Paris, 1755. — Cours de Peinture par principes. Paris, 1767. — Essai sur le beau. Paris, 1741. 3 vol. in-8 veau marbré.

3307 — **Pinelli**. Raccolta di 50 costumi li più interessanti delle città, terre e paesi en provincie diverse del regno di Napoli. — Raccolta di 50 costumi pittoreschi, incisi all' acqua-forte da Bartolomeo Pinelli romano. In Roma, 1809-1814, 100 planches en 1 vol. in-fol. demi-rel. veau.

3308 — Della Istoria romana, incisa all' acqua-forte, da Bartolomeo Pinelli. Romano, 1818, 1 vol. in-fol. broché, contenant 100 estampes gravées à l'eau-forte.

3309 — Il meo Patacca o vero Roma in feste nei triomfi di Vienna, poema Giocoso nel linguagio romanesco di Giuseppe Berneri, romano academico infecondo. Edizione seconda arricchita di num. 52 tavole, inventate e incise da Bartolomeo Pinelli Romano. In Roma, 1823, 1 vol. in-fol. obl. broché. — Raccolta di costumi italiani i più interessanti, disegnati ed incisi da Bartolomeo Pinelli. Anno 1828, etc., 1 vol. in-fol. oblong broché, etc. Trois suites d'estampes gravées à l'eau-forte.

3310 — Costumi di Roma, incisi da Bartolomeo Pinelli. Roma, 1831, 1 vol. in-fol. oblong cart., contenant 56 estampes gravées à l'eau-forte.
— Costumi diversi, inventati ed incisi da Bartolomeo Pinelli, in num. 25 tavole. Roma, 1832, 1 vol. in-fol. oblong cartonné.

3311 — **Piroli**. Le Antichita di Ercolano. Rome et Paris, 1789-1806, 6 vol. in-4 cart., figures gravées.

3312 — **Pitture** scelte e dichiarate da Carla Caterina Patina Parigina, accademica. In Colonia, appresso Pietro Marteau, 1691, 1 vol. in-fol. cartonné non rogné, figures gravées par N. R. Cochin.

3313 — **Pompei**. Gli ornati degli pareti ed i pavimenti delle stanze dell' antica Pompei, incisi in rame. Napoli, dalla stamperia reale, 1796, 1 vol. in-fol. demi-rel. veau, figures gravées.

3314 — **Prenner**. Illustri fatti farnesiani coloriti nel real Palazzo di Caprarola..... Disegnati e coll' acqua-forte incisi in rame da Giorgio Gasparo di Prenner. In Roma, nel 1748, 1 vol. in-fol. veau, figures.

3315 — **Quatremère de Quincy**. Histoire de la vie et des ouvrages des plus célèbres architectes du xiᵉ siècle jusqu'à la fin du xviiiᵉ, accompagnée de la vue du plus remarquable édifice de chacun d'eux, par M. Quatremère de Quincy. Paris, Jules Renouard, 1830, 2 vol. in-8 cartonnés non rognés.

3316 — **Reinhart**. Collection de vues pittoresques de l'Italie, dessinées d'après nature et gravées à l'eau-forte à Rome, par trois peintres allemands A. C. Dies, Charles Reinhart, Jacques Mechau, contenant 72 planches publiées à Nuremberg, chez Frédéric Frauenholz. 1799, 1 vol. in-fol. cartonné.

3317 — **Reveil**. Musée de peinture et de sculpture ou recueil des principaux tableaux, statues et bas-reliefs des collections publiques et particulières de l'Europe, dessiné et gravé à l'eau-forte par Réveil, avec des notices descriptives, critiques et historiques, par Duchesne aîné. Paris, Audot, 1828-1834, 16 vol. in-8 demi-rel.

3318 — Musée religieux ou choix des plus beaux tableaux inspirés par l'Histoire sainte aux peintres les plus célèbres, gravés à l'eau-forte sur acier, par Réveil. Paris, 1836, 4 vol. in-8 demi-rel. veau.

3319 — Galerie des arts. 4 vol. in-8, figures gravées au trait par Réveil, demi-rel. veau.

3320 — Œuvre de Flaxman. Recueil de ses compositions gravées par Réveil, avec analyse de la Divine comédie du Dante et Notice sur Flaxman. Paris, 1836, 2 vol. in-4 oblongs demi-rel. veau.

3321 — **Rey et Chenavard.** Voyage pittoresque en Grèce
et dans le Levant fait en 1843-1844, par E. Rey, Chenavard et Dalgabio. Journal de voyage, dessins et planches
lithographiées par Etienne Rey. Lyon, 1867, 1 vol. in-
fol. broché.

3322 — **Rigaud.** Recueil de 121 des plus belles vues de
palais, châteaux et maisons royales de Paris et de ses
environs, dessinées d'après nature en 1780, et gravées
par Rigaud. A Paris, chez Treuttel et Wurtz... 1 vol. in-
fol. demi-rel. Très bel exemplaire en anciennes épreuves.

3323 — **Robert-Dumesnil.** Le Peintre-graveur français,
ou Catalogue raisonné des estampes gravées par les
peintres et les dessinateurs de l'école française, ouvrage
faisant suite au Peintre-graveur de M. Bartsch, par A. P.
F. Robert-Dumesnil. Paris, Mme Huzard, 1835-1850. 8 vol.
in-8 brochés. — Le Peintre-graveur français continué ou
Catalogue raisonné des estampes gravées par les peintres
et les dessinateurs de l'école française nés dans le xviii^e
siècle, par P. de Baudicourt. Paris, Mme Bouchard-Huzard,
1859-1861. 2 vol. in-8 brochés.

3324 — **Raoul Rochette.** Peintures antiques inédites précédées de recherches sur l'emploi de la peinture dans la
décoration des édifices sacrés et publics chez les Grecs et
chez les Romains, faisant suite aux monuments inédits,
par M. Raoul Rochette. Paris, 1836, 1 vol. in-4 cartonné,
figures en couleur.

3325 — **Rochette et Bouchet.** Maison du poète tragique
à Pompéi, publiée avec ses peintures et ses mosaïques
fidèlement reproduites et avec un texte explicatif, par
Raoul Rochette et J. Bouchet. Paris, chez les auteurs...
1 vol. in-fol. demi-rel. mar. rouge, fig. en couleur.

3326 — **Rosset.** L'Agriculture, poème. A Paris, de l'imprimerie royale, 1774, 1 vol. in-4 veau marbré, vignettes,
fleurons et en-têtes de page, d'après Saint-Quentin, Loutherbourg et Marillier.

3327 — **Roux et Barré**. Herculanum et Pompéi. Recueil
général des peintures, bronzes, mosaïques, etc. décou-
verts jusqu'à ce jour et reproduits d'après Le Antichità
di Ercolano, il museo borbonico, augmenté de sujets
inédits gravés au trait sur cuivre par H. Roux et accompagné d'un texte explicatif par L. Barré. Paris, librairie
de Firmin Didot, 1861, 8 vol. in-8 brochés non rognés.

3328 — **Rubeis** (J. de). Decorum concilium in pinciis bur-
ghesianis hortis ab èq, Joanne Lanfranco Parmensi tum
sperantibus ad vivum imaginibus tum monocromatibus
atque ornamentis mira pingendi arte expressum A. Petro
Aquila ad similitudinem delineatum et incisum.... 1 vol.
grand in-fol., figures.

3329 — **Rubens**. La Galerie du palais du Luxembourg
peinte par Rubens, dessinée par les sieurs Nattier, et
gravée par les plus illustres graveurs du temps, dédiée
au roy. Se vend à Paris, chez le sieur Duchange... 1710,
1 vol. in-fol. contenant 25 estampes en épreuves avant
les numéros, remontées, manque le texte.

3330 — **Saint-Non**. Recueil de Griffonnis, de vues, paysages, fragments antiques et sujets historiques gravés tant
à l'eau-forte qu'au lavis, par M. l'abbé de Saint-Non,
amateur honoraire de l'académie royale de peinture,
d'après différents maîtres des écoles italiennes et de
l'école française. 2 vol. in-4 demi-rel. veau. Très bel
exemplaire non rogné.

3331 — **Saracenic** and Norman Remains, to illustrate the
normans in Sicily, by Henry Gally Knight. Esq'.London
published by John Murray. 1 vol. in-fol. demi-rel. mar.
violet, figures lithographiées.

3332 — **Soprani**. Vite de pittori, sculptori, ed architetti
genovesi di Raffaello Soprani patrizio genovese in questa
secundo Edizione revedute, accresciute, ed arricchite di
note da Carlo Giuseppe Ratti... in Genova. 1758. 2 vol.
in-4. veau marbré. fig.

3333 — **Swebach**. Encyclopédie pittoresque, ou suite de

compositions, caprices et études gravées au trait par Swebach dit Fontaine. A Paris, chez l'auteur. 4 volumes in-4. cartonnés. fig. au trait.

3334 — **Le Tasse**, La Jérusalem délivrée, en vers français, par L. P. M. F. Baourt Lormian. Paris de l'imprimerie de Didot l'aîné. 1796. 2 vol. in-4. veau fauve, tranches dorées.

Très bel exemplaire en grand papier, orné de belles figures gravées d'après Cochin, en épreuves avant la lettre.

3335 — **Thomas**. Un an à Rome et dans ses environs. Recueil de dessins lithographiés, dessiné et publié par. Thomas. Paris, 1823. 1 vol. in-fol. cartonné, figures en couleur.

3336 — **Tiepolo**. OEuvre gravé à l'eau-forte de G. B. Tiepolo, contenant 193 estampes divisées par suites, en un vol. in-fol. demi-rel. veau. OEuvre très rare à trouver ainsi réuni.

3337 — **Tischbein**. Recueil de gravures d'après des vases antiques, la plupart d'un travail grec, trouvés dans des tombeaux au royaume des Deux-Siciles, principalement dans les environs de Naples, en 1789 et 1790, tirés du cabinet de M. le Chevalier Hamilton avec des observations sur chacun des vases par l'auteur de cette collection, publié d'après M. Guillaume Tischbein. Paris chez Bénard successeur d'Alibert, 1803-1809. 4 tomes en 2 vol. in-fol. cartonnés, non rognés, figures.

3338 — **Traité** de la peinture de Léonard de Vinci donné au public et traduit d'Italien en Français par R. F. S. D. C. Paris. 1651. 1 vol. in-fol. demi-rel. mar. brun. fig.

3339 — **Turgot**. Plan de la ville de Paris, en 20 planches et un plan d'assemblage. 1 vol. in-fol. veau, aux armes de la ville de Paris.

3340 — **Vander-Meulen**. OEuvre de Vander-Meulen contenant 40 estampes, sujets historiques à la gloire de Louis XIV, en 1 vol. in-fol. mar. rouge aux armes du roi.

A ce volume est ajouté le portrait de l'artiste, par
Van-Schuppen. Très bel exemplaire.

3341 — Paysages, sujets de batailles. Etudes d'animaux
gravés par Bauduins et Hughtenburg, d'après Vander
Meulen. Soixante sept pièces renfermées en 1 vol. in-fol.
demi-rel. mar. violet.

3342 — **Van Thulden.** Les travaux d'Ulysse dédié à Monseigneur de Liancourt par Théodor Van Thulden. F. L.
D. Ciartres, 1653. 1 vol. in-fol. oblong vélin figures gravées à l'eau-forte d'après le Primatice.

3343 — **Van-Vianen.** Emblèmes d'amour en quatre langues
avec figures gravées par Jean Van-Vianen. A Londres,
chez l'Amoureux 1 vol. in-8 vélin.

3344 — **Vasari.** Le vite de piu excellente pittori, sculptori,
et architettori, scritte, di nuovo. Ampliate da M. Giorgio
Vasari Pit. et Archit. Aretino. In Fiorenza, 1568. Trois
vol. in-4. veau, figures gravées sur bois.

3345 — **Vernet.** Les ports de France, Suite de seize,
estampes gravées par Cochin et Le Bas. en 1 vol. in-fol.
veau. A cette suite est ajouté, un portrait de J. Vernet,
gravé par Cathelin, d'après Vanloo.

3346 — **Veteres** arcus augustorum triomphis insignes ex
reliquiis quæ Romæ adhuc supersunt cum imaginibus
triumphalibus restituti antiquis nummis notisque io :
petri bellorii illustrati nunc primum per io : Jacobum de
Rubeis. Romae. 1690, 1 vol. in-fol. velin. figures.

3347 — **Vico.** Augustarum imagines aereis formis expressae :
Vitæ quoque earumdem breviter enarratæ, signorum etiam
quae in posteriori parte numismatu efficta sunt, ratio ex-
plicata, ab Aena Vico parmense. Venitiis 1558. 1 vol.
in-4. veau figures.

3348 — **Vivant-Denon.** Monuments des arts du dessin chez
les peuples tant anciens que modernes, recueillis par le
baron Vivant-Denon..., pour servir à l'histoire des arts ;
lithographiés par ses soins et sous ses yeux, décrits et

expliqués par Amaury Duval... A Paris, chez **MM. Brunet**
Denon, 1829 4 vol. in-fol. en portefeuille.

3349 — **Vivian.** Spanish scenery by G. Vivian. Esq. P. et D.
Colnaghi et C⁰ 14 Pall Mall. East. London, 1838. 1 vol.
in-fol., demi-rel., mar. roug. figures lithographiées.

3350 — **Vitruve.** Les dix livres d'architecture de Vitruve,
corrigez et traduits nouvellement en français, avec des
notes et des figures. Seconde édition reveue, corrigée, et
augmentée par M. Perrault de l'académie royalle des
sciences, etc. A Paris, chez Jean-Baptiste Coignard, 1684
1 vol. in-fol. veau marbré, figures.

3351 — **Voyage** pittoresque en Sicile, dédié à son Altesse
Madame la Duchesse de Berry. A Paris, de l'imprimerie
de P. Didot, l'aîné, imprimeur du Roi, 1822, 1826. 2 vol.
in-fol. demi-rel. figures gravées à l'aquatinte.

3352 — **Watteau.** Figures de différents caractères de
paysages, et d'études dessinées d'après nature par Ant.
Watteau. gravées à l'eau-forte par les plus habiles peintres et graveurs du temps, tirées des plus beaux cabinets
de Paris. A Paris, chez Audran et chez F. Chereau.
2 tomes en 1 vol. in-fol. veau, contenant 350 estampes
numérotées titres et texte. Superbe exemplaire, très-
grand de marge.

3353 — **Watelet.** l'Art de peindre, poëme avec des réflexions
sur les différentes parties de la peinture, par M. Watelet.
Paris, 1760. 1 vol. in-8, veau marbré, figures.

3354 — **Webb.** Recherches sur les beautés de la peinture et
sur le mérite des plus célèbres peintres anciens et modernes
par T. Daniel Webb. Ouvrage traduit de l'Anglais par
M. B. A Paris, chez Briasson. 1765. 1 vol. in-8. veau.

3355 — **Welby-Pugin.** Glossary of ecclesiastical ornament
and costume compiled from ancient Authorities and
gramples, by A Welby Pugin, architect... A. Second
enlarged and revised by the Rev. Bernard Smith. London
H. G. Bohn. 1846. 1 vol. in-4. cartonné, figures coloriées.

3356 — **Wicar**. Tableaux, statues, bas-reliefs, et camées de la galerie de Florence et du palais Pitti, dessinés par Wicar, peintre, et gravés sous la direction de C. L. Masquelier, avec les explications par Mongez. Paris, chez Lacombe et L. J. Masquelier directeur de l'ouvrage, 1789-1807. 4 tomes en 3 vol. grand in-fol. fig. demi-rel. mar. rouge non rogné. ouvrage contenant 192 planches et un frontispice. Manquent les titres des trois derniers volumes et les tables.

3357 — **Sir David Wilkiés**. Sketches in Turkey, Syria et Egypt, 1840 et 1841. Drawn on stone by Joseph Nash Published by Mess. Graves and Warmsley. 1843. 1 vol. in-fol. crrtonné, figures lithographiées.

3358 — **Willemin**. Monuments français inédits pour servir à l'histoire des arts depuis le VIe siècle jusqu'au commencement du XVIIe. Choix de costumes civils et militaires, d'armes, armures, instruments de musique, meubles de toute espèce, et de décorations intérieures et extérieures des maisons, dessinés, gravés et coloriés d'après les originaux, par N. X. Willemin, classés chronologiquement et accompagnés d'un texte historique et descriptif, par André Pottier. A Paris, chez Mlle Willemin. 1839. 2 vol. in-fol. demi-rel. mar. violet, dos et coins.

3359 — **Winkelmann**. Histoire de l'art chez les anciens. Ouvrage traduit de l'allemand. Paris, 1766. 2 tomes en 1 vol. in-8, veau marbré, fig.

3360 — Histoire de l'art chez les anciens, par Winkelmann, traduit de l'allemand avec des notes historiques et critiques de différents auteurs. Paris, Bossange. 1802. 3 vol. in-4, cartonnés, figures.

3361 — **Wood**. Les Ruines de Palmyre, autrement dite Tedmar, au désert. A Londres, chez A. Millar, 1753. 1 vol. in-fol. veau, figures.

3362 — Les Ruines de Balbec, autrement dit Heliopolis dans la Cœlosyrie. A Londres, 1757. 1 vol. in-fol. demi-reliure, figures.

3363 — **Zanotto**. Pinacoteca della imp. Reg. accademia veneta delle belle arti illustrata da francesco Zanotto. Venezia dalla tipografia di Giuseppe antonelli. 1830, 1834. 2 vol. in-fol. demi-rel., figures gravées.

3364 — Albums des salons de 1834, 1841 et 1842. 3 vol. in-4 demi-rel. figures lithographiées.

3365 — **Jennings**. Landscapes Annuals or Touristsin Spain, Maroco et Portugal. Années 1835 à 1839. 5 vol. in-8 cart., figures.

3366 — Heath's picturesque annual for. 1833-1835. 3 vol. in-8 cartonnés, figures.

3367 — The Literary souvenir, and cabinet of moderne art. Edited by Alaric A. Wats. London 1835, 1837. 3 vol. in-8 cartonnés, fig.

3368 — Heath's book of. Beauty, 1833, 34 et 36. 3 vol. in-8. cartonnés. figures.

3369 — The Landscape annual for 1832, 33 et 34. 3 vol. in-8 cartonnés.

3370 — Turner's annual tour. 1834-1835. 2 vol. in-8 cartonnés, figures.

3371 — The anniversary. 1829. — Literary souvenir, 1830. — The Oriental annual, 1835. — The Biblical Keepsake, 1837 — Tombcson's views of the Rhine. 5 vol. in-8 cart. figures.

3372 — Sous ce numéro il sera vendu quelques volumes non catalogués.

Paris. — Typ. PILLET et DUMOULIN, 5, rue des Grands-Augustins.